仁義なきヤクザ映画史

1910-2023

伊藤彰彦 *Ito Akihiko*

文藝春秋

仁義なきヤクザ映画史◉目次

本文中の談話で引用出典の明記がないものは、本書のための取材によるものです。

仁義なきヤクザ映画史

装丁・石崎健太郎

第一章　なぜ令和にヤクザ映画がよみがえったのか

西川美和『すばらしき世界』（2021年）© 佐木隆三／『すばらしき世界』製作委員会

娑婆で傷つく元受刑者
――西川美和『すばらしき世界』

一九二九年、妻と離婚し、娘二人を伴い父親の看病のために故郷前橋に戻らざるを得なかった詩人の萩原朔太郎は無聊（ぶりょう）を慰めるように、自宅から二十キロの所にある国定忠治の墓まで自転車で行き、こう詠んだ。

見よ　此処に無用の石／路傍の笹の風に吹かれて／無頼の眠りたる墓は立てり（「国定忠治の墓」）

国定忠治は殺人や関所破りの廉（かど）で磔刑（はりつけ）にされた侠客である。

近代人の孤独を震えるような繊細さで表現した朔太郎は、終生、郷土の侠客に自らが抱えた寂寥感を重ね続けた。また、上州（群馬県）の庶民は忠治のことを「上州名代の大親分は、度胸すぐれた国定忠治。百姓泣かせの悪代官を、とっておさえて、一泡ふかせ」と民謡「八木節」の中で讃えた。ノンフィクション作家の朝倉喬司によれば、平成の時代に入っても桐生競艇、前橋競輪、高崎競馬場に出かけるギャンブラーたちが「お守り」として墓石を削り取っていくという（『走れ国定忠治—血笑、狂詩、芸能民俗紀行』現代書館）。こんなふうに国定忠治は清水次郎長と並んでもっとも庶民に親しまれたヤクザである。

しかし、一般の人々が「ヤクザ」と聞いて、真っ先に覚えるのは恐怖の感情であろう。それは、ヤクザが戦前戦後を通じて政治家や資本家の走狗となり、労働運動、社会運動、部落解放運動を押し潰したからだ。たとえば労働運動が空前の盛り上がりを見せた二〇年代末期（大正末から昭和初期）、九州で起きた労働争議の多くを、資本家の依頼により暴力と恐喝で潰したのは侠客吉田磯吉だった。また、六〇年の三井三池闘争で労働組合員を刺殺し、同年の安保闘争で反対デモを蹴散らしたのもヤクザである。そして、昭和、平成において、覚醒剤の密売、売春、借金の取り立て、地上げなど非合法な仕事を請け負い、民衆を暴力で威圧してきたのもまたヤクザだった。

一方で、香具師（やし）として祭りや縁日を取り仕切り、興行師として大衆芸能で庶民を慰安し、口入屋として港湾や駅での荷揚げ業務、炭鉱の労働者の供給をするなど、合法的な生業（なりわい）に携わり、民衆とともに生きたヤクザもいた。少数ではあるが、明治の自由民権運動の時代に、「群馬事件」（一八八四年）の山田丈之助や「秩父事件」（一八八四年）の田代栄助のように圧政に苦しむ農民の一揆に加勢し処刑されたヤクザや、関東大震災の折、自警団の襲撃で逃げ場を失った朝鮮人数千名を佃島に庇護し、暴徒に備えて子分たちに武装させ守らせた佃政一家初代総長・金子政吉のようなヤクザや、敗戦直後、旧海軍省を襲撃して米を略奪し、有楽町日劇前の路上で、飢えた民衆のために一週間無料で雑炊のたき出しを行なった「日本天狗党」太田三吉のようなヤクザもいたのである。まさに忠治はその始祖なのだが、天保飢饉にあえぐ民衆を救ったその遺徳を偲（しの）び、二〇一〇年に地元伊勢崎市で「忠治生誕二百年祭」が企画された際、市長が「歴史的に評価が分かれている人物に税金をかけるのはいかがなものか」と難色を示して企画は中止に至った。

ヤクザが放つ一瞬の光芒

民衆のヒーロー・忠治でさえも、ヤクザは国や行政にはその存在を認められない。彼らは、文科省検定教科書の「正史」ではなく、「稗史（はいし）」のなかにのみ生きる。稗史とは、博徒、侠客、漂泊の芸能者といった「歴史なき民」の歴史、つまり正史から消されて伝承のなかに生きる者たちが蠢（うごめ）く歴史のことだ。ヤクザは近世以降、口説き（同じ旋律を繰り返して市井の物語を歌う俗謡）、読本（よみほん）、錦絵、講談、浪曲といった芸能や娯楽のなかにその名を残したが、現実の歴史のなかでは権力によって使い捨てにされる「無用の石」だったと言ってもいいだろう。幕末維新、自由民権運動、戦後の混乱期には、死を賭して闘うヤクザは時の権力に重宝に使われ、世の中が安定したとたん、反社会的勢力として切り捨てられた。

日本映画は黎明期から、そんなヤクザの「下賤な肉体に宿る五分の魂」を活写してきた。社会から疎外され、白眼視されてきたヤクザが放つ一瞬の光芒（こうぼう）に大衆は魅せられ、日常では叶えられない権力への反抗や暴力の行使を代行してくれるヤクザの姿に目を輝かせた。本書は、ヤクザ映画に投影された大衆のヤクザへの恐れと憧れ、そしてヤクザ映画が暴き出した日本近現代史の「闇の領域」を描き出す試みだ。

ヤクザ映画には二通りある。簡単に言うと、ヤクザが出てくる映画と、ヤクザが作った映画だ。前者は映画会社やプロダクションが製作したヤクザが主人公の映画であり、後者は稲川会や会津小鉄会などが出資したヤクザ映画である。

後者は令和の時代にはコンプライアンス（法令遵守）に引っかかり製作されなくなったが、昭和と平成の時代には、映画会社もヤクザの出資を歓迎し、大手を振って作られていた。

私がここでいう「ヤクザ」とは、江戸期には「町奴（まちやっこ）」「男伊達（おとこだて）」「渡世人」「侠客」、明治以降は「極道」「博徒」「テキ屋」などと呼ばれ、現在では「反社会的勢力」と烙印を押された者たちを包括する。

イタリアの「マフィオーゾ」や「カモッラ」、アメリカ禁酒法時代のアル・カポネ、フランス・マルセイユのギャング、香港の「三合会（さんごうかい）」、韓国で国会議員にまでなったヤクザの金斗漢（キムドゥハン）などが大衆の好奇心を喚起し、アメリカ、ヨーロッパ、香港、韓国で多くの小説や映画が生まれたように、日本でも、講談、浪曲、歌舞伎などの「侠客もの」を継承し、映画はヤクザをテーマにし、ヤクザ映画は日本映画史のなかで百年の歴史を持つ、大衆にもっとも人気のあるジャンルのひとつとなった。

ここでヤクザ映画の歴史を概観してみたい。

一九一〇年代には日本映画で最初のスター・尾上松之助が講談本をもとに勢力富五郎、会津小鉄、清水次郎長、国定忠治といった江戸後期に実在した博徒、侠客を演じた。一九二七年には大河内傳次郎の『忠次旅日記』三部作（伊藤大輔監督）が庶民のみならず知識人層にまで支持された。三〇年代の昭和恐慌時には長谷川伸や子母澤寛原作の「股旅もの」が寄る辺ない庶民の心を捉える。戦時中は軍部から戦意昂揚に役立たないと、終戦後はGHQから封建的という理由で、ともにヤクザものは禁止されたが、五〇年代になると、歌謡曲や浪花節の「任侠もの」と併せ、ヤクザ映画も復活した。六〇年代には東映任侠映画が空前のブームとなり、他の映画会社もヤクザ映画を一斉に作り始める。六〇年代の東映ヤクザ映画はまた、香港、韓国、台湾に輸出され、アジア各国のアウトロー映画の祖型となった。

任侠映画ブームが十年続いて、いったんは飽きられたが、オイルショックの一九七三年、『仁義なき戦い』（深作欣二監督）がふたたび大ヒットし、実在の暴力団の抗争を描いた「実録ヤクザ映画」が次々と製作される。

大衆の共感を集めなくなった

しかし、ヤクザの暴力と欲望を生々しく描いたこの路線も五年ほどで飽きられる。バブル経済期には、『極道の妻たち』シリーズ（一九八六年〜）や『修羅の群れ』（八四年）『最後の博徒』（八五年、ともに山下耕作監督）など、実在のヤクザの親分の立志伝的伝記映画が作られるが、二十一世紀に入ると予算を縮小させたオリジナルビデオとして息を繋ぐ。その中から『シャブ極道』（九五年、細野辰興監督）、『鬼火』（九六年、望月六郎監督）のような野心作が現われるが、平成の半ばからは、ヤクザ映画はもはや興行的に当たらなくなり、「二十世紀の遺物」と思われるようになった。平成以降は、北野武監督の『アウトレイジ』シリーズ（二〇一〇～一七年）を例外として、製作費はさらに低減し、しだいに作られなくなってゆく。

ヤクザ映画が衰退したのは、一九九二年に暴力団対策法が、二〇一〇年から各都道府県で暴力団排除条例が施行されたことが大きい。ヤクザは警察による壊滅作戦の対象となるばかりか、ヤクザをすべて悪とし、取るに足らない、つまらない存在だと矮小化する警察やマスコミのキャンペーンが功を奏し、大衆がヤクザに共感したり思い入れることがなくなったからだ。

だが、現実のヤクザの命脈が途絶えようとしている平成の終わりから令和にかけて、五本ものヤクザを主人公に据えた日本映画が撮られる。そして、いずれも世間の注目を集め、ヒットしたのである。本連載の第一章と第二章で取り上げる順に挙げると、『すばらしき世界』（二〇二一年、西川美和監督）、『ヤクザと憲法』（二〇一六年、土方宏史（ひじかたこうじ）監督）、『ヤクザと家族 The Family』（二〇二一年、藤井道人監督）、『孤狼の血』二部作（二〇一八年、二一年、ともに白石和彌監督）である。なぜ平成から令和の時代に、立て続けにヤクザが主人公である映画が撮られ、観客に支持されたのだろうか——。

元受刑者が社会復帰する物語

『すばらしき世界』の監督、西川美和は一九七四年広島県生まれ。『蛇イチゴ』（二〇〇三年）から『永い言い訳』（二〇一六年）に至る五本の映画はすべてオリジナルの企画で、徹底したリサーチに裏打ちされた描写と、人間の深奥を見つめる視座は国内外で高く評価されてきた。

『すばらしき世界』は、出所したヤクザが更生しようとあがくが死に至る物語だ。これと似た筋の映画に『街の入墨者』（一九三五年、長谷川伸原作、山中貞雄監督）がある。『街の入墨者』は戦地で病死した天才監督山中の、公開時の評価がもっとも高かった作品（「キネマ旬報」ベストテン二位）だが、フィルムは失われ、脚本だけが読める。舞台は江戸末期。ヤクザの岩吉（河原崎十郎）は女房を盗ろうとした親分を殺し、佃島の牢獄に送られるが、恩赦で釈放される。岩吉はヤクザ渡世から足を洗おうと、妹夫婦のところに身を寄せ仕事を探すが、世間の前科者を見る目は厳しく再就職はままならない。近所で起こった強盗事件も岩吉のせいにされる。最後は強盗を見つけた岩吉が犯人と揉み合ううちに殺され、岩吉の死後、ようやく周囲は岩吉の潔白に気付く。『街の入墨者』には軍靴が響き、不況が深刻化した昭和十年の空気が流れ込み、それは『すばらしき世界』の令和の空気と通底している。

『すばらしき世界』の原案は、作家の佐木隆三が一九九〇年に発表した小説『身分帳』である。「身分帳」とは、刑務所内で作成される囚人の履歴書のこと。佐木隆三は徹底した取材をもとに犯罪者を描き続けた作家だが、『身分帳』では、たまたま出会った同郷福岡県出身の元ヤクザの受刑者・三上正夫を四年かけて取材し（のみならずアパートの保証人になり、急死した彼の骨を拾った）、三上の社会復帰の様子と、彼が自分を捨てた母親を探す旅を克明に小説化した。

当時すでに絶版になっていたこの小説をなぜ映画にしようとしたのか——西川に訊いた。

西川　中年の男が刑務所から出てきて、生活保護を申請したり、運転免許を取ったりする日常が続くだけの、大きなドラマや映画的な起承転結のない原案ですから、こんな話を誰かが観てくれる映画にできるだろうか……と最初は思いました。

それでも映画にしたい、と思ったのは、十三年間の獄中生活を経て東京で暮らし始めた主人公が、切符を買うにも電車に乗るにも、浜に戻った浦島太郎のようにぎこちなく、窓口の係員の口ぶりひとつにも、過去を咎（とが）められた気になって過敏に反応してしまう……こんなにも退屈かつ切実な物語があるだろうかと思ったからです。私には、主人公三上の七転八倒の一つひとつがまるで冒険小説を読むように新鮮でした。
それに、元受刑者の主人公がぶつかるいろんなことが、社会に生きている私たちが日々感じていながらも、ぐっと堪えていることだと思ったんですね。日常に溢れるちょっとした欺瞞や権力の威圧に非常に敏感で、それに対して真っ向から反抗しては痛い目に遭う主人公に対して、ある種、自分の本音の「映し鏡」のように感じ、私たちの本心の「人身御供」のようにも思えて、彼にぐんぐん惹かれていきました。これは絶対映画にしたい、と。

『すばらしき世界』で三上正夫を演ずるのは、二〇二三年のカンヌ国際映画祭で『パーフェクト・デイズ』（二三年、ヴィム・ヴェンダース監督）の演技により男優賞を獲得した役所広司。彼は山本五十六や河井継之助など立派な軍人も演じるが、狂気を帯びたヤクザの役もまた上手い。役所が演ずる三上は、若者たちが中年男をカツ上げしている姿を見て見ぬふりができず、ふたたび事件を起こせば刑務所に逆戻りだと分かっていながら、彼らを叩きのめす。そんな三上の短気を非難する小説家志望の青年（仲野太賀）に、三上はこう言い返す。
「善良な市民がリンチにおうとっても見過ごすのがご立派な人生ですか」

異質な存在への嫌悪感

西川は、三上が収監されていた旭川刑務所への直接取材を手始めに、三年かけて出所した多くのヤクザに取材した。西川はヤクザに会って、どう思ったのか。

西川　支援者の方に紹介いただき、関東や関西、九州でも元受刑者や元ヤクザの方に会いました。私はおっかなびっくり、刑務所に入った経緯を訊くんですが、皆さん、立て板に水のごとく、犯行の時刻とか含めてものすごく細かく筋立ててお話しになるんです（笑）。話しっぷりも面白く、人間的に魅力のあるタイプの方が少なくありませんでしたね。

曲がったことが嫌いですぐに手が出る、他人から受けた恩は命をかけてでも返す——そんな三上のキャラクターを、私はユニークで彼ならではの性格と思っていましたが、元受刑者の方に原案や脚本を読んでもらうと、皆さん、「まるで自分のことのようだ」とおっしゃるんです。刑務官とか刑務所の職員さんも、三上のようなパーソナリティは、養育環境に恵まれずヤクザになった人が多かれ少なかれ持っていて、社会からこぼれ落ち、刑務所に入る人の「類型」だと。そういう性格の人が社会から弾かれ、むしろそういう性格を歓迎して「鉄砲玉」に使うなど、組織のなかで命知らずの暴力装置として上手く利用してきたのがヤクザ社会だと気付きました。社会で上手く生きられる性格と、ヤクザ社会のなかで重宝される性格は正反対なんですね。

西川　元受刑者の方に、「社会に出てつらかったことは？」と訊くと、「自分の前では愛想よく、自分の立場を理解してくれているかのように見えた人が、自分のいないところで自分の過去のことや悪口を言っていたのを人伝てに聞いたときだ」と言うんです。自分自身は人に咎められることを散々やってきたから、直接厳しくされたり、酷い目に遭うことは覚悟している。けれど、こっそり陰口を叩かれていたと知ったときは本当につらかった、と元ヤクザの方が私の前で涙ぐまれたことがありました。こんな些細なすれ違いが、拳銃を突き付けられても動じなかった人の心を傷つけるんですね。

元受刑者の方から、社会に出てからのつらさを散々聞かされましたので、「刑務所に戻りたいと思ったことはないですか？」と尋ねると、「二度と戻りたくはない」「なぜですか？」「だって外は自由じゃないですか」と答えられた。彼らの自由というのは、自分が好きな時間に起きられるとか、小さな世界で得ているささやかなものですが、それを「かけがえのないもの」と感じる感性があるんです。

映画の後半、警察に家宅捜索された友達のヤクザ（白竜）を助けに行こうとする三上を止めて、そのヤクザの妻（キムラ緑子）がこう諭す。

「娑婆(しゃば)は我慢の連続ですよ。我慢のわりにたいして面白うもなか。やけど、空が広いち言いますよ」

原案になく西川が加筆したこのセリフに、元受刑者の胸中と、この映画独自の目線が集約されている。撮影監督の笠松則通(のりみち)は空をつとめて広く撮り、街の人々のささやかな幸せの光景を拾い集めた。

『すばらしき世界』は『身分帳』から三十五年後の現在に舞台を移している。三十五年経って、元受刑者に対する社会の見方は変わったのだろうか？

西川　彼らの存在は相変わらず遠いままのような気がします。見ずに済むならそうしたいし、彼らの社会復帰には、真っ当に暮らす一般人のわれわれは何の責任も負わないんだ、と。現在の日本は多様性を謳いながらも、実際は自分と同じ価値観や似通った経済力の人同士が集まり、閉鎖的なコミュニティを築いている。自分たちと異質な人に対するアレルギーと嫌悪は強まっているんじゃないですかね。受刑者の方への取材を通じて、「いろんな過去を背負った人が私たちと同じ社会に生きているということを、伝わりやすく描きたい」と切実に思いましたね。

支援者は幸福な顔をしている

では、元受刑者への支援のあり方は変わったのか？

西川　法務省の矯正局は、受刑者の社会復帰のためには社会の側からの理解が必要だと痛感しておられ、映画の取材や撮影に全面的に協力してくださいました。刑務所内でも、出所前に仕事を見つける就業支援や生活トレーニングなど、出所後の社会復帰への橋渡しは三十五年前からは格段に改善の工夫がされつつあると聞きます。しかし、矯正職員の方が一様におっしゃるのは、自分たちが関われるのは出所する日までであって、そのあと受刑者がちゃんと社会復帰できたか、また元の組に戻ったか、ということは元受刑者に連絡を取ることが禁じられているため、追いかけることができない。矯正職員の刑務所内の努力がいかに実を結んだのかが分からない、ということでした。

刑務所の中では、所内で揉めごとを起こさずに問題なく刑期を終える指導はしますが、出所後にふたたび間違いを起こさずスムーズに生活していく手助けをするプログラムは、社会の側との連携なしには進まないのだと思います。

『すばらしき世界』には、身元引受人になることが趣味だという弁護士夫妻（橋爪功、梶芽衣子）、職分を超えて三上の就労支援をするケースワーカー（北村有起哉）、三上に金を貸す町内会長のスーパーの店長（六角精児）など、三上の更生に手を差し伸べる善意の人たちが登場する。「いまの世の中、こんなに良い人ばかりじゃないよ」と私は思った。

西川　映画を観た人だけじゃなく、佐木さんの小説を読んだ批評家からも同じような感想が出たそうです。そう思う方に対して、「人を助けようとする人はどんな時代にも一定数いますよ」と私は伝えたいですね。調べてみると、進んで元受刑者の身元引受人になろうとする人や、元受刑者と知りながら受け入れる企業の社長は少なからずいました。しかも驚いたことに、そういう方たちは皆さん、すごく幸せそうな顔をしている。「厄介事が多くてやってられない」という困惑顔をしているのかなと思いきや、困ってる人を手助けしている人たちはこんなにも自信があって、こんなにも幸福そうなんだと驚きましたね。でもたぶん、彼らもけっして完璧な善人であるというわけでもないでしょう。様々な人たちが様々な都合や独りよがりを含みつつ支援している。支援される側も、支援者を別に神様のように信奉もしていない。人と人の繋がりなんて、本来そんなものでいいと思うんですよね。

「見捨てられた者」

『すばらしき世界』はコロナ禍にもかかわらず、五十万人以上の観客を動員し、興行収入六億円のヒットとなり、西川作品の最高興収を更新した。この映画のどこが観客の琴線に触れたのだろうか。

西川　本来は共感しづらい「元ヤクザ」の三上の更生に観客が一喜一憂し、気持ちを寄せることができたのは役所広司さんの力が大きいと思います。

それと、映画を観た方から、「コロナの影響もあって、自分は未来の見えなさとか閉塞感とか『他人と繋がっていないんじゃないか』という不安感に苛まれている。『元服役囚』という自分とは縁遠い人ではあるけれど、こんな自分の不安感が三上の境遇にリンクした」と言われました。コロナの時代の不安感と三上の寄る辺なさが重なったのかも知れませんね。

仲野太賀さんが演じた小説家志望の青年が、三上と若い観客の「架け橋」になった気がします。八〇年代くらいまでは、三上以上にクレイジーな主人公の映画も観客は受け入れていました、けれど、一億総除菌化のこの時代、若い観客は三上のようなきわどい主人公だけをごろりと手渡されたら、「キャッ」と飛び退き、拒絶反応を起こしてしまう。現在は入り口を柔らかくして、観る人の「滑走路」みたいなものを作ってあげないと観客はついて来られない、という強迫観念に、私のような商業映画の端っこにいる人間は常に苛まれているんです（笑）。

ですから、原案にある三上のアパートのコピーライターの住人をふくらませて、仲野太賀さんを三上と観客との「橋渡し」の役にしたんです。

弱肉強食を肯定する新自由主義政策によって貧富の差が広がるとともに、コロナ不況のなかで育児放棄されて家族を失う子供も少なからずいる。三上の時代なら、ヤクザ社会が「見捨てられた子供たち」のセーフティネットになっただろうが、暴力団排除条例でヤクザ社会が壊滅しつつあるいま、彼らはいったいどこへ行くのか？

西川　たしかに戦後の日本の社会では戦争孤児や差別された人々、障害者や家庭から弾き出された子供などの受け皿のひとつがヤクザ社会であり、過酷な生活ですが食い扶持を与えられてきました。政治や資産家が手を差し伸べなかった人たちがヤクザ社会に流れ、彼らのなかで「自助」のグループを作り、もうひとつの「家族」を形成してきたんだと思います。社会保障や福祉ではなくて、ヤクザにセーフティネットを任せてきた日本という国は何なんだろう、と思いますね。

犯罪を生業とする彼らを社会から排除し解体することは正論だとは思いますが、解体されたあと社会に散らばった彼らをいったい誰が受け入れるのか――。暴力団排除条例のあと、社会がますます弱者や異端者に冷たく強張った方向に進んでいる気がしますね。

社会から排除された人たちが職を見つけられ、コミュニティのなかで生きていけるようにするには、幸福にも愛情にも恵まれ、金銭的にも苦労せずに生きられている人が何ができるかを、子供の頃からいろんな人と交わり、考えてゆく教育の場所が必要だと思います。持っている人が持っていない人にできることを考えるのが普通のことになっていく社会になればと願います。

『すばらしき世界』はいわゆる「ヤクザ映画」ではない。大半のヤクザ映画は「殴り込み」という主人公の感情の爆発＝観客のカタルシスに至るが、この映画は殴り込みのあとの、カタルシスのない索漠たる人生を社会学的観点から描いている。しかし、『すばらしき世界』は紛れもなくヤクザの本質を捉えている。

三上正夫は、一般人の何倍もの哀しみと口惜しさを抱えた、まさにヤクザの「類型」である。しかし、その三上がこの時代の観客に深く受け入れられたのは、彼がヤクザの「類型」であるだけでなく、令和の時代に傷や痛みを負った人間の「原型」にまで、その存在が深められて描かれたからだろう。西川が三上を「私たちの本心の人身御供」と言ったことが映像化されたのだ。

浪曲師であり、口承芸能の伝道師でもある玉川奈々福は、近年、浪曲の寄席に若い客層が増えてきた理由をこう語る。「私が入門した二十六年前、まだ日本が豊かで、バブルの残滓があった頃は、たとえば平手造酒（ひらてみき）（『天保水滸伝』の登場人物）をやったところで、寄席から一歩外に出たお客さんの人生にまったくリンクしませんでした。ところが、いまは寄席の中の世界と外の世界がリンクしています。社会の底辺をさまよう主人公に、若い人が心を寄せてくれるようになったんです」。

令和のいま、ヤクザ映画を論じることの意味も、まさにここにある。「見捨てられた者」が、時代の人間像になったのである。

第二章 時代の憤りと哀しみから

土方宏史監督『ヤクザと憲法』（2015年）©東海テレビ放送

「ヤクザという弱者」を理解するための映画
——土方宏史『ヤクザと憲法』

二〇一〇年の暴力団排除条例の施行以降、ヤクザは銀行口座を開設できず、携帯電話も購入できなくなるなど著しい生活の制限を受けた。そんなヤクザの現況をあからさまに描いた一本のドキュメンタリーが様々な議論を呼ぶ。二〇一五年に東海テレビで放送後、全国の映画館で上映された『ヤクザと憲法』（土方宏史監督）である。

『ヤクザと憲法』以前に、ヤクザの生活に密着し、そのシノギ（稼業）を描いたドキュメンタリーは作られなかった。

一九七一年、映画監督の今村昌平は「日本の家族制度とヤクザの疑似家族制度を重ねて考えてみたい」という意図から、テレビ・ドキュメンタリー『日本のやくざ』を企画した、とこの映画のプロデューサー、武重邦夫は語る。今村はテキ屋の元締め、関東尾津組の尾津喜之助組長に取材の依頼に行った。尾津は敗戦直後、新宿東口の焼け跡に「光は新宿より」をキャッチフレーズに青空マーケットを開き、テキ屋や露天商や愚連隊を統率して新宿復興に立ち上がる。四七年に衆議院議員選挙に立候補するが落選したあと、事業家になった。『仁義の墓場』（七五年、深作欣二監督）では、尾津をモデルにした野津喜三郎を安藤昇が演じていた。

今村の依頼を尾津は受け入れたが、博徒系列の組は「賭場を撮られれば、警察に証拠物件を握られる」と反対、テキ屋系列の組は縄張りがはっきりしなかったこともあり、この企画は自然消滅した。しかし、『日本のやくざ』は、ヤクザのシノギを映さず、俳優山口崇が本職（枡谷連合会の浪越茂会長）の指導のもと香具師の啖呵を習うドキュメンタリー『山口崇テキヤになる』（七二年、藤田傳監督、東京12チャンネル）として形を変えて実現する。

初めてヤクザの組事務所にキャメラを持ち込んだのは日本人ではなくフランス人だった。映画監督ジャン＝ピエール・リモザンは、パリで知り合った稲川会系碑文谷一家組長熊谷正敏に撮影を依頼。

熊谷は承諾し、若者が準構成員になる姿を通し、『ヤング・ヤクザ』(二〇〇七年)でヤクザの日常を描いた。しかし、熊谷の意向もあってか、リモザンはシノギの描写を慎重に外す。

このように、ヤクザに密着取材することの困難さは、ヤクザ側はシノギを撮られると、その非合法な部分が犯罪の動かぬ証拠になってしまい、撮る側はシノギを撮らなければヤクザ社会を表現できない点にあった。

非合法のシノギまで撮った

東海テレビのプロデューサー阿武野勝彦とディレクターの土方宏史は、親がヤクザであることによって子供たちが学校から排除されるような、日本の排外主義的な状況を撮ろうとした。しかし、彼らはヤクザとの付き合いがなかった。そこで、同局製作の『死刑弁護人』(一一年)の主役であり、『ヤクザと憲法』の法律監修も務めることになる弁護士の安田好弘に「ヤクザを紹介してほしい」と頼む。番組の意図を聞いて、安田はこう思った。

安田　「工藤会を記録に残すべきだ」と考えました。工藤会はいずれ大弾圧を受けて国家に徹底して潰される。ならば、それを日本の歴史として残しておく必要がある。そのために番組を作ってもらえばいい、というのが僕の発想でした。それで作家の宮崎学に話し、「工藤会に話をつけよう」と持ちこんだ。でも、工藤会にはけんもほろろに断られて、誰かいないかというときに、川口和秀さんが「困っているなら、受けてやろうか」と。

コンプライアンスを社是とするテレビ局が、シノギも含めたヤクザの実態を撮影できたのは、元県警警視正と指定暴力団組長のお蔭である。

　これまでヤクザを取り締まってきた愛知県警警視正、梶浦正俊にプロデューサーの阿武野勝彦がこの企画の是非を相談すると、「ヤクザは現在見えなくなりつつある。ちゃんと彼らの顔が見たい」と梶浦が企画に賛同し、『死刑弁護人』を観ていた大阪市西成区の指定暴力団、二代目東組副組長兼二代目清勇会会長、川口和秀が「あれを撮ったスタッフならええもん作るやろ。受けてもええんやないか」と取材を承諾したからだ。

　川口は各地のヤクザから寄せられる人権侵害を取りまとめる、いわば「ヤクザの人権問題」のスポークスマンで、「ヤクザもいる明るい社会」をヴィジョンとして掲げ、その実現を目指していた。

一四年盛夏、大阪府堺市にある（二代目東組の二次団体）二代目清勇会の組事務所にキャメラが持ち込まれる。土方は高校野球賭博や覚醒剤販売といった非合法のシノギらしきシーンもキャメラに収めてゆく。今村昌平もJ＝P・リモザンも撮れなかったヤクザのシノギを土方が撮れたのはひとえに、川口が「何を撮ろうと使おうとあなたがたに任せる」と容認したからだ。

　リスクマネジメントなどまったく顧慮しない川口の太っ腹に阿武野も土方も驚く。阿武野は心配になって安田好弘に相談に行った。安田は映像を見て、こう考える。

安田　僕が心配していたのは、作品があまりにもセンセーショナルになってしまうと、スタッフが共犯として捕まえられる恐れがあるという点がひとつでした。彼らが撮っている映像、あるいは場所が、共犯として映らないように気をつけました。もうひとつは、撮られた人間がその映像を理由にパクられる（逮捕される）と迷惑がかかるだろう。パクられる口実を与えないような場の設定とか音の録り方とかを一番、注意しました。だから「社会的にどう描くか、訴えるか」ではなくて、「警察からどこまで防衛できるか」「警察の介入を防げるかどうか」という視点でしか見てなかった。結構スレスレでしたけれど、この作品なら、万一デッチあげられても闘えるだろう、と。

口を半開きにして高校野球を見る最年少の組員M、別れた家族の写真をはにかみながら見せる事務局長河野など、丹念に拾い上げられた人物の点描が心に残る。その一方、登場人物が多く、描写が総花的で、それぞれの人生への突っ込み方が浅いところがこの作品の瑕（きず）である。

取材の終盤、土方以下のクルーを思いがけない事件が待ち受ける。河野が逮捕され、二代目清勇会がガサ入れ（家宅捜索）されたのだ。大阪府警がキャメラを回す土方を組関係者と勘違いしたのか、蛇蝎（だかつ）のように扱うくだりが映画の白眉である（ガサ入れを克明に撮られた大阪府警四課は本作の放映後、「いくつかのシーンについてお聞かせ願いたい」と東海テレビに電話してきたという）。無防備で人間臭いヤクザたちと、居丈高で尊大極まりない大阪府警の捜査員たちの対比が、「ヤクザの人権の現在」を何より雄弁に物語る。

さらなる事件が起こる。部屋住みの若者Mが組から逃げ出し、ヤクザにあるまじき犯罪を働き、逮捕されたのだ。土方はMの送検の様子をキャメラに収め、Mの破門状を映し出し、それを映画の結末とする。「社会から落ちこぼれてヤクザになり、そこからも弾かれて犯罪者になる」Mの姿に、阿武野は戦慄を覚えた。しかし、阿武野以下のスタッフは協議の結果、Mの事件を完成作品から削除した。二十一歳のMにはヤクザとしての覚悟がない。Mの姿を映像に定着させて作品に残すことで、Mの将来を台なしにすべきではない、と判断したからだ。作品の完成度より、対象への配慮を選んだのは、阿武野らがドキュメンタリストである前に、「ヤクザという弱者」を理解する者であったからだ。川口和秀が信じたのも、東海テレビスタッフのモラルと矜持ではなかったか。

「本物以上の擬制の家族」

『ヤクザと憲法』に映し出された、困窮したヤクザの姿を劇映画として描いたのが綾野剛、舘ひろし主演の『ヤクザと家族 The Family』（二一年、藤井道人監督）である。

この映画を企画・製作した河村光庸（みつのぶ）は一九四九年福井県生まれ。『かぞくのくに』（一二年、ヤン・ヨンヒ監督）、『新聞記者』（一九年、藤井道人監督）、『茜色に焼かれる』（二一年、石井裕也監督）など現代社会の暗部に斬り込む作品を作り続け、二〇二二年に死去した。

この映画の意図を河村はこう語る（「キネマ旬報」二〇二一年一月上・下旬合併号）。

河村 かつて裏社会を牛耳っていたヤクザが、いまのように排除されるに至った歴史は、日本社会の縮図と言えます。１９９０年代に新自由主義の蔓延が始まり、産業の民営化と規制緩和が進む中で、市場競争の激化による資本や富の偏在が世界的に起こった。それと同時に日本では暴対法（暴力団対策法）ができて、各企業でコンプライアンスへの取り組みが強化され、法律や社会的ルールに収まらないものを徹底的に排除していく風潮が顕著になっていきます。そこから30年間かけて、同調圧力というものが社会全体に広まってきたわけですが、その恰好のターゲットになったのがヤクザなんです。（中略）一元化していく社会に対して、新しい価値観を提供する創造性、多様性がより必要とされています。

『ヤクザと家族 The Family』は、フリーター、非正規労働者、生活保護受給者など新自由主義時代の「見捨てられた者」をヤクザに仮託し、ヤクザの組が家族のない若者にとって「本物以上の擬制の家族」になってゆく過程を描いている。

藤井道人は各章ごとにスクリーンサイズとキャメラワークを変え、三つの時代のヤクザ社会の変遷を描く。

第一章は九九年。覚醒剤が原因で父親を亡くした賢治（綾野剛）は、ヤクザの組長である柴咲（舘ひろし）の命を救ったことからヤクザ社会に足を踏み入れる。

第二章は六年後の〇五年。ヤクザとして名を揚げていく賢治は、兄貴分の身代わりとなり十四年間服役する。

第三章は一九年。賢治が出所すると、柴咲組は暴力団対策法の影響で苦境に立たされている。

第一章と第二章で、みかじめ料以外の柴咲組のシノギが描かれていないところが物足りないが、第三章になると、鰻の稚魚の捕獲や産廃物処理業など、現在のヤクザの細々としたシノギが描かれる。ヤクザが風前の灯であることを分かっていながら、組を解散しなかった理由を舘ひろしはこう語る。

「どこがあいつら拾ってくれるよ？」

このセリフは、前章で西川美和が問うた「（ヤクザが）解体されたあと社会に散らばった彼らをいったい誰が受け入れるのか」という言葉と響き合う。


弱者としてのヤクザを描いた『ヤクザと憲法』と『ヤクザと家族』とは真逆に、時代を一九八八（昭和六十三）年に巻き戻し、ヤクザを思う存分暴れさせ、マル暴の刑事がそれを壊滅させようとする血みどろのエンターテインメントが『孤狼の血』である。

暴力団排除条例が施行された時代にこのような映画が製作できたのは、原作である柚月裕子の同名小説がベストセラーであったからだ。

柚月は一九六八年岩手県釜石市生まれ。二十一歳で結婚し、山形で子育てを終えた四十歳の時に作家デビュー。長編第六作の『孤狼の血』（二〇一五年）で日本推理作家協会賞を受賞後、『孤狼の血』の主役、マル暴刑事（大上章吾と日岡秀一）とヤクザとの闘いを描いた『凶犬の眼』（一八年）、『暴虎の牙』（二〇年、いずれも角川書店）を連作した。

ヤクザとはほど遠い環境に生きてきた柚月が、なぜヤクザに興味を持ったのか？

柚月　それは私が生まれた釜石市が、気性が荒い漁師町であるうえに、小さい頃は新日鐵の高炉が燃え盛り、至るところで小競り合いがある男臭い町だったからです。加えて、私は中学生の頃から、同級生に人気のあるジャニーズではなく、『セーラー服と機関銃』（一九八一年、相米慎二監督）でヤクザを演じた渡瀬恒彦さんに心を奪われました（笑）。

十年ほど前の大晦日の晩、『昭和の劇　映画脚本家　笠原和夫』（二〇〇二年、笠原和夫、荒井晴彦、絓秀実共著、太田出版）を読んだのがきっかけで、レンタルビデオ店で『仁義なき戦い』第一作（一九七三年）を借りました。観終えたとたん、「五部作を全部観たい！」と深夜に車を飛ばしてビデオ屋に行き、『新　仁義なき戦い』シリーズ（一九七四～七六年）や『北陸代理戦争』（一九七七年）や『県警対組織暴力』（一九七五年、いずれも深作欣二監督）まで手あたりしだいに借りてきて、年明けまで寝ないで観たんです。いつもどこかもの悲しい松方弘樹さんや、主役を食うほど存在感のある成田三樹夫さんに魅了され、「いつか私は、こういう世界を小説で書きたい」と思ったんですね。

二〇一四年に文芸誌「野性時代」（角川書店）で「警察小説」を書いてくださいというご依頼をいただいたとき、「悪徳警官モノ」で行こう、悪徳警官と敵対するのは暴力団だと考えて、担当編集者に「『県警対組織暴力』のようなものを書きたい」と言ったら、「いままで柚月さんが書いてきた作品のイメージと違いますね」と苦い顔をされました。それでも「しっかりとエンターテインメントに仕上げますから」と頭を下げて書かせてもらったのが『孤狼の血』でした。

ヤクザと警官は紙一重の存在

『県警対組織暴力』の公開から三十五年後、DVDで初めて観た女性作家が、ヤクザを主人公とせず、それを取り締まる警察の側からヤクザを描こうとしたのが『孤狼の血』なのだ。

柚月　書き出す前に広島に取材に出かけ、原爆資料館（広島平和記念資料館）で何もなくなった原爆投下後の広島の光景を見て、東日本大震災後の故郷の景色を思い起こしました。あの震災で私は両親を亡くしたんです。

資料館から外に出ると、高層ビルが建ち並び、車が行き交い、人々が笑っている。ここまで来るのにいったいどれだけのつらさと涙と力が必要だったんだろうと思いを馳せ、広島の人々が持つパワーを描きたいと思いました。マツダスタジアムにも足を運び、飛び交う罵声に耳を傾け、活きのいい広島弁を学びました。舞台を広島県呉市（小説では呉原市）にしたのは、その町に行ったとき、釜石と同じ鉄の匂いがしたからです。当初は終戦直後の広島を舞台にしようと思っていたんですが、『仁義なき戦い』とかぶってしまうことや、戦後を描くともはや「歴史小説」になってしまうという編集者の意見もあり、一九八八年――戦後の匂いを残しつつ、ヤクザがまだ力を持っていた、暴対法（九二年）施行直前の時代の呉を舞台にしました。

「警察小説」は、九〇年代後半の横山秀夫作品をきっかけに、今野敏や佐々木譲らによって、〇〇年代から小説雑誌が競作号を出すほど隆盛を極め、単行本もかつてないほど売れ始める。それまでハードボイルド小説のバリエーションだったこのジャンルが、組織に翻弄される個人の喜怒哀楽を描く「サラリーマン小説」の一分野になったことで幅広い読者の共感を呼んだ、とこの分野の火付け役の一人である角川春樹は語る（拙書『最後の角川春樹』伊藤彰彦、毎日新聞出版）。このような警察小説というジャンルそのものの人気に加え、大上章吾という魅力的なキャラクターの造型と、秀逸なミステリーであったことから、『孤狼の血』は広範な読者を獲得した。しかし、日本の戦後史において、警察がヤクザを、闇市における在日韓国人や中国人ら「解放国民」の鎮圧や、六〇年安保闘争のデモ隊の抑止、犯罪の未然防止のための情報収集を目的に使ってきたことは紛れもない事実である。『孤狼の血』の大上刑事も、ヤクザを単なる駒と考え、堅気を守るためにヤクザに餌をまき、手懐ける。脚本家笠原和夫が『県警対組織暴力』で描いた、社会のなかでもっとも貧しい者がヤクザと警官になり、両者は紙一重の存在だという久能刑事（菅原文太）の苦い認識が『孤狼の血』にはなく、大上はあくまで市民社会の側に立ち、ヤクザの鎮圧をおのが使命としている。しかし、市民社会こそがヤクザを生み出し、警察こそがヤクザを必要としてきたのではなかったか。私が『孤狼の血』の原作、映画に違和感を覚えるのはその点だ。

『仁義なき戦い』の強さがない

この原作を映画化しようとしたのが東映のプロデューサー、紀伊宗之である。紀伊は一九七〇年兵庫県西宮市生まれ。ポップコーン作り、劇場へのマイクでの呼び込みといった映画館での仕事を十五年続けたあと、企画部門に抜擢され、『リップヴァンウィンクルの花嫁』（二〇一六年、岩井俊二監督）、『シン・仮面ライダー』（二三年、庵野秀明監督）『リボルバー・リリー』（二三年、行定勲監督）といったそれまで東映が手がけなかった作品を製作し続けている。

紀伊　日本ではヤクザ映画は当たらないと思われて久しいですが、韓国では『友へ　チング』（〇一年、クァク・キョンテク監督）から『犯罪都市』（一八年、カン・ユンソン監督）に至るまで、年に一本くらいこのジャンルの映画が作られ、ヒットし続けています。日本と違って韓国では、目上の人には礼儀を尽くす儒教の影響がいまなお残り、南北の緊張や朝鮮族と漢民族の確執などの状況が面白いヤクザ映画を産み出しているのだと思います。それに、僕は、ずっと劇場の側からお客さんを見続けているうちに、「最近、こういうの観てへんな」という映画がタイムリーに世の中に出るとヒットする。「トレンドはサイクルするんや」と気付いたんです。だから、ヤクザ映画を現在に合うような形に変えてキャッチアップすれば必ず当たる。「この原作を東映がやらないで誰がやるねん」と一週間かけて分厚い企画書を書きましてね。

この企画書は東映のトップ、会長の岡田裕介に「当たらないよ」と即座に却下される。しかし、社長の多田憲之が「原作が面白いから先に進めろ」とそっと紀伊の背中を押した。企画が成り立つかどうかは、観客を呼べる俳優をキャスティングし、製作資金が集められるかどうかにかかっていた。そこで紀伊は、『極道の妻たち』シリーズに携わったプロデューサー天野和人とともに、監督を、かつて『麻雀放浪記２０２０』（一九年）で組んだ白石和彌に依頼する。

白石は柚月の原作を一読して、こう思った。

白石　これは手を出しちゃいけないな、と（笑）。柚月さんの原作は小説としては傑作ですが、明らかに深作欣二監督や脚本家の笠原和夫さんが作った『仁義なき戦い』の世界観をイメージして書かれていて、主人公の大上は菅原文太さんとしか読めない。『仁義なき戦い』は原爆で焦土になった広島から伸し上がったヤクザを描いていて、登場人物が戦争をくぐり抜けているから、物語が強い。しかし、原作には戦争の影はありませんし、いまヤクザ映画を作っても、戦争を経験した男の匂いは出せないんです。どうすればいいんだ……とずいぶん悩みましたね。

韓国ノワールよりもハードに

だが白石は、悩みに悩んだ末にオファーを受ける。こう開き直ったからだ。

白石　『仁義なき戦い』の世界を目指さず、韓国ノワールとか『アウトレイジ』シリーズのように、現在の空気が入っているヤクザ映画にしようと頭を切り換えました。脚本家の池上純哉さんと相談し、新米巡査の日岡（松坂桃李）がベテラン刑事の大上（役所広司）に誘われながら人を殴れるようになるまでの成長物語にしようと。深作さんや笠原さんが描いた「戦争」に代わるものとして、昭和を背負った男たちが消えてゆく時代（昭和六十三年）を舞台に、昭和にいた男たちの生きざまを挽歌として描こう。戦争を経験している作者には敵わないけれど、「昭和」を拠りどころにするしかない、そう臍を固めました。

白石の演出力と俳優の熱量によって、『仁義なき戦い』の「戦争」に『孤狼の血』の「昭和」は拮抗した。しかし、『孤狼の血』は警察の側には精彩があるが、石橋蓮司以下のヤクザにまるで魅力がない。ヤクザを単なる悪役としてしか描いていないからだ。

プロデューサーの紀伊と天野は、役所広司、松坂桃李を口説き、三億円の製作資金が集まる。紀伊は白石に「韓国ノワール以上にハードな描写」を要求し、白石は役所がかつて演じた『シャブ極道』（九六年、細野辰興監督。覚醒剤で世界に平和を齎そうとする大阪ヤクザの話）の主人公が歳を取って刑事になった姿を想像し、大上を造型する。

『仁義なき戦い』は、モデルである広島共政会と山口組が抗争中だったため、実景描写を除いて広島ロケができず京都で撮影したが、『孤狼の血』は全編広島ロケを敢行した。呉市出身の天野和人と広島東映に勤務していた紀伊宗之の尽力があったのと、呉にはもはやヤクザがいなかったからだ。しかし、撮影中に市内のスナックに飲みに行くと、「わしの爺さんが菅原文太の役の組におったんじゃ」と言う地元の人がいたりで、「呉で撮ることは映画を一段引き上げた」と白石和彌は振り返る。

ヤクザと「差別問題」

初号試写を観た岡田裕介は、「すぐに監督に電話しろ」とかたわらの紀伊に命じ、ロケ中の白石に「素晴らしかったよ！」と声を震わせながら感想を言った。オーナー会長の鶴の一声で、封切りのわずか十二日後に東映は続編の製作を発表。公開されるや映画は興行収入八億円のヒットとなり、日本アカデミー賞など様々な映画賞に輝く。ヒットの要因を白石和彌はこう冷静に分析する。

白石　現在の若い観客は「安心して観られる映画」ばかりを好み、セックスシーンを「ノイズ」だと嫌がり、「グロい」描写も敬遠するなど、かつてのヤクザ映画には抵抗があります。『孤狼の血』がそういう若い層にも観てもらえたのは、柚月さんの原作が日本人の好きなミステリーであり、『仁義なき戦い』にはない、泣かせる浪花節的な人情劇やスポ根的要素が入っていたからではないでしょうか。

現在の若い観客は保守化し、彼らにとってかつての東映ヤクザ映画はハード過ぎてもはや受け入れられない。白石のこの見立ては、前回の西川美和も共有していた。だから、西川は小説家志望の仲野太賀という若い客層と同世代で、主人公のヤクザ（役所広司）を客体化する「橋渡し役」を作り、白石はミステリーや浪花節的な人情劇やスポ根といった「普遍性」を『孤狼の血』で際立たせた。西川と白石はこのようにして、ヤクザが主人公の映画を令和という時代にソフト・ランディングさせたのだ。令和にヤクザ映画を作るにはこのようにするしかなかった、と私にも思える。

三年後に発表された続編『孤狼の血 LEVEL2』（二一年）は柚月裕子の原作から離れ、池上純哉がオリジナル脚本を書いた。ヤクザの存在自体が魅力的に描かれていたとは言いがたい前作の轍を踏むまいと、池上は松坂桃李演じる刑事と対決する超弩級のヤクザ、上林成浩（鈴木亮平）を造形する。上林は人情や打算が微塵もない、「悪」そのものを体現した男だ。しかし、凶暴なだけではなく、人の心を摑むことに長けた「人たらし」であるところにヤクザの本質が宿る。

白石和彌は『孤狼の血』では希薄だった、ヤクザを描くには不可欠な「差別問題」を入れようと池上純哉に提案。池上は、在日韓国・朝鮮人が多く住む、「原爆スラム」（この場所については「ヤクザとマイノリティ」の章で詳述する）を取り壊して建てられた「広島市営基町高層アパート」を上林とチンタ（村上虹郎）の出身地とした。

しかし、『LEVEL2』の脚本には穴がある。日岡一人を陥れるために警察が上林の残忍な殺人を野放しにし、それがマスコミに伝わることを封じ込めているという設定には無理があり、観客は疑問を抱かざるを得ない。しかし、そうした脚本の瑕がありながら、『LEVEL2』の映画のボルテージは前作をはるかに凌駕している。上林という魅力的で最強の敵役（ヒール）を造形し、前作のような人情物ではなくアクション映画に徹し、朝鮮族の中国人と韓国人の確執が根底にある『犯罪都市』の向こうを張る、アジア的スケールのフィルム・ノワールとなっているからだ。また前作にはなかった、ヤクザになるしかない人間の哀しみを深々と描き出し、民族や部落差別から目を逸らさない東映ヤクザ映画の伝統に連なった。

　ヤクザ映画は時代の憤りと哀しみから生まれる。東映任俠映画が六四年の東京オリンピックの前年、高度経済成長の恩恵に浴せない未組織労働者や集団就職の工員たちに支持されて始まったように、『孤狼の血 LEVEL2』も、コロナ禍で棄民化されて「東京オリンピック２０２０」を呪詛（じゅそ）する人々、先行きが見えない不況にあえぐ人々の心に響いた。果たして『LEVEL2』は前作を超えるヒットとなり、東映は二一年九月、『孤狼の血』シリーズ第三弾の製作を発表した。

　かくして、令和の時代にヤクザ映画はふたたびよみがえったのである。その光景を確認しながら、一気に百十年前の明治四十四年、尾上松之助が日本映画で初めてヤクザを演じた始原のときに遡（さかのぼ）りたい。

第三章 国定忠治が大衆の欲望を乱反射する

三代目歌川豊国の「組定重次」(国定忠治)

大河内傳次郎のニヒリズム
——伊藤大輔『忠次旅日記』

日本映画で初めて侠客を演じたのは、「目玉の松ちゃん」の愛称で親しまれた日本映画最初のスター尾上松之助だった。松之助が一九一〇（明治四三）年に出演した『侠客　祐天吉松』が初めての「侠客もの」、ヤクザ映画の嚆矢と思われる。

「祐天吉松」とは講談や浪曲に登場する架空の侠客。背中に祐天上人の彫物がある元スリの吉松が、豪商の娘に見初められ養子に入り息子をもうけるが、過去の仲間、金五郎から恐喝され、店に迷惑がかかるのを恐れて旅に出る。腹いせに金五郎は店に放火し、吉松はその復讐を心に誓う。吉松が物売りをしている息子にばったり再会するが、自分が父親と名乗れない「飛鳥山　親子の出会い」が聞かせどころだった。

「この作品はフィルムも残っていませんし、監督名すら分かりません。ただ『都新聞』（のちの『東京新聞』）に作品名と幕数と場面数だけが載っています」と京都文化博物館学芸員で尾上松之助研究者の大矢敦子は語る。松之助は生涯千本もの映画に出演し、大石内蔵助、楠木正成、水戸黄門などの歴史的偉人とともに、会津小鉄、清水次郎長、国定忠治といった江戸後期に実在した博徒、侠客も演じた。初期の松之助の活動写真（映画）はインテリ層には見向きもされず、熱烈に支持した客層は子供や「丁稚」と呼ばれた徒弟や労働者（京都で言えば西陣の織工）たちだったが、「当時の資料によれば、男性的魅力を打ち出す侠客ものには、女性観客も多かったようです」と大矢は語る。

この章では、もっとも著名な侠客、国定忠治が史実から講談、浪曲、映画へといかに羽ばたいたかを辿ろうと思うのだが、その前に、そもそも「ヤクザ」とは何なのか、ヤクザはいつどのように生まれたのかを探っておきたい。

国文学者の松田修は、ヤクザの語源は巷間でよく語られる三枚ガルタの花札で最悪の手札「八・九・三」や「厄座」（稼業が違法で、明日の安らぎがない境遇）ではなく、古代日本語で「生理的・心理的異和」を表わす「やくさむ」（悩む）に由来すると言う（『映像の無頼たち―松田修映画論集』、劇書房）。そして松田は、無頼の性と粗暴な振る舞いのために父親である伊弉諾尊の怒りを買って、共同体から追放された「荒ぶる流浪の神」素戔嗚尊こそが最初のヤクザであると主張する。天皇家の先祖が最初のヤクザだというのだ。

　一方、ヤクザ研究の先駆者、尾形鶴吉は、室町時代から戦国時代の遊侠無頼が「侠客の胚胎」と『本邦侠客の研究』（三三年、博芳社）で書く。戦乱が絶えることがない時代、下剋上の気概を抱き、大酒をくらい、荒縄を鉢巻きにして、派手な茜染の帯を体に巻きつけ、黒皮の脚絆をつけるなど異様な恰好で、朱鞘の太刀を振り回して暴れ回った「男立」や「悪徒」と呼ばれた者たちがヤクザ、そしてカブキ者の走りだと尾形は主張する。

　このカブキ者は、時の権力が押しつける身分制や法や格式などの束縛を拒否する一方、頼まれて引き受けたことは一命に代えても実行するなど、仲間内の仁義や同盟は守り通した、と『ヤクザと日本人』（現代書館）でヤクザの本質に迫る数多くの書物を著したジャーナリストの猪野健治は書く。

　江戸時代に入り、映画『大江戸五人男』（五一年、伊藤大輔監督）で阪東妻三郎が、『花の幡随院』（五九年、大曾根辰夫監督）で八代目松本幸四郎が、『花のお江戸の無責任』（六四年、山本嘉次郎監督）ではハナ肇が演じた幡随院長兵衛が登場する。幡随院は「旗本奴」から江戸町民を守った「町奴」の頭領として知られる。旗本奴は、江戸の町の建設資金の捻出のために、幕府が大名・旗本に倹約令を出し、奢侈を戒めるなか、統制に強く反発した旗本たちのこと。彼らは異様な身なりで市中を闊歩し、辻斬りを繰り返し、持ち合わせがなくても料理屋で豪勢な美食美酒を注文し、いざ勘定の段になると難癖を付けて暴れ回った。もっとも悪名が高かったのが百名の子分を従えた水野十郎左衛門で、それに立ち向かったのが、「口入屋」を生業とする幡随院長兵衛であった。口入屋とは、年貢を納められず田を捨てた農民、借金の催促から逃れてきた者など社会組織から弾き出された者たちを旗本や大名に雑役として紹介する人材斡旋業をいう。幡随院は水野十郎左衛門に呼び出され、死を覚悟で赴き、水野邸で入浴を勧められ湯殿で殺されるが、いずれの芝居や映画でも、従容として死地に向かう幡随院の姿や水野に向かって最後に切る啖呵が見せ場となる。幡随院に代表される、町民を守るために武術を学び自衛力を持った町奴は、わが身を顧みず権力に敢然と立ち向かったという点で、「侠客的存在」の始祖となった。

そして、江戸後期になると、鉄火場を開いて博奕で稼ぐ渡世人、博徒、無宿者、侠客が登場する。その代表である国定忠治は、いかに史実から口承芸能を経て映画へと伝えられたのか――。

国定忠治はなぜ支持されたか

まずは忠治が登場した時代背景を、『国定忠治の時代――読み書きと剣術』（筑摩書房）、『国定忠治』『清水次郎長――幕末維新と博徒の世界』（ともに岩波新書）などの著作があり、アウトローも含めた稗史研究の第一人者、高橋敏（さとし）国立歴史民俗博物館名誉教授に訊いた。

高橋　幡随院長兵衛ら町奴のあとに現われたのが博徒や侠客です。その嚆矢は江戸末期、幕藩体制社会から排除された国定忠治や勢力富五郎など農民出身の「無宿者」だと思います。天保年間（一八三〇～四四年）には天変地異が多く、大飢饉があって、生まれ故郷を離れざるを得ない多くの無宿者が生まれました。忠治のように村役人の家に長男として生まれながら、十七歳で人を殺し、家を飛び出した者もいました。

こうした無宿者は街道の宿場、海運の港、舟運の河岸といった経済が発達した結節点に流れ込み、御禁制の賭場を開き、祭礼のときに催される地芝居や相撲興行のかすりを取って生きていきます。彼らが「一宿一飯の恩義」など独自の不文律をつくり、博徒たちの縄張りができたのも天保の頃でした。

天保のあとの嘉永六（一八五三）年、ペリー率いる軍艦四隻がやってきて幕府に開国を迫り、幕藩体制が大きく揺らぎます。幕末にかけて幕府の力がしだいに衰えてゆくにつれ、上州の忠治、下総の勢力、武州の石原村無宿幸次郎らが各地で大暴れして幕府を手こずらせ、アウトローたちが歴史の表舞台に現れて跋扈（ばっこ）する時代がやってくるんですね。

高橋　忠治は目的のためには手段を選ばない冷酷な男でした。二十四歳のとき、目の前に立ちはだかる大物博徒の島村伊三郎を村外れで闇討ちして殺害。縄張りを奪って金城湯池（きんじょうとうち）の一大盗区を形成していきます。縄張りを守るために血で血を洗う凄惨極まりない激闘を繰り返し、博徒を取り締まるために幕府がつくった「関東取締出役」の道案内（二足の草鞋（わらじ））に任命されたばかりの御室勘助を、甥にあたる子分板割浅太郎に謀殺させる。ここから忠治は関東取締出役の最重要指名手配になり、逃亡生活が始まるんです。

そんな凶悪非道な国定忠治を、なぜ民衆は支持したのだろう。

高橋　それは、非道の反面、忠治が天保の飢饉にあえぐ民衆を救済したからです。飢えに苦しむ貧民たちを見るに見かねて、彼らに米やお金を分け与え、博奕の上がりを使って溜池の土砂のかき出し工事を行ない、農耕地の水源を確保しました。本来なら為政者がやらなければならない「仁政」を博徒である忠治が身銭を切ってやり、民衆を見殺しにした支配領主に死を覚悟で立ち向かった。民衆はそんな忠治を「義民」だと崇めたんです。指名手配になった忠治は、日光の円蔵など右腕左腕だった股肱の子分を次々と失い、脳出血に見舞われ中風に苦しみますが、民衆はそんな忠治を最後まで匿い続けます。

源義経から忠治まで、逃避行を続ける反逆者や蜂起者はつねに民衆に匿われ、民衆に溶け込んで、逃れ続ける。

しかし忠治は一八五〇（嘉永三）年にとうとう捕縛され、殺人と関所破りの罪で公開処刑される。そんな忠治を民衆はどう見ていたのか。

高橋　忠治が磔刑にされるまでの様子が『藤岡屋日記』（江戸末期の市井の事件や噂を克明に書き留めた須藤由蔵による日記）などに記されています。それによれば、刑場に護送される忠治は菊池徳（忠治の愛人）が特別に誂えた豪勢な唐丸籠に乗って、衣裳は白縮緬の下着に白綸子の上着に丸ぐけ帯。首には大きな数珠をかけ、三枚重ねの緋縮緬の座布団の上に悠々と座り、見物の群衆に向かって銭を撒いたというから、さながら歌舞伎役者の顔見世興行のようでした。

十二月二十一日、雪が降りしきる刑場には千五百人の群衆が詰めかけ、忠治は一杯の酒を呑み、諸役人に礼を言って磔になる。絶命するまで十四回も槍で突かれながら表情ひとつ変えず、見事な最期を遂げた。忠治の意識のなかにあったのは、歌舞伎や『水滸伝』の英雄豪傑たちだったと思いますね。

『水滸伝』は中国の四大奇書のひとつ。世間から弾き出された百八人の豪傑たちが梁山泊に集結し、腐敗した政府に反旗を翻して戦いを挑む物語は、日本の博徒や侠客の「任侠精神」に大きな影響を与えた。忠治が処刑された嘉永年間には、『水滸伝』の翻案である滝沢馬琴の読本『南総里見八犬伝』（一八一四～四二年）や歌川国芳の錦絵「通俗水滸伝」シリーズが庶民の間で流行し、江戸の髪結床ののれんが国芳の水滸伝のデザイン一色に染まるほどだった。

忠治は『水滸伝』の英雄豪傑や歌舞伎の幡随院長兵衛に自らを擬え、死後、芸能や伝承として生きようとした。自ら物語に憑依するという意味では、東映ヤクザ映画にわが名を残そうとした昭和の暴力団組長たちの先駆といえるのではないか。

高橋　その通りでしょう。忠治とお徳は刑場を劇場に見立て、忠治の死を一幕の芝居仕立てに仕組み、一般大衆を観客にして男伊達の最期を見事に演じてみせました。それによって幕府が「見せしめ」のために行なった処刑が、逆に民衆に感動を与え、逆効果になってしまうんですね。しかも、三日間晒したあと廃棄される予定だった忠治の遺骸の首や手足が忽然と消える。菊池徳が忠治ゆかりの盗区の若者を使って盗み出し、国定村の菩提寺に持ち帰り葬ったのだと思われます。

「国定忠治伝説」の影の演出家は菊池徳という一人の女性だったのだ。徳自身もこののち「女侠」として、口承芸能の「忠治くどき」や映画『忠次旅日記』（二七年、伊藤大輔監督）などで後世に語り継がれる。

高橋　そう。徳がいなければ忠治は今日まで伝わらなかったでしょう。徳が忠治とともに捕縛されて奉行所のお白洲で尋問を受けたとき、徳は「その方は忠治の妾か？」と訊ねられ、「いいえ、忠治がわたしの男妾でございます」と毅然と答えます。徳は猛々しいほど気性が強く、その気性の強さで忠治の心を奪い、彼の名を残しました。と同時に、晩年は近隣の娘たちを集めて寺小屋で儒学を講じるほど教養がある女性でした。

忠治の最期の様子は、彼の生涯を門付けしながら語る「忠治くどき」や「ちょんがれ」によって口(くち)伝(づ)てに村から村へと伝わっていきます。そして、羽倉外記(はぐらげき)（簡堂）という忠治を取り締まる側のお役人だった人が『劇盗忠二小伝』（『赤城録』）を書き残し、それが種本になって、忠治の「実録体小説」が広まっていくんですね。そして一八五四年に初代宝井琴凌(たからいきんりょう)が忠治の事跡を実地に踏査し、忠治の生涯を講談に仕立てます。一八六二年には、三代歌川豊国の「近世水滸伝」のなかで忠治は浮世絵として描かれました。これは当時、庶民に人気があった博徒や侠客たちを『水滸伝』の豪傑のように描いたシリーズで、忠治は「組定重次」と変名され、当時の人気役者、八代目市川團十郎の似顔になっています。重罪人の忠治を描いたことが御上に見つかるとお咎(とが)めがあるので、忠治を役者絵のように仕立て、豊国は厳しい言論統制の網をかいくぐったんですね。当時、浮世絵はそう高いものじゃなくて、漢字に総ルビをふってあったから、仮名しか読めない庶民の間にも忠治の絵はまたたく間に広がったんです。

貴いおろかもの

民衆の権力に対する不満や「悪」への憧れが、国定忠治をヒーローにしたのだ。改名され変貌された忠治像は、民衆の思慕をなおさら掻きたてたのではないか。

忠治が口承芸能や講談や浮世絵になるのと同時に、幡随院長兵衛は『浮世柄比翼稲妻(うきよづかひよくいなづま)』、『極付(きわめつき)幡随院長兵衛』といった歌舞伎の演目にされる。笹川繁蔵(ささがわしげぞう)や勢力富五郎は講談『天保水滸伝』で語り継がれ、明治に入って清水次郎長は『東海遊侠伝』（天田五郎著、一八八四年刊）に書き残され、やがて講談になった。そして、河竹黙阿弥と四代目市川小團次のコンビは安政年間（一八五四～六〇年）に、『都鳥廓白浪』（忍ぶの惣太）、『鼠小紋東君新形』（鼠小僧）、『三人吉三廓初買』（三人吉三）など盗賊や泥棒を主役にした「白浪物」を連作するなど、江戸末期の芸能はヤクザと泥棒の天下となり、逸脱者に快哉が集まる風潮を危険視した幕府は慌ててこれを取り締まった。

一八七八～八八年（明治十年代）になると、忠治を主人公にした歌舞伎『上州織侠客大縞』（八四年、三世河竹新七作）が東京市村座で初演され、「忠治物」が合巻本（長編の読みもの）、講談、村々の地芝居などで様々に取り上げられ始め、一九二五（大正十四）年に放送開始したラジオの浪曲番組やレコードの普及によって、全国的な浪曲ブームが巻き起こる。

浪曲師の多くが下層社会、底辺社会から身を起こし、浪曲自体が周縁社会に住む人々のための芸能であったことから、浪曲は同じ最下層から出自し、生活感情をともにしていたヤクザに支援され、ヤクザが浪曲の興行を担った。山口組初代山口春吉は、広沢虎造に影響を与えた浪曲師三代目鼈甲斎虎丸のファンで、とりわけ虎丸が唸る『安中草三』（江戸時代の侠客）などの侠客ものを愛した。山口春吉は三〇年代から浪曲の興行を手がけ、吉本興業の吉本せいと関係を深める。しかし、四〇年に広沢虎造をめぐる興行のもつれから浅草で刺され、二年後に死去する。

大正から昭和にかけて、『国定忠治』『清水次郎長伝』『天保水滸伝』などの浪曲は「三尺物」と呼ばれもてはやされた。広沢虎造の「〽旅行けば駿河の道に茶のかおり……」（『勝五郎の義心』）、玉川勝太郎の「〽利根の川風袂に入れて　月に棹さす高瀬舟……」（『天保水滸伝』）、春日井梅鶯の「〽義理の片割れ月夜の鴉　啼いてくれるなお前が啼けば……」（『赤城の子守唄』）といった人気浪曲師が唸る名調子は、日本中知らぬ者がいないほど広まった。

ヤクザ者を主人公にした浪曲のどこが大衆の琴線に触れたのか。笹川繁蔵と飯岡助五郎の出入り、平手造酒の命懸けの助太刀、勢力富五郎の自殺事件など、実在の人物や実際にあった事件を下敷きに、下総（千葉県）利根川周辺の侠客の争いを描いた浪曲『天保水滸伝』をお家芸とする玉川勝太郎一門で、故・福太郎の弟子である女性浪曲師、玉川奈々福に訊いた。

奈々福　ヤクザ者は人別帳から除籍され、世間から捨てられていたので、逆に世間の目を気にしないで生きられたんじゃないかと思います。その人たちにとってのたったひとつの真実は、「親分が好き」「女房が好き」「旦那が好き」ということ。人命が尊重される現代に比べて、昔は命がすごく軽く思われ、とりわけ無宿人は「いつ生まれたのか分かんねえから、いつ死んだっていいよ」くらいに思っていて、命をどう捨てるかということが、ある意味、生き甲斐だったんじゃないかと思えるフシがあります。

たとえば『天保水滸伝』の平手造酒。平手は本来なら大名家に指南役として迎えられるほどの剣豪です。なれたはずの自分と、労咳（結核）になってヤクザの用心棒にまで落魄した現在の自分の落差を慨嘆しながら、平手がいちばん大事に思っているのが、自分を厚遇してくれている親分笹川繁蔵の恩。平手は病身であることも、命すらも顧みず、「行かねばならぬ！」と繁蔵のために喧嘩場に行き、命を落とす。観客はそんな平手を「馬鹿な奴だなあ……でも純粋だよなあ、いとおしいなあ」と思い、心を寄せる。浪曲は大道芸として始まり、ずっと落語や講談より一段低く見られてきましたから、つねに社会の底辺にいるお客さんに寄り添い、そのお客さんたちは、物語のなかの、社会の最下層にいる「貴いおろかもの」たちを愛したんだと思います。

関西の浪曲家、京山幸枝一門のお家芸は『会津小鉄』である。会津小鉄（本名・上坂仙吉）は幕末明治期の俠客。京都守護職、会津藩主松平容保の下で、人夫を集め、雑用を請け負う。会津藩が鳥羽伏見の戦いで負け、藩士の死体が野晒しになっているところを、官軍の咎めを覚悟で京都の金戒光明寺に葬ったことでも知られる。その小鉄の半生を、十三歳の「小鉄初旅」から、薩摩長州をバックにした敵、一筆と闘う「血煙り稲荷山」、孤軍奮闘する小鉄のもとへ清水次郎長や新門辰五郎らが助太刀に駆けつける幕切れまでにまとめた。浪曲『会津小鉄』がなぜ大正期から関西の庶民の間で一世を風靡したのか――京山一門の現総帥、二代目京山幸枝若に訊いた。

幸枝若　大正時代に初代京山幸枝が講談の『会津小鉄』を浪曲にしたんです。幸枝はいろんな演目をやったけど、幸枝が高座に上がると「小鉄!」と声がかかるほど、俠客ものが人気になった。初代幸枝の弟子の初代幸枝若はその浪曲を河内音頭や江州音頭のリズムにも乗せて披露したんです。『会津小鉄』の一番の聞きどころは「文治殺し」やろね。ここには、親子の情、男女の思い、親分子分の絆……人の情と想いがすべて入っている。でも、先代は五十歳を回ってからは『会津小鉄』をやらんかった。『会津小鉄』は気力と体力がいる。甲(高い声)から極甲(さらに高い声)まで上げて、地面を這いずるような声に落とすなど、広い声域を出さんならん。浪花節語りが裂帛の気合いでやる『会津小鉄』だからこそ、お客さんは興奮し、浪花節の醍醐味を感じてくれはった。あと、タンカの切れ味と恰好良さにお客さんは胸がすいたんやろう。とくに関西地方では、淡路島など気が荒い漁師が多い町で『会津小鉄』『吉良の仁吉』などの俠客ものが人気やった。ヤクザの事始め(十二月十三日)にも昔は必ず呼ばれて、親分衆が好むのは『天保水滸伝』の「笹川の花会」ですわ。国定忠治、大前田栄五郎、小金井小次郎、黒駒勝蔵ら関八州の大親分が揃って登場するから、親分は大喜びやった。

アジ演説する日光の円蔵

侠客ものは一九一〇年から活動写真の一ジャンルになった。一四年の『国定忠治　日光円蔵と国定忠治』（牧野省三監督）が初めての国定忠治映画。この作品もフィルムが残されていないが、尾上松之助が忠治と円蔵の二役を演じたと伝えられている。

そして、国定忠治を大衆演劇の十八番にした立て役者が澤正こと澤田正二郎だった。澤田は「新国劇」（歌舞伎に代わる現代の国劇の意）を設立し、一九一九年八月、『義人国定忠治』を京都明治座で初演した。「殺陣師段平」こと二代目市川段四郎は澤田正二郎の忠治に、劇場を駆け、飛び、斬り結ばせるリアルな殺陣を付けた。日本舞踊のような様式的な立ち回りに慣れた観客は、実際に刀と刀が立てる金属音に驚いた。その迫力に魅了され、明治座は連日大入りを続けた。同時に、この芝居は忠治を美化し、以降の「義人忠治」のイメージを形成することにもなった。それに貢献したのが、一座の座付き作家、行友李風が書いた「赤城天神山不動の森」と「信州権堂の山形屋」の二場である。落ち目の国定一家が赤城の山を下る場面の、「赤城の山も今夜を限り、生まれ故郷の国定の村や縄張りを捨て国を捨て、可愛い子分の手めえたちとも、別れ別れになる首途だ」といった七五調の名調子は以降の大衆演劇にも踏襲されていく。

新国劇の当たり狂言を抜け目のない映画人が放っておくわけがない。一九二四年、宝塚の劇場に出演するため西下した澤正一座を牧野省三が京都に引き留め、たった一週間で二本の映画を製作した。『國定忠治』と菊池寛原作の『恩讐の彼方に』である。洛西の等持院撮影所と滋賀へのロケーションで、牧野は「澤正の舞台の順序そのままに」（小松弘『澤田正二郎と映画』）撮っていった。澤正一座は徹夜の連続で、終わったときには立つ元気すらなく、その場に倒れ込んだという。新国劇では全段通しの『國定忠治』は滅多に上演されなかったので、多くの観客がこの映画に詰めかけ大ヒット。現在、この映画は十分ほどの断片が残されている。

澤田正二郎と行友李風がつくった「義人忠治」の偶像を破壊したのが、忠治を「落ちてゆく無頼漢」として描いた『忠次旅日記　甲州殺陣篇・信州血笑篇・忠次御用篇』（二七年、伊藤大輔監督）である。伊藤は農民の救世主としてではなく、子分たちにも女性たちにも次々に裏切られ、ついには中風で動けなくなり戸板に乗せられ、捕手に囲まれたとき刀を抜こうとするが抜けない……そんな忠次の惨めさ、口惜しさ、そして気高さを哀惜を込めて描いた。大河内傳次郎の上目使いの三白眼が漂わせるニヒリズムには、見境なく無辜の民を斬る中里介山の小説『大菩薩峠』（一三～四一年）の主人公、机龍之助の虚無が揺曳していた。

忠次を裏切った子分に火縄銃をぶっ放し、最後まで忠次と命運をともにするヒロインが妾のお品。この女性のモデルはもちろん菊池徳である。お品を演ずる伏見直江は小山内薫劇団（のちの築地小劇場）を出て、『忠次旅日記』のあと『御誂次郎吉格子』（三一年、伊藤大輔監督）でも威勢のいい伝法な女郎を演じ、三二年の『女国定』（清瀬英次郎監督）では忠治役に扮し、戦時中には一座を結成して「女国定」を持って日本全国を巡業。五一年にはアメリカでも公演した。

「映画は伊藤大輔によってはじめて市民権を獲た」と作家の大佛次郎が言ったように、『忠次旅日記』はいままでチャンバラに見向きもしなかったインテリ層をも惹きつけた。一九九一年、失われたと思われていたフィルムの一部が発見されたことにより、いまも日本映画史上ベストテンの上位に輝いている。

『忠次旅日記』が封切られたときの劇場の様子を、映画監督中川信夫は『わが心の自叙伝』（『映画監督中川信夫』リブロポート、所収）でこう書く。

「山上伊太郎［脚本］の『浪人街』を見た時、川崎造船所の職工などが大半の客でしたが、床を踏みならし、声をあげて興奮してスクリーンに叫びかけたりしているのが、グーンと胸にひびきました。伊藤大輔『忠次旅日記・御用篇』の終わりのところもそういうかんじでした」

当時、映画館の臨監席には風俗取締の名目でサーベルをつけた警官が常駐し、活動弁士（映画説明者）が字幕や検閲済の説明台本にない不穏な言辞を付け加えないよう目を光らせていた。左翼の集会や演説会にも同様に官憲がいて、やみくもに中止や解散を叫び、むやみに登壇者や参加者を検束していった。そうした居丈高な官憲への憎しみや反発が、忠次が捕縛される映画のラストで、客席からのシュプレヒコールを巻き起こしたのだろう。

『忠次旅日記』三部作が封切られた二七（昭和二）年、蔵相片岡直温の失言による東京渡辺銀行休業に端を発した金融恐慌が起こり、日本経済は未曽有の不景気に突入する。失業者が急増し、三〇年には日本全国で過去最大の労働争議、小作争議が起こり、大正デモクラシーは終焉したが、社会変革への気運が高まった。しかし、政府は二五年に制定された治安維持法を後ろ盾に、二八年には同法を改悪して二回にわたり千人以上の日本共産党のメンバーを一斉検挙し、社会主義運動を徹底弾圧した。そして張作霖爆殺事件から満州事変に至る大陸への侵攻を開始する。

そうした時代に対峙するように、二九年頃から「傾向映画」と呼ばれる左翼的なイデオロギーを帯びた作品がつくられ、大ヒットした。

この時代には、劇中の国定忠治や日光の円蔵などのヤクザ者もまたアジ演説をぶった。『日光の圓蔵』（二九年、古海卓二監督）で市川右太衛門は忠治と円蔵の二役を演ずるが、円蔵に扮して「支配階級の横暴と、悲惨な百姓の生活とを見るに見兼ねて、侍という特権を捨てて、農民解放の真先に立ったが」と己の来歴を語り、忠治もまた「すべての農民、無産の民のためだ、わたしとともに磔刑を覚悟する者はないか」と蜂起を呼びかけるが、農民たちは怯んで動かず、牢に入れられたあとで後悔する――。

古海卓二は、浅草の歌劇団でオペラの台本を書きつつ、浅草の「カフェパウリスタ」に集う大杉栄、近藤憲二、堺利彦らと親交を結びアナキストになった。そののち映画会社を転々とし、市川右太衛門を主役に撮った『旗本退屈男』（三〇年）で右太衛門を一躍スターダムへ伸し上げたことで知られる。古海のアナキズムが色濃く滲んだ『日光の圓蔵』（原作・脚本も古海）は、引用したセリフがすべて検閲で削除され、映画自体もズタズタに切られてしまった。このような国家による徹底した弾圧が功を奏し、さらには観客の熱気も醒めていったのか、傾向映画は三年近く続いただけで、満州事変が勃発する三一年には数少なくなった。

傾向映画が衰えても、忠治ものは大衆娯楽映画として作られ続けた。その代表作は三四年に封切られた『浅太郎赤城の唄』（高田浩吉主演、秋山耕作監督）である。赤城山に潜伏中の忠治と子分の板割浅太郎を描いた映画だが、「♪泣くなよしよしねんねしな　山の鴉が啼いたとて」の歌い出しの主題歌『赤城の子守歌』（作詞＝佐藤惣之助、作曲＝竹岡信幸）を哀愁のある旋律に乗せて東海林太郎が歌い、レコードが五十万枚、当時としては記録的なほど売れた。

マルクスはヤクザを切り捨てた

忠治映画は名匠伊丹万作、山中貞雄らによっても作られ、戦時中は内務省により、戦後はGHQによって、博徒ものが禁じられた期間がありながら、ざっと勘定して百三十本に及んだ。そして、戦後の高度経済成長期に清水次郎長ものと入れ替わるようにしてしだいに忘れ去られていく（その時代背景については第五章「権力との危険な関係」で述べる）。

戦後の歴史学は、階級闘争を重視する視点から、歴史の原動力として百姓一揆に高い評価を与える一方、ヤクザは考察の対象にすらしなかった、と高橋敏は語る。戦前の「傾向映画」ではヤクザと左翼イデオロギーが一瞬切り結んだが、戦後のマルクス主義歴史学はヤクザを「人民の敵」とのみ見なしたからだ。そもそもマルクス自身に、階級社会の外に放逐された「ならず者」への根深い不信がある。「ルンペン・プロレタリア階級、旧社会の最下層から出てくる消極的なこの腐敗物は、プロレタリア革命によって時には運動に投げ込まれるが、その全生活状態から見れば、反動的策謀によろこんで買収されがちである」(『共産党宣言』)。マルクスは『ルイ・ボナパルトのブリュメール18日』など他の著作に明らかなように、「ラッツァローニ」(ならず者)をルンペン・プロレタリアに含めて捉えている。

「消極的なこの腐敗物」という、『共産党宣言』におけるアウトローへの嫌悪に満ちた認識は、フランス第二帝政期に彼らが民衆を弾圧する側に回る局面があったからだろうが、マルクスは彼らが宿した可能性には一貫して否定的だった。

マルクスが階級闘争の外にいる存在として切り捨てたアウトローを、「プロレタリア革命によって時には運動に投げ込まれる」どころか、彼ら制外の民が宿す「義」こそが歴史を切り拓き得ると思い入れたのが、七三年に出版されたルポライター竹中労とジャズ評論家平岡正明の共著『水滸伝——窮民革命のための序説』(三一書房)であり、やはり七〇年代初頭に開始されて『一揆・監獄・コスモロジー——周縁性の歴史学』(九九年、朝日新聞社)などに結実する歴史学者、安丸良夫の仕事だった。七七年に刊行された歴史学者、長谷川昇の『博徒と自由民権——名古屋事件始末記』(中公新書)、そして九〇年代から忠治の新資料を発掘し、歴史学の手法に基づいて博徒、侠客の実像を明らかにした高橋敏の仕事もこの系譜のなかで理解すべきだろう。

高橋は二〇〇四年に国立歴史民俗博物館で「民衆文化とつくられたヒーローたち—アウトローの幕

末維新史――」展を開催し、博徒や侠客の浮世絵や書状や映画を一堂に集めて展示・上映した。しかし、当初巡回展示を内諾していた群馬県立歴史博物館からオープン直前に、公序良俗に反する怖れがあると巡回を拒絶される。二〇一〇年には、伊勢崎市観光協会が「忠治生誕二百年祭」を準備し、忠治のキャラクターの携帯ストラップを制作するなどしていたが、第一章で述べたように、市長が「歴史的に評価が分かれている人物に税金をかけるのはいかがなものか」と中止にした。アカデミズムも行政も、やはり公式にはアウトローを徹底的に排除するのである。

社会がヤクザを全否定する現実の矢面に立たされた高橋を訪ねてきたのが、ドキュメンタリー映画の異才、原一男だった。原は九〇年代前半、忠治と五人の女性たちを主人公に、伸し上がってゆく忠治と落魄してゆく忠治をカットバックさせる手法で国定忠治の劇映画を構想し、高橋に忠治の史実を尋ねにきたのである。忠治というアウトローは、現代において大衆のどんな情動を体現し、誰と闘うのか――原の映画が垣間見せてくれるであろう、ヤクザと大衆と時代の関係に、私は強く興味をそそられる。しかし、この企画は製作資金が調達できず、今日に至るまで実現していない。

加藤泰監督『沓掛時次郎　遊侠一匹』（1966 年）©東映

「ヤクザってのはねえ、
虫ケラみてえなもんさ」
——加藤泰『沓掛時次郎　遊侠一匹』

二〇二二年三月、映画評論家の佐藤忠男が九十一歳で、作家の宮崎学が七十六歳で、映画監督の青山真治が五十七歳の若さで他界した。

佐藤は名著『長谷川伸論』（中央公論社）を著し、「昭和初期からの日本の大衆文化においてヤクザものが大きな位置を占めるに至ったのは、長谷川伸の股旅ものの芝居の成功による」と書いた。

青山真治は『東京公園』（二〇一一年）で、「上下の瞼を合せ、じいッと考えりゃ、逢わねえ昔のおっかさんの俤が……」の名文句を知らない三浦春馬に対し、榮倉奈々にこう言わせた。「教養ないヤツはだからやだ。『瞼の母』だよ！　長谷川伸だよ！　加藤泰だよ！」。このセリフは原作（小路幸也）にはなく、映画のオリジナルだ（脚本＝青山真治、内田雅章、合田典彦）。

国家の論理を超えるものとして、アウトローの知恵を描き続けた宮崎については後で触れたい。

長谷川伸は一八八四（明治十七）年、横浜の黄金橋の袂で生まれた。父親が営む「駿河屋」は横浜市街地建設のための土木建設請負業。伸はこの地で渡り職人たちから渡世の仁義を学び、また神奈川県自由民権運動の魁、相州真土村騒動の指導者たちから、民衆の側に立って闘う男の姿を学んだ。三歳のときに母と生別し、その寂寥がのちに『瞼の母』を書かせる。「駿河屋」の倒産によって一家は離散。伸は小学校二年で社会の底辺に放り出され、辛酸を嘗めた。横浜港の三菱ドックでの弁当運びや水撒きなどの下働き、品川の妓楼に出入りする仕出し屋の出前持ちなどで糊口を凌ぎ、新聞の振り仮名で漢字を勉強した。十九歳のとき、横浜の三流業界紙に投書したのがきっかけで新聞界に入り、都新聞で四十二歳まで記者を続け、その後小説家になるが、自分もまかり間違えば刺青者になっていた、と自伝『ある市井の徒』（朝日新聞社）で書いている。文名を得たのちも、自分が本来なすべき仕事は駿河屋の再興だという思いを拭い切れず、文筆業を虚妄と思い、自分は土木屋にも建築屋にもなり損ねた敗者だ、とも語る。そうした伸の視座は、股旅ヤクザの堅気への負い目や憧憬に重ね合わされていく。

国家とは別の「共同体の倫理」

股旅ものの隆盛のきっかけは戯曲『沓掛時次郎』（一九二八年）だった。『ある市井の徒』によれば、『沓掛時次郎』の登場人物のモデルは、伸が十五歳のとき、父親が家に連れてきた渡りの土工とお腹が大きい連れの女性だという。その土工は元博徒で、女性は妻ではなく、土工の世話になってともに流浪し、彼女はそのことをすまなく思っていた。伸はこの土工が、病死した仲間の土工の遺言に従って、その男の子を身籠もっている女房を、女の生まれ故郷まで送り届けるところだと聞き、仲間うちの仁義を守って、きれいな関係のまま旅を続けているのだろうと推測した。

当時（明治三十年代）の最底辺の人々には、日なたに這い出る夢を持ちながらも、自分よりもっと弱い人間がいるのを見ると、自分だけが明るい世界に抜け出ることに気が咎め、一緒に日陰に住み、裏街道の旅を助け合って続ける者もいたのだ。

四十三歳のとき伸は、明治時代の渡り土工を江戸末期の博徒に置き換え、時次郎を造形する。『沓掛時次郎』は、原稿料もなく上演のあてもないまま、村松梢風の個人雑誌「騒人」に発表された。

【序幕】江戸末期。無宿者の時次郎が一宿一飯の義理のため、見ず知らずの博徒の三藏を斬る。三藏はいまわの際に時次郎に、身重の妻（おきぬ）と息子（太郎吉）を「頼む」と言い遺す。

【二幕目】三藏の件でヤクザがつくづく嫌になった時次郎は博奕をやめ、三味線を弾くおきぬとともに門付けをしながら旅をするうち、仇同士であるはずの二人の心がしだいにむすぼれてゆく。

【大詰】臨月のおきぬは稼ぎに出られず、時次郎は生まれてくる子供のために一日だけ喧嘩の助っ人を引き受け、金を稼いで戻ってくると、おきぬはお産のために赤子もろとも命を落としている。時次郎はおきぬに本心を打ち明けられなかったことを後悔し、刀を捨てて堅気になり、太郎吉とともに旅立つ。

一九二八（昭和三）年、新国劇の澤田正二郎により『沓掛時次郎』が帝國劇場で上演され、連日満員札止めとなる。翌年、澤田は急逝するが、そのあと六代目尾上菊五郎が長谷川の股旅戯曲を次々と舞台にかけた。三一年に『一本刀土俵入』が東京劇場で菊五郎の手で初演されたとき、幕が開き、画家の小村雪岱（こむらせったい）が取手まで出かけてスケッチした漆喰細工の家並みの舞台装置が現われた瞬間、観客はわっと歓声を上げたという。伸は劇作家として名を馳せ、三三年には彼の戯曲の大劇場における上演回数が河竹黙阿弥作品を抜いた。のみならず長谷川伸作品は、全国津々浦々の村芝居でもしばしば上演された。

それまでの大衆芸能の侠客ものの主人公、国定忠治、清水次郎長らは土地の有力者の息子で、大勢の子分を従える堂々たる親分ぶりだったが、長谷川伸の股旅ものの主人公は、氏素性（うじすじょう）が知れず、親分もなければ子分もない、ヤクザ稼業でしか生きられないことに強烈な自責の念を持っている「ダメ男ヒーロー」（北上次郎「長谷川伸と流れ者ヒーロー」、『股旅新八景』国書刊行会所収）だった。そんな半端なヤクザが、「大切にしているものを命がけで守る」物語が一九三〇年代の大衆の心を打った。

とりわけ、「日本の近代化の過程において急激に発生した未組織の流れ者の労働者（ルンペン・プロレタリアート）」が股旅の姿をわがことのように思い、股旅ものが昭和十年代に流行したのは、「当時の国民全体が軍国主義により、無宿人の立場に追いやられていたからだ」と佐藤忠男は『長谷川伸論』で書く。そして、女に一途な男の心が女性観客の心をも摑んだ。

未組織労働者と組織労働者の違いはあるにせよ、長谷川伸の股旅ものの隆盛期とプロレタリア文学の高揚期は奇しくも重なり合っている。ただ、伸の股旅ものは、プロレタリア文学のように、苦悩を抱えた人間が社会の変革に向かう姿を描くことはなかった。否応なくヤクザになった者たちは、社会を変えるのではなく、内面的に変化し、断念や覚悟とともに自らの境遇を引き受ける。その個別の精神性が、アウトローたちに共有される価値になったとき、それは宮崎学が語った「掟」つまり国家とは別の「共同体の倫理」になるのかも知れない。

宮崎が「掟」と対立するものとして語るのは、国家を成り立たせる「法」である。社会変革＝革命は、「法」に縛られた国家を揺るがすことを目指したはずなのに、結局、新たな抑圧体系を形成してしまう。このパラドックスを見極めたうえで宮崎は、アウトローたちに独自の価値基準として蓄えられた「掟」こそが、暴力によらずに国家を相対化する民衆の知恵となるだろうと喝破した。宮崎が長谷川伸をどう読んでいたか、訊いてみたかった。

時次郎、GHQに嫌われる

長谷川伸の股旅ものの最初の映画化は二六年、帝キネの『関東綱五郎　前篇・後篇』（森本登良夫監督）。次が二九年、日活太秦（うずまさ）の『沓掛時次郎』（大河内傳次郎、酒井米子（よねこ）主演、辻吉郎監督）で、こちらがフィルムの現存する最古の長谷川伸映画だ。

この映画の見どころは第二幕。時次郎はヤクザ稼業から足を洗おうとするが、稼ぐ手立てがなく、おきぬと太郎吉を食わせることができない。そんな折、行き倒れの「鳥追い女」の死体を川辺で見つけ、拝みながら彼女の三味線をもらい、おきぬが三味線を弾き、時次郎が唄って門付けをして糊口を凌ぐ。この展開は原作にも以降の映画にもない（脚本＝如月敏）。

「鳥追い」とは、江戸期から明治初年まで存在した、家の前で三味線を弾き、祝歌を唄い、米銭を乞う編笠姿の女性の遍歴芸人のこと。病気で野垂れ死にする芸人がまだいた二〇年代の映画ならではの描写で、時次郎とおきぬは「明日はわが身」と思う。また、戦後の作品ではあるが、同じ股旅ものの『座頭市牢破り』（六七年、山本薩夫監督）で、市（勝新太郎）はお大尽（玉川良一）の前で見事に三味線を弾き、『若親分千両肌』（六七年、池広一夫監督）で南条武（市川雷蔵）は芸能遊行集団に救われる。このように戦前戦後の股旅や博徒の映画が描いたように、博徒と旅芸人は身分制度の埒外、生産体系の外部にいる漂泊民であり、互いに交流があり、博徒のなかには伎芸に通じている者もいた。

無声映画の『沓掛時次郎』は、大河内傳次郎が故郷の「沓掛小唄」（作詞＝長谷川伸）を唄い、酒井米子が三味線を弾く場面で、歌詞が画面に二重写しにされ、映画館ではそれに合わせて羽衣歌子や高峰妙子らの歌手が独唱するか、レコード（コロムビア、歌＝川崎豊と曾我直子）をかける、当時流行した「小唄映画」だった。そして「沓掛小唄」に続いて「股旅小唄」が流行した。

日活太秦の『沓掛時次郎』は興行的に成功したとあるが（『映画年鑑　昭和編Ⅰ　4（昭和5年版）』）、三一年に稲垣浩が『瞼の母』（片岡千恵蔵主演）の映画化を企画したとき、日活は「チャンバラがなく、明るさがない長谷川伸ものは当たった試しがない。だいいち、お涙ものの時代劇はもってのほか……」と反対した（稲垣浩『日本映画の若き日々』中央公論社）。稲垣は「母に拒絶された忠太郎がふたたび旅立つ」戯曲『瞼の母』の結末を、「出て行った忠太郎を母と妹が追いかけ再会を果たす」ハッピーエンドに改変し、映画は大ヒット。以降、林長二郎（長谷川一夫）ら名立たる二枚目俳優が長谷川伸や子母澤寛原作の股旅ものを演じ、三〇年代に股旅映画が量産される。

「昭和八年ごろからの軍需景気による不況の解消は、大衆を浮ついた気分にした。もはや悲壮な剣戟映画は共感を呼ばなくなった。それで明るく、軽い股旅ものが大いに流行することになる」と永田哲朗が『殺陣　チャンバラ映画史』（社会思想社）で書くように、股旅映画はしだいに粗製濫造され、映画会社から低俗なガラクタと見なされ、当時の批評家から高い評価を受けた山中貞雄が撮った四本の長谷川伸原作の映画も含め、ほとんどのフィルムが廃棄され、散逸した。

四〇年までに長谷川伸原作の映画は何と七十六本を数えたが、四一年から敗戦を経て五〇年までの十年間では、たった一本だけ（四二年の荒井良平監督『海の豪族』）となった。というのも戦時中には、薄汚いヤクザ者がさすらう話など戦意高揚に水を差すと思われ、内務省が演劇の上演も映画も全面的に禁止したからだ。

そうしたなか、長谷川伸は股旅ものの筆を擱き、『相楽総三とその同志』（四三年）や敗戦後は『日本捕虜志』（四九〜五〇年、ともに新小説社）など、賊名を着せられて処刑された人々や世間から忘れ去られようとしている日本人の美徳を記録文学として書き残し、それらを「紙碑」（紙の香華）と呼び、自費出版した。

敗戦後の五年間、長谷川伸の股旅ものの映画化は、今度はGHQにより「封建的ないし軍国主義的な色彩がある」として禁止された。それが解けた五一年以降、日本経済は立ち直りを見せる。だがそれにつれて人々の心から裏街道を行く人間への共感が失われ、前向きな明るい人間像が求められる風潮もあった。

新国劇の島田正吾が持ち役の時次郎を、辰巳柳太郎が三藏を演じ、黒澤明作品を共同執筆した脚本家、菊島隆三と井手雅人が脚本を手がけた『沓掛時次郎』（五四年、佐伯清監督）はリアリズムで股旅の世界を描いた佳作だったが、客は来なかった。「やっと復興しかけ、明るい光がさしかけて来た時代に、今さら暗くみすぼったらしい、救いのない時代劇など、お呼びではなかったのだろう」と映画評論家の西脇英夫は不入りの原因を憶測する（『日本のアクション映画　裕次郎から雷蔵まで』社会思想社）。

五〇年代半ばになると、全盛を過ぎた長谷川一夫の身ぎれいな股旅や、演歌をバックに鼻歌まじりに人を斬る高田浩吉の明朗な股旅が登場し、股旅ものが「白塗りの多少キザな存在にされてしまった」と大佛次郎は嘆く（『屋根の花　大佛次郎随筆集』六興出版）。

雷蔵と錦之助の二大スター

そうしたなか、長谷川伸の股旅ものの「暗さ」を継承したのが『座頭市』シリーズだった。脚本家犬塚稔が子母澤寛の散文『ふところ手帖』（中央公論社）に出てくる、飯岡助五郎の子分の座頭を客分に変えて、『天保水滸伝』の世界に解き放ったのが第一作の『座頭市物語』（六二年、三隅研次監督）である。そのラスト、市を慕い、一緒に村を出ようと橋の袂で待つおたね（万里昌代）を避け、山の斜面をよじ登っていく座頭市の姿に、長谷川伸の股旅ヤクザに通じる哀しみがあった。

そして六〇年代の銀幕（スクリーン）に長谷川伸の股旅ものをよみがえらせたのが、市川雷蔵と中村錦之助（萬屋錦之介）という二大スターである。

雷蔵は、『沓掛時次郎』（六一年、池広一夫監督）、『鯉名の銀平』（六一年、田中徳三監督）、『中山七里』（六二年、池広一夫監督）と長谷川伸三部作に出演するが、一作ごとに陽気さが影をひそめ、ヤクザ者の陰翳の色合いが濃厚になる。評論家川本三郎はエッセイ「股旅もの映画の魅力　汚れちまった悲しみに」（『時代劇ここにあり』平凡社、所収）のなかで、「（六〇年安保に続く政治的挫折のあとの）敗走につぐ敗走の季節のなかで、股旅ものの主人公たちの孤独な姿は、時代の心情と重なり合うところがあった」と書いたが、高度経済成長期に地方から大都市圏に移り住んだ、企業に属さず、組合に守られない職人や工員たちの心情と重なり合ったことも大きく、雷蔵の長谷川伸三部作はヒットした。

雷蔵の股旅ものの極付（きわめつき）は、長谷川伸門下の村上元三原作『ひとり狼』（六八年、池広一夫監督）である。

非人情なヤクザ（雷蔵）が村の長（浜村純）から「人情がなくなりゃこの世は暗闇だ」と意見され、こう答える。「その闇の暗さ、怖ろしさは自分の足で歩いてみなきゃ分からねえ」。そしてわが子に、「よく見てろ、これが人間のクズのすることだ」と言い放ち、大勢の敵を殺し、自分も斬られる。村上の短編『ひとり狼』（五六年）にはなく、脚本の直居欽哉が加筆したこれらのセリフには、ヤクザの底知れない虚無が垣間見える。

人間の非人間的な本質、その「出口のない闇」を手渡されるような自己認識には比べるべきものが見つからない。唯一想起したのは、ニューヨークのスラムで生まれ育ち、その後、西海岸を代表する黒人ラッパーとなったがギャングスタの抗争に巻き込まれて銃殺された2PACの、たとえば「Me against the world」という曲だ。

「俺対世界
人が殺され
廃墟に棄てられ
現実に侵された子供たちは
もう救えない
薬物中毒
殺人中毒
俺対世界」

ラップといっても音楽だから、歌詞だけ挙げても表現の手触りは伝わらないかも知れない。2PA

Cは殺人と薬物に「閉ざされた世界」を吐き出すように歌い切り、それによって救いのない現実が別のものに変わることをどこかで念じていたように私には聴こえる。その意味でこの曲は陰惨な暴力を描くだけのものではなく、一縷の祈りが込められた虚無のブルースなのである。「人間のクズ」としての自分を宿命的なまでに背負おうとした雷蔵演じるヤクザは、この世と我が身が別の姿に変わる日など考えもしていないだろうけれど、やはりこの場面には痛切なブルースが感じられてならない。

　ヤクザの存在論を徹底的に掘り下げた『ひとり狼』は雷蔵の股旅映画の最高傑作だが、東映任侠映画が全盛の六八年当時には、股旅もの時代劇はイメージ的に古めかしく思われたのか、興行的には惨敗した。

　中村錦之助は『瞼の母』（六二年、加藤泰監督）で初めて長谷川伸に挑んだ。冒頭で榮倉奈々が「加藤泰だよ！」と叫んだのはこの映画だ。しかしこれは、錦之助の予定していた正月映画の脚本が完成せず、急遽立ち上がった、撮影期間が通常の半分の十五日間の「穴埋め企画」だった（一月十四日封切）。にもかかわらず、加藤泰は妥協せず、天候に左右されないよう全編をスタジオで撮影し、長回しのショットにより俳優の情感を余すところなく捉えた。忠太郎と母おはま（木暮実千代）が再会する「料理茶屋水熊」でのやりとりは日本映画屈指の名場面だ。

「親を探しているのなら、なぜ堅気でいなかったのだえ」と訊く母親に、「親に放れた小僧ッ子がグレたを叱るは少し無理」「よし、堅気で辛抱したって、誰か喜んでくれる人でもいることか」という忠太郎の応答が観客の情感を揺さぶる。

『関の彌太ッペ』（六三年）は東映任侠映画の名手、山下耕作が撮ったこれまた名篇。原作にはなく脚本家の成澤昌茂が考えた、「この娑婆には悲しいことやつれえことがたくさんある。だが、忘れるこった。忘れて日が暮れりゃ明日になる」という流れ者の願いが託されたセリフと、決闘に向かう彌太郎の後ろ姿に晩鐘が響き渡る、ヤクザ者の末路を予感させるラストが胸に染み入る。

『沓掛時次郎　遊侠一匹』（六六年、加藤泰監督）は、時代劇からヤクザ映画に路線変更した東映に錦之助が反発し退社する直前の作品。『花と龍』（六五年、山下耕作監督）、『丹下左膳　飛燕居合斬り』（六六年、五社英雄監督）とともに、錦之助にとって『沓掛時次郎』は念願の企画だった。

脚本家の鈴木尚之と掛札昌裕は原作にはないヤクザ志願の二人の百姓、朝吉（渥美清）と昌太郎（岡崎二朗）を加筆した。時次郎が昌太郎に「百姓に戻りなせえ」「やくざってのはねえ、虫ケラみてえなもんさ」と言うと、昌太郎はこう吐き捨てる。「やくざが虫ケラなら、百姓はそれよりもっとみじめな虫ケラだ。一生懸命、汗流して踏み潰されるよりは、俺あ、羽を伸ばして踏み潰されてえ」

貧しい農民にとって、博奕は一攫千金の夢であり、ヤクザになることが貧困から抜け出せる唯一の道に思えたのだ。

テレビ版『長谷川伸シリーズ』の壮観

『沓掛時次郎』は現在では高い評価を得ているが、公開時（併映は『愛欲』〔佐藤純彌監督〕）は興行的に振るわず、同じ月に封切られた日活作品、『東京流れ者』（鈴木清順監督）、『日本仁侠伝　血祭り喧嘩状』（舛田利雄監督）に惨敗した。そして六六年に錦之助は東映を去る。とともに、六八年の『関の弥太ッぺ』（三隅研次監督）撮影中に雷蔵は倒れ（この映画は三隅監督、本郷功次郎主演の『二匹の用心棒』〔六八年〕として完成）、翌年がんのために三十七歳で世を去った。股旅映画は錦之助と雷蔵が掉尾（ちょうび）を飾り、『沓掛時次郎　遊侠一匹』と『ひとり狼』が挽歌を奏でたというべきだろう。

『二匹の用心棒』を最後に長谷川伸作品の映画化は途絶え、以降はテレビドラマや歌舞伎の演目となるが、『沓掛時次郎』（五一年版）を手がけた佐伯清が『昭和残侠伝　一匹狼』（六六年）において、加藤泰が『緋牡丹博徒　花札勝負』（六九年）などの東映任俠映画において、長谷川伸作品の匂いと情感を継承した。

股旅ものがふたたび脚光を浴びたのは七二年のことで、この年の正月から放映され、高視聴率を取ったテレビドラマ『木枯し紋次郎』による。笹沢左保の同名小説は長谷川伸の「義理と人情」に対して「孤独と虚無」をテーマとした。

市川崑が監修、監督した『木枯し紋次郎』は毎回、古き良き日本の山村、街道や宿場を映し出し、当時の国鉄（現・JR）の「ディスカバー・ジャパン」キャンペーンと呼応するかのように視聴者の旅情をかきたてた。また、「あっしには、かかわりのねえことでござんす」と社会のしがらみや人間関係と無関係に生きようとする紋次郎の姿は、高度成長期に会社や家庭に従属する大衆の羨望を煽り、中村敦夫の甘いマスクが女性視聴者の心を摑んだ。

フジテレビの『木枯し紋次郎』に対抗し、朝日放送と松竹は『必殺仕掛人』をぶつけ、視聴率競争に勝ち、ここから「必殺シリーズ」が始まる。これを見ていた東映とNET（現・テレビ朝日）は、股旅ものの『紋次郎』が当たったのなら、その本家本元の長谷川伸の原作を映像化すればさらに当たると、『長谷川伸シリーズ』を七二年十月からスタートさせた。

このシリーズは毎月曜夜九時から一時間の放映で全三十話。「映像で観る長谷川伸全集」の趣があり、片岡千恵蔵、長谷川一夫、萬屋錦之介らの俳優陣と、マキノ雅弘、稲垣浩らの監督陣の顔ぶれは日本映画史そのものといえた。

『関の彌太ッペ』（土居通芳監督）は前述の映画と同じ脚本（成澤昌茂）と主演（萬屋錦之介）。そのほか、『沓掛時次郎』（時次郎＝鶴田浩二、六ツ田の三蔵＝菅原文太、監督＝山下耕作）、『一本刀土俵入』（駒形茂兵衛＝勝新太郎、お蔦＝岡田茉莉子、監督＝安田公義）、満開の桜が全編を彩る『瞼の母』（忠太郎＝高橋英樹、おはま＝月丘夢路、監督＝山下耕作）はもとより、山中貞雄が戦前に映画化した『抱き寝の長脇差』（磯の源太＝渡哲也、監督＝松尾正武）、『町のいれずみ者』（原作は一章で触れた『街の入墨者』。岩吉＝近藤正臣、監督＝河野寿一）もリメイクされ、長谷川の知られざる傑作短篇『髯題目の政』（監督＝工藤栄一）も文太の提案により初めてドラマ化された。「これでいいのか、俺は……」と懐疑しながら人を斬る菅原文太と宿場女郎の渚まゆみ（『現代やくざ　人斬り与太』『人斬り与太　狂犬三兄弟』［ともに七二年、監督＝深作欣二］のコンビ）のつかの間の交情を描いた『髯題目の政』は何とも魅力的な一篇。この作品と、同じシリーズでもう一本、文太が主演した『刺青奇偶（いれずみちょうはん）』（監督＝マキノ雅弘）と映画『木枯し紋次郎』二部作（七二年、監督＝中島貞夫）で、菅原文太は飢餓感とやり切れなさを全身で表わし、汗と土埃がふんぷんと臭ってくるような股旅ヤクザを演じた。

『蟹工船』と『瞼の母』

しかし、この長谷川伸シリーズは『必殺』どころか『木枯し紋次郎』にも視聴率で遠く及ばず、以降、長谷川伸原作のテレビドラマは激減する。「義理人情」が「損得」によって駆逐されたような経済優先の八〇年代に入ると、長谷川伸の書籍はしだいに書店の棚から姿を消した。

そんな長谷川伸がにわかに書籍、演劇、劇画で取り上げられるようになったのは、リーマン・ショックで平成不況がいっそう深刻化した二〇〇八年のことだ。企業が正規雇用を減らし、フリーターやネットカフェ難民が急増するなか、戦前の過酷な労働状況を描いた小林多喜二の『蟹工船』が、この年だけで文庫版とマンガ版を合わせて八十万部に迫るベストセラーになった。同時期に、飯野和好の浪曲風時代劇絵本『ねぎぼうずのあさたろう』（福音館書店）も十八万部売れ、『瞼の母』が草彅剛と大竹しのぶ主演で上演され（渡辺えり演出、企画・製作シス・カンパニー）、国書刊行会が「長谷川伸傑作選」として『瞼の母』『股旅新八景』『日本敵討ち異相』を復刊したことは偶然ではあるまい。

ここでも、長谷川伸とプロレタリア文学は交錯したのである。ひとつだけエピソードを書いておきたい。当時の国賊「アカ」として生きた小林多喜二の、その母のことである。特高警察に虐殺された多喜二の遺体を抱いた母はこう言ったという。「それ、もう一度立たぬか。みんなのために立たぬか、もう一度」。ここに思想を超えて多喜二と伸が、「瞼の母」を介して通じ合うような思いに駆られるのは私だけだろうか。

二〇〇八年の『蟹工船』復権と踵(きびす)を接して、「劇画・長谷川伸シリーズ」と銘打ち、〇九年から一四年にかけて『関の弥太ッぺ』『沓掛時次郎』『一本刀土俵入』『瞼の母』を劇画化（連載は『イブニング』［講談社］）したのが、『1・2の三四郎』（一九七八〜八三年）や『What's Michael?』（八四〜八九年）などの大ヒット作を描いた漫画家の小林まことだった。小林に長谷川伸を劇画化した理由を訊いた。

小林　中学生のとき、テレビの『長谷川伸シリーズ』を「飯盛女（宿場女郎）」の意味も分からないまま、「これは凄い作家だ！」と毎週欠かさず観ていました。クラスで観ているのは俺だけでしたね（笑）。

いつか長谷川伸を描こうと思い続け、連載が決まったとき、これを漫画家としての最後の仕事にしようと決めました。関東中を車で二千キロくらい走って、「股旅が歩きそうな風景」を探し、写真に撮って背景に入れました。現在の読者にとって遠い存在である長谷川伸ものを身近に感じてもらおうと、『関の弥太ッぺ』の弥太郎は『柔道部物語』（八五〜九一年）の三五十五、『瞼の母』の忠太郎は『1・2の三四郎』の東三四郎——といったように、俺の漫画のキャラクターを使って長谷川伸の登場人物を描いたんです。長谷川伸の戯曲のセリフは切れ味鋭く、めっちゃ気持ちがいいんですが、原作のセリフをそのまま言える役者はいなくなりつつありますし、映画やテレビだと硬く聞こえるかも知れない。でも、劇画でなら原作のセリフを読ませることができるし、劇画でこそ長谷川伸の世界観が伝わると思っています。

いっけん時代がかった、しかしいまだに新鮮さを失わない長谷川伸のセリフを劇画で現代によみがえらせるというのは、小林の独創性だ。『沓掛時次郎』の初登場から九十余年——長谷川伸の股旅ヤクザは、国から見放され、社会から顧みられない人が増える時代になると新たな生命を吹き込まれ、芝居、映画、テレビ、劇画とメディアを横断しながら語り継がれているのである。

第五章

権力との危険な関係

任侠世界に分け入って多くの名作を生んだマキノ雅弘監督

「ダレカワスレチャ　イマセンカ」
——マキノ雅弘『次郎長三国志』九部作

二〇二〇年、静岡市では「次郎長生誕二百年記念事業」として、講談、クラシックコンサート、講演会が開催され、チラシには公共事業家として清水港の発展に寄与した清水次郎長の功績が大々的に謳われた。

次郎長（本名＝山本長五郎）の生家は廻船問屋（数隻の船を持ち、塩や米や薪炭などを船に積んで売りさばく商売）。次男の彼は米問屋に養子にやられて若旦那になるが、商家の主に必要な読み書きや算盤はからっきしの苦手。日々喧嘩に明け暮れ、二十二歳のときに人相見の旅の僧から「二十五歳まで生きられまい」と予言され、「どうせ短い人生なら、豪遊しまくり、面白おかしく生きよう」と家を出て博奕打ちになった。

ジャズ評論家平岡正明によれば、次郎長がヤクザの世界で名を揚げたのは、「ヤクザのやらないことをやったから」だという（『清水次郎長の明治維新　激動期に立ち向かう〈男の志〉とは』光文社）。

二十八歳で清水に落ち着いてからは、地元からはけっして子分を募らず、全国津々浦々から集まったはみ出し者、殺人の前科者、凶状持ち、仇としてつけ狙われている男たちを従えてプロの戦闘集団「清水二十八人衆」を結成。血で血を洗う凄惨な抗争を繰り返した「ヤクザの天才」だったと平岡は書く。

そして、「ヤクザの天才」から「公共事業家」へと、後半生の次郎長は見事に転身を遂げる。幕末に勤王、佐幕両派から「力を貸してくれ」といくら頼まれても断り、維新後に元浜松藩家老の伏谷又左衛門に請われると一転して新政府に探索方として雇われ二足の草鞋を履いた。また、清水港で官軍に襲撃されて死亡した咸臨丸乗組員の遺体を官軍の咎めも恐れず収容して葬ったり、囚人を使って富士裾野の開墾に携わるなど、後世に語り継がれる美談を残した。さらには幕臣でありながら新政府のなかで高い地位を得た山岡鉄舟や榎本武揚と昵懇となり、一八八四（明治十七）年の「博徒大刈込み」

のときにはすでにヤクザから足を洗っていながら逮捕、収監されるが、鉄舟の人脈で早期に仮釈放された。晩年は汽船宿を経営して、客を相手に思い出話に花を咲かせ、一八九三年に七十四歳で大往生した。墓碑銘の「侠客次郎長之墓」は榎本武揚が書き、次郎長の生家や船宿はいまも観光スポットとなっている（片や寂寥感ばかりが漂う国定忠治の墓所とは対照的だ）。

三代目神田伯山の創作

幕末維新の名立たるヤクザのなかで、次郎長のみが「大侠」の途を歩み、畳の上で生涯を終えることができたのは、凡百のヤクザとは桁違いに処世術に優れ、新興商人の息子らしく勘定高く、世の趨勢を読む天賦の才があったからだ。

「次郎長もの」の小説や映画の作品数は『忠臣蔵』に次いで、宮本武蔵と二位を競う。

そもそもなぜこれほどまでに一人のヤクザが、講談、浪曲、映画を通じて日本中に名を轟かせたのか——。著書（現代語訳）に『現代語版　勤王侠客　黒駒勝蔵』、共著に『アウトロー　近世遊侠列伝』（ともに敬文舎）があり、甲州博徒の専門家である歴史学者の髙橋修（東京女子大学教授）はその理由をこう語る。

髙橋　それは次郎長が「宣伝能力」に優れていたからです。たとえば、次郎長の子分には「売講子清龍」という講談師がいました。有名な「荒神山」の戦いのときには、清龍を連絡係として同行させ、吉良仁吉が死ぬ様子などをつぶさに、清水にいた次郎長に報告させている。

映画『虎造の荒神山』（四〇年、黒澤明脚本、青柳信雄監督）には、次郎長の家に食客として滞在する浪曲師（広沢虎造が特別出演）が登場し、荒神山の戦いに同行する。

髙橋　それは清龍がモデルかも知れませんね。ともかく清龍は実際に博徒の戦闘に参加したわけですから、彼の講談は迫力満点で、しかも次郎長側に立って語ったことから、聴く人はみんな「清水びいき」になったことでしょう。

また、次郎長には実の子供がいなかったので、天田五郎（愚庵）という戊辰戦争を賊軍（幕府側）として闘った青年を養子にしていました。天田はのちに明治万葉調の歌の第一人者になって、正岡子規にも影響を与えるほどの教養人。その彼が、次郎長本人や子分たちから聞いた炉辺話をまとめて次郎長の半生記『東海遊侠伝』（一八八四年）を執筆するんですね。『水滸伝』を下敷きにした達意の戯作調で、次郎長の立場から東海地方の博徒間の抗争を詳細に記したこの本をもとに、「東海一の大侠客」像が形作られていったんです。そして、血なまぐさい描写が多い『東海遊侠伝』を巧みに人情話に作り変えて、「八丁荒し」（周囲八丁にある寄席はみんな客を取られてしまうことから）の異名を取った講談師の三代目神田伯山が、次郎長像を愛されるキャラクターに創作します。

三代目伯山は、タンカの切れ味と目の動きをヤクザとの付き合いから学び、実生活でも遊侠人そのものだったという。二代目神田松鯉（しょうり）が『張り扇裏表』で三代目の思い出をこう書いていたと足立巻一は『大衆芸術の伏流』（理論社）で記す。

「侠客伝が専門の伯山独演会は、ほとんどヤクザの主催でひらかれ、それだけに血なまぐさい出入りが多かった。ある真夏、伯山は向島の入喜亭という寄席で、荒神山の仁吉離縁の場を読んでいた。すると、けたたましい叫びがおこって、場内は乱れた。殺気をおびた声で『伯山、おるかッ！』――すっぱだかで日本刀のぬき身をつきつけている。小島貞二郎というテキヤの親分（浅草を本拠とする姉ヶ崎会二代目）で、興行のもつれでなぐりこんだのだ。／しかし、伯山は講釈をつづけ、前席が終わって『やあ、小島さん、どうしたんだ』と、いきなり相手の手を握って笑った。……まるで、かれの講談そのままではないか」

次郎長映画はなんと二百本

髙橋　そんなふうに、三代目伯山は芸の世界と実生活が地続きでした。三代目は反権力を貫き、金持ちや政治家のお座敷にはけっして出なかった。そうした反骨精神が江戸っ子に支持されたんです。三代目伯山に影響を受けたのが二代目広沢虎造。虎造が浪曲で次郎長伝を唸って、それが一九二五年に開始されたラジオ放送でまたたく間に日本中に広まり、虎造はスターに、次郎長は大衆のヒーローになっていきます。

戦後は、村上元三が小説『次郎長三国志』（五三年）を、子母澤寛が『駿河遊俠伝』（六三年、ともに文藝春秋新社）を書きます。宮本武蔵に『五輪書』があったように、次郎長に『東海遊俠伝』という底本があったからこそ、彼はメディアの寵児になった。

国定忠治は自らの磔刑の場面を見事に演出することで、忠治の名を芸能史に残したが、次郎長のメディア戦略は一枚も二枚も上手。生きているうちに講談や自伝で自らを「プロパガンダ」し、清水一家を「メディアミックス」で世に知らしめたのだ。ヤクザは正史に残らず、稗史や大衆芸能のなかに生きるしかないことを、ヤクザのなかのヤクザ、次郎長は熟知していたのだろう。

映画においても、国定忠治は、戦前に伊藤大輔や山中貞雄、伊丹万作らによって描かれ、言論統制下の大衆は忠治の反骨ぶりに自分たちの心情を託した。だが、戦後の映画では、忠治はしだいに脇役の存在でしかなくなる。たとえば、『任俠中仙道』（六〇年、松田定次監督）では、忠治（市川右太衛門）は脇役として主役の次郎長（片岡千恵蔵）に絡む。『座頭市　千両首』（六四年、池広一夫監督）でも忠治（島田正吾）は客演扱いで、市（勝新太郎）の手引きで赤城山を降りるが、最後は処刑される。このように忠治は戦後、脇役に甘んじ、ヒーローの座をしだいに清水次郎長に明け渡してゆく。これはなぜなのか。その理由を、映画史家の冨士田元彦は『日本映画史の創出』（五柳書院）でこう説明している。

「次郎長ものは、清水港の米屋の倅（せがれ）に生まれた青年が、やくざの世界に身を投じて一家を成し、やがて東海一の大親分に成長していく話である。この方が、高度成長、経済大国の戦後日本にふさわしい。というわけで、昭和三十年代、片岡千恵蔵や長谷川一夫が次郎長に扮したオールスター映画が、東映や大映でしきりに製作されたのであった。／忠次から次郎長へ、その主役の交代は、戦前と戦後の時代劇の質の変化を象徴しており（中略）それは少数派弱者の側から、多数派強者の側へ、製作者の論理、視点が移ったことでもある」

加えて、大衆が芸能に求めるものとして、日本人の根底にある「判官（ほうがん）びいき」（「九郎判官義経」を始めとする弱き者、敗れゆく者への同情）を基調とした、「破滅的ヒーローへの哀惜」もさることながら、次郎長のように晩年、「任俠として大尾（たいび）を遂げた」ヒーローへの憧れが強くあった。そうした庶民の心底を見抜いていた作家の吉川英治は、いくら勧められてもけっして悲劇の英雄を書こうとしなかった、と『大衆芸術の伏流』で足立巻一は書く。

日本映画における次郎長ものの系譜は、永田哲朗の『血湧き肉躍る任俠映画』（国書刊行会）に詳しい。次郎長ものは、『清水の次郎長』（一二年、牧野省三監督、尾上松之助主演）から始まり、森の石松、吉良の仁吉、大政・小政といった子分が主役の映画も含めて二百本に及び、忠治ものの百三十本をはるかに凌駕する。

次郎長ものを好んだ監督がマキノ雅弘で、その代表作が東宝版『次郎長三国志』九部作（五二〜五四年）である。広沢虎造の浪曲とともに、「マキノ節」と呼ばれる緩急自在な語り口で観客を魅了する、紛れもない日本映画史上の傑作だ。一方で、「次郎長物は、アウトローが本来持つお上に盾突く反権力、反権威の毒性を失っていくことになる」（高橋敏「民衆文化とつくられたヒーローたち」展示図録）ということもまた、一面の真実だろう。

とはいえルポライターの竹中労は、国民的芸能となった広沢虎造の「清水次郎長伝」のなかにもまた、少数派の心情が蠢いていることを凝視していた。「石松代参」の回、清水一家で喧嘩の強い子分として自分の名前が挙がらないことに身を揉む森の石松が「大切なのを誰か忘れちゃいませんか？」と言うセリフを、窮民が自己疎外から回復されることへの欲求として見る視点だ。

「『ダレカワスレチャ　イマセンカ』と七五調でフシをつけていう石松の抗議は、庶民大衆に強い共感でむかえられた。英雄の序列に組みこまれることのない差別は、すなわち千数百年の歴史の底辺に置き去りにされてきた、無名の民衆ひとりひとりの悲哀であり憤りであった」（『美空ひばり―民衆の心をうたって二十年』弘文堂）

無告（むこく）の民の情動を芸能の原点として捉えてきた竹中ならではの見解だろう。

捨てられた「勤王侠客」

さて、次郎長映画を盛り上げるため、汚名を着せられ、悪役にされたのが甲州ヤクザ、黒駒勝蔵であった。

『任侠清水港』（五七年）や『勢揃い東海道』（六三年、ともに松田定次監督）では月形龍之介が、『次郎長富士』（五九年、森一生監督）では滝沢修が、『次郎長三国志　第三部』（六四年、マキノ雅弘監督）では丹波哲郎が黒駒勝蔵を演じ、いずれも『東海遊侠伝』の記述をもとに、「次郎長に敵対する悪者」として描かれたが、「これらは史実の一面を誇張したもの」と髙橋修は指摘する。

髙橋　次郎長映画のなかで、勝蔵はつねにステレオタイプの敵役を振り当てられていますが、実際は多面的な活動をした人物です。勝蔵は甲州上黒駒村（現・山梨県笛吹市）の村役人の家に生まれ、幼少期に近くの檜峯（ひみね）神社の神主、武藤外記（むとうげき）の下で読み書きを学び、ある程度の学問を修めた人物だったと考えられます。また、武藤外記の祖父は水戸藩の出身で、檜峯神社は全国各地の尊王の浪士が出入りする「梁山泊」でしたから、勝蔵も若い頃から勤王思想を抱いていました。

また、江戸末期の甲州は富士川舟運などで物流の盛んな金融の先進地でしたし、上州（群馬県）と並んで博奕が盛んな土地柄ですから、全国でも指折りの「博徒王国」でした。勝蔵は青年期に博徒になり、次郎長映画で勝蔵同様、「吃安（どもやす）」というあだ名の悪役として登場する竹居安五郎と結び付きながら、凄惨な戦いを勝ち抜き、やがて、東海全域の博徒の領袖（りょうしゅう）（大親分）として、次郎長と対立するようになります。

映画で描かれるのはここまでですが、そのあと、勤王の志を持っていた勝蔵は官軍の「赤報隊」に入り、「勤王侠客」となります。

「赤報隊」は、人気アニメ『るろうに剣心　明治剣客浪漫譚』（二〇一四年）に描かれてから現代の若者たちにも知られたが、以前は、一九四〇～四一年に長谷川伸が『相楽総三とその同志』を著すまで、永らく正史から抹殺されていた。相楽総三は、西郷隆盛や大久保利通から密命を受け、江戸で放火や掠奪を繰り返すことで幕府を挑発し、鳥羽伏見の戦いの戦端を開いた勤王派の浪士。その後、京都から江戸へと攻め上る官軍の先乗り隊である赤報隊を結成した。年貢の半減など官軍の宣伝をしながら江戸に向かったが、新政府は財政難を理由に一転して年貢半減の方針を変更し、相楽が勝手に言いふらしたことにして、「偽官軍」の汚名を着せて相楽らを諏訪（長野県）で斬首する。

髙橋　赤報隊解散のあと、勝蔵は官軍の徴兵七番隊に所属し、東北方面の戦いにも従軍するなどの活躍をします。けれど、明治四（一八七一）年、なぜか彼は博徒時代の殺害事件を罪に問われ、斬刑に処せられてしまいます。官軍のために身を粉にして働いたことは顧みられませんでした。

明治初年、勝蔵同様、新政府軍に協力した多くの博徒たちは十分な褒賞を与えられなかったり、処刑されたりしました。新政府は戊辰戦争を遂行するには、従来の身分制の枠を超えて、博徒らの力を借りなければなりませんでしたが、戦後、草莽（そうもう）の志士として活躍した博徒たちを体制側に組み込むわけには行かず、粛清していったんですね。次郎長と勝蔵の明暗が分かれたのは、次郎長にはこうした公権力の本質を見抜く目があり、勝蔵にはなかったからだと思います。冷徹な次郎長に比べ、勝蔵はいかにも脇が甘かった。勝蔵は、自分の懐に飛び込んできた人間は、たとえ敵であっても面倒を見るなど、良くも悪くも仲間意識が強く、人情味に溢れていました。そこに彼は足をすくわれたと考えられます。

勝蔵のように幕末維新期に消されたヤクザに光を当てたのが、一九三四年に発表された三好十郎の戯曲『天狗外伝　斬られの仙太』である。

「天狗」とは、水戸藩の尊王攘夷思想の急進派「天狗党」のこと。一八六四年に、筑波山（茨城県）

で挙兵し、同じ水戸徳川家出身の一橋慶喜に攘夷を訴えようと上洛するが、慶喜に見捨てられ、絶望して降伏。敦賀で三百五十三名が斬首され、その首が塩漬けにされ、水戸市中で見せしめにされるという悲惨な末路を辿った。プロレタリア演劇の劇作家、三好十郎は、従来の左翼演劇にはない、立ち回りあり、踊りありの「大衆娯楽劇」の戯曲に仕立てた。戯曲を読むと、貧農ゆえに博徒になった仙太が、天狗党を「民衆の救世主」と信じて参加し、党内闘争に巻き込まれ、最後は博徒であるために斬り捨てられる。このくだりは史実ではなく三好の創作であるが、天狗党が、「ならず者による暴動暴挙ではなく、武士による大義のある行動」だったことを証し立て、慶喜に助命嘆願するために、党に博徒がいては不都合と考え、仙太らを粛清した——と三好は書く。

『斬られの仙太』は三四年に中央劇場の旗上げ公演として、滝沢修主演、佐々木孝丸演出で初演された。三好十郎はこの作品を、人間より主義や党利を優先させる左翼組織や左翼思想と訣別する覚悟で書いたが、久保栄次郎が「一番いけないことは（中略）『百姓は百姓同士で固まればよい。政治運動などに加はるべきではない』と云ふ誤った思想を植えつける危険のある事である」（『新劇の話題』）と酷評するなど、左翼演劇人から攻撃に遭った。

萩原健一は次郎長役を蹴った

一方、非業の死を遂げたうえに、死後に悪人の汚名を着せられた黒駒勝蔵の名誉を回復しようと、四三年に、勝蔵と同郷の政治家で財界人の堀内良平（富士急グループの創業者）が、勝蔵と交流のあった地元の人から聞き書きを行ない、本格的な評伝『勤王侠客　黒駒勝蔵』を著した。戦後、堀内の取材に同行した子母澤寛が小説『富嶽二景　次郎長と勝蔵』（六六年、文藝春秋新社）を、結城昌治が小説『斬に処す——甲州遊侠伝』（七二年、徳間書店）を発表するに至って、ようやく史実に近い勝蔵の姿が掘り起こされるようになった。

『富嶽二景』を連続テレビドラマとしたのが、七三～七四年の『風の中のあいつ』（ＴＢＳ系列、黒駒勝蔵＝萩原健一、演出＝工藤栄一、田中徳三、富本壮吉他）である。この企画は、局が萩原健一に次郎長もののオファーをしたところ、彼が「次郎長より勝蔵をやりたい」と言ったことから始まった、とペリー荻野は証言する（『ペリーが出会った時代劇の１００人』「デイリー新潮」）。全二十六話のＤＶＤを観ると、史実の通り、勝蔵（萩原健一）より次郎長（米倉斉加年）はひと回り年長。米倉がいかにも優等生然と計算高い次郎長像を演じ、時代劇なのに電卓を叩くのがおかしい。

七四年には、勝蔵を主人公にした吉永仁郎の戯曲『勤皇やくざ瓦版』が劇団東演により上演された（演出＝八田元夫、勝蔵＝池田勝）。『吉永仁郎戯曲集Ⅰ』（宝文館出版）を繙くと、クライマックスは、勝蔵と彼を捕縛した県大参事との対話。県大参事が勝蔵にこう言う。「あの男［次郎長］は何を言われてもへえとしか答えないそうだ。ところがおぬしときたら、さっきは腹を立てて私に食ってかかった。……世渡りの器用な男らしいな、次郎長というのは。それに比べておぬしは何とも不器用だよ」。この戯曲はのちに愛川欽也が製作・監督・脚色・主演の四役を務めて『黒駒勝蔵　明治維新に騙された男』（二〇一二年）として映画化したが、勝蔵が斬刑ではなく磔刑にされるなど史実と異なる点が多かった。

こうしたなか、髙橋修も所属する「ひみね地域活性化推進協議会」は、黒駒勝蔵の没後百五十年に当たる二〇二一年、勝蔵の墓所を整備するなど、彼の事績を現在に伝えようと活動を続けている。

遡って一九六四年、勝蔵の仇敵で、佐幕派の新徴組（新選組の前身）に入った甲州ヤクザ、祐天仙之助を主人公にした『博徒ざむらい』（森一生監督）が映画化された。原作は劇作家、久保栄の同名ラジオドラマ。「人間として生まれたからには、のちの世の人が礼を言ってくれるようなことをひとつくらいやりたい」と志を立てた祐天（市川雷蔵）が、新徴組の下っ端として、焼き打ちや強盗などの汚れ仕事を命じられ「お国のためになんて言いながら、平気で仲間を見捨てる。それがお前の正体だ」と自らが置かれた立場を認識した瞬間、侍たちに斬られる。

六八年には、『斬られの仙太』が劇団民藝により再演（演出＝宇野重吉）され、翌年、『天狗党』と改題され、仲代達矢主演、山本薩夫監督により大映で映画化された（四九年にも『斬られの仙太』［藤田進主演、滝沢英輔監督］として映画化されているが未見）。『天狗党』は、山本薩夫らしいダイナミックな時代劇で、天狗党の参謀役、中村翫右衛門（かんえもん）の芝居が味わい深い。

三好十郎の戯曲の最終章では、一命をとりとめた仙太が百姓に戻り、農作業をしているところへ、自由党の壮士たちと彼らを追う警察がやってきて、田んぼを踏み荒らす。そんな彼らに仙太はこう啖呵を切る。

「ドス一本、鎌一丁持っているんじゃねえ。行きたいとありゃ、俺を踏んづけてから、行ってみろ。（中略）手出しはしねえ。ただタンボは百姓の命だ。どんな名目で田を荒して行こうと言うんだ！」。このセリフには、体制と反体制のいずれにも存在する「権力」から身を引き剝がし、左翼運動から離れ、筆一本で世界に立ち向かおうとする三好十郎の決意が漲（みなぎ）っている。だが、映画『天狗党』はこの最終章を切り捨て、「てめえらは犬だ！　侍は犬畜生だ！」と叫びながら侍（神山繁、加藤剛）に殺され、谷底へ落ちてゆくヤクザ（仲代達矢）の「引かれものの小唄」で作品を終わらせた。戯曲に比べ、映画は通俗的な分かりやすさに陥った感がある。

赤報隊を演じた三船の意地

六九年には、前年に行なわれた「明治百年祭」に異議申し立てをするかのように、「赤報隊」に材を取った演劇や映画が三本作られ、この年、赤報隊の再評価が始まった。

相楽総三を主人公にした穂積純太郎の戯曲『無頼官軍』（演出＝早川昭二、相楽総三役＝鈴木瑞穂）が劇団民藝により、野口達二の戯曲『草の根の志士たち』（演出＝貝山武久、監修＝内田吐夢）が文化座により立て続けに上演され、三船プロダクションの製作、東宝の配給による、三船敏郎主演、岡本喜八監督の映画『赤毛』（岡本喜八と廣澤栄によるオリジナル脚本）が公開された。

『無頼官軍』のパンフレットと戯曲を読むと、相楽総三とその同志たちが信州に入った慶応三年二月から、下諏訪で処刑される三月までの一カ月間を、三十人を超す登場人物により描いた群像劇だ。一方、戯曲『草の根の志士たち』の主人公は赤報隊ではなく、彼らを支えた農民たちである。農民たちは、相楽らが村にやってきた当初は疑念を抱くが、ついには狂喜して赤報隊に協力する。『土』（六三年）の演出以来、「文化座」に縁のある映画監督の内田吐夢が監修を務めた。

映画『赤毛』は、『日本のいちばん長い日』（六七年）と『肉弾』（六八年）で、太平洋戦争末期の天皇から細民までを描いた岡本喜八に、プロデューサーの馬場和夫が「今度は『ええじゃないか』をやらないか？　面白いよ」と提案し、俳優の高橋悦史が相楽総三の映画化を勧め、三船敏郎が「何か面白い時代劇を」とオファーしたことから、岡本は「ええじゃないか」と「赤報隊」を結び付け、映画の構想が成ったという（木全公彦『赤毛』DVD解説による）。

『赤毛』には相楽総三（田村高廣）が登場するが、主役は相楽ではなく、水呑み百姓の倅で赤報隊隊員の権三（三船敏郎）。彼が「赤毛」（赤報隊の象徴のかつら）をかぶり、生まれ故郷に先乗りし、錦を飾る三日間の物語だ。権三は当初は廓（くるわ）から娼婦たちを解放し、村の若者たちの代官所襲撃を手助けするなど村人たちの尊敬を集めるが、ほどなくオッチョコチョイの地金が出て、信用を失う。そこへ、すでに相楽総三らを斬首した官軍の隊長（『天狗党』同様、冷酷な敵役を神山繁が演じる）が銃撃隊を率いて鎮圧に来る。

　この映画はここからの展開が圧巻である。怯んで逃げようとする男たちに対し、徹底抗戦するのは女たちである。村娘の吉村実子は官軍に拳銃をブッ放し、娼婦の岩下志麻は愛する三船敏郎の助命嘆願をするが、それが聞き届けられないと知るや村役人を刺し殺す。岩下も三船も銃殺され、村が平定されたかに思えた瞬間、銃口を向ける官軍の前で、乙羽信子の娼婦が突然、「〽ええじゃないか　ええじゃないか」と陽気に踊り始め、息子である三船の遺骸にすがりついていた望月優子もジロリと官軍を睨みながら、とたんに手をひらひらさせて踊り出す。この瞬間の望月の表情が素晴らしい。権力をめぐる男たちの闘争を、芸能を武器とした女たちの闘いが超えていく。そして村中から雲霞（うんか）のごとく群衆が現われ、エッサエッサと踊り、官軍を揉みくちゃにするロングショットで映画は幕を閉じる。ヤクザが踏みつけられたままで終わった『博徒ざむらい』や『天狗党』に対し、『赤毛』は草莽の女たち男たちが官憲を翻弄していくのだ。

　長谷川伸は『相楽総三とその同志』の自序で、「明治維新の鴻業（こうぎょう）は公卿と藩主と藩士と、学者、郷士、神道家、仏教家とから成った」という歴史観に「無言の体当りを食（くら）わせた意味をもたない訳でもない」と述べたが、『赤毛』の「〽ええじゃないか」は、権力に対する「歌と踊りの体当り」であり、このような無告の民の「体当り」は、明治十六〜十七年に陸続と起きた「秩父事件」などの「激化事件」へと燎原（りょうげん）の火のごとく広がってゆく――。

鈴木則文監督『緋牡丹博徒　一宿一飯』（1968年）©東映

秩父事件の痛切がお竜の痛切に
――鈴木則文『緋牡丹博徒　一宿一飯』

幕末維新において権力に利用されて使い捨てられたヤクザが、初めて権力に立ち向かったのが自由民権運動の時代、一八八四（明治十七）年に起きた「名古屋事件」「群馬事件」「秩父事件」などのいわゆる「激化事件」であった。

そもそも自由民権運動は「征韓論」を西郷隆盛とともに主張した板垣退助が、大久保利通ら薩長藩閥政府に敗れて下野し、「国会開設」とともに「減租」を旗印に八一（明治十四）年に「自由党」を設立することから始まった。

国会開設は進歩的知識人、富裕層、ジャーナリストに支持され、減租は税金に苦しむ農民の悲願となり、全国に自由民権運動が凄まじい勢いで広がっていった。そして、自由党の国会開設の請願は、八一年に、伊藤博文、井上馨らの政府が九〇（明治二十三）年の国会開設を約束することで叶えられる。

板垣退助を主人公にした映画は、板垣が死去した年に作られた伝記映画『板垣退助　自由の誉』（一九一九年、小口忠監督、日活向島撮影所）一本のみ（フィルムは発見されていない）。だが、板垣の自由党を政府が集会条例などで徹底弾圧するさなかに、血塗（まみ）れの板垣が「板垣死すとも自由は死せず」と言ったとされることで有名な、八二（明治十五）年、岐阜の遊説会場での板垣の遭難事件（自由党を敵視する教員により板垣が胸や手を刺され軽傷を負った）は、事件直後からご当地の岐阜や板垣の出身地の高知で幾度も大衆演劇の演目となった。九一（明治二十四）年に川上音二郎一座が『板垣君遭難実記』として舞台にかけた様子は、NHKの大河ドラマ『春の波濤（はとう）』（八五年）第一話でも中村雅俊（音二郎）と岸部シロー（劇団員）により再現された。この遭難で板垣に世間の同情が集まったことを危ぶんだ政府は、板垣と自由党を分断しようと試み、板垣に「憲法視察」の名目で外遊することを誘いかける。その狙いは功を奏し、板垣は外遊し、帰国後の八四（明治十七）年、自由党の分裂を目のあたりにして解党を決意した。

旧自由党員の破れかぶれ

板垣らに見捨てられた末端の自由党員たちは孤立し、未来が開けないことに絶望し、ならばいっそ政府首脳を狙ったテロを実行し、政府が動揺している間に天下に号令しようとまで思いつめ、ヤクザの手を借りる。かくして、一八八三（明治十六）年から八五（明治十八）年にかけて、急進派自由党員によるテロリズムや武装蜂起が立て続けに起こり、のちに「激化事件」と総称された。

幕末維新のヤクザを描いた映画には、五章で述べた『黒駒勝蔵　明治維新に騙された男』（二〇一二年、愛川欽也監督）、『博徒ざむらい』（一九六四年、森一生監督）、『天狗党』（六九年、山本薩夫監督）などがある。

また、自由民権運動のあと、一八九二（明治二十五）年の「第二回衆議院議員総選挙」（政府が壮士やヤクザを使って野党の選挙妨害を行なったことで知られる）は、東映ヤクザ映画『日本俠客伝　刃（ドス）』（七一年、小沢茂弘監督）で描かれた。金沢を舞台に、民衆に寄り添う野党の代議士（大木実）と彼を支援する車夫会社の社長（辰巳柳太郎）を、政府の院外団（渡辺文雄が親玉）とヤクザが襲撃し、辰巳の部下の車夫、高倉健が復讐に立ち上がる物語だ。

院外団のモデルは明らかに、九二年の第二回総選挙で軍備拡張を唱える松方内閣から資金をもらって血なまぐさい民党弾圧を行なった超国家主義団体「玄洋社」と思われ、その院外団の客分である池部良が「小金井小次郎（江戸末期、明治初期の俠客。新門辰五郎の舎弟。講談、芝居に脚色された）の兄弟分」に設定されるなど、脚本（笠原和夫）は緻密な時代考証のうえに物語を造型している。

『日本俠客伝』シリーズは、高倉健の堅気の稼業人が、近代資本によって壊されてゆく市場や祭など民衆の共同体を守るために手を血に染める物語だが、『刃』の敵は玄洋社と政府で、シリーズは最終作（第十一作）にして日本近現代史の闇に斬り込んだ。

また、民権から国権へと時代が移り、日清戦争を目前にした九三（明治二十六）年を舞台に、明治の青春群像を描いた映画が『北村透谷　わが冬の歌』（七七年、山口清一郎監督）である。透谷（みなみらんぼう）は十代にして自由民権運動の闘士を志すが、「大阪事件」（八五年、大井憲太郎ら自由党左派による、朝鮮で革命を起こし、それと連動させて日本で自由党が政権奪取する計画）の資金集めのために強盗略奪を命じられ、それを拒んで文学者への道を歩む。

しかし、闘士時代に匿ってもらった娼婦と同じ石榴（ざくろ）の刺青を、娼婦、車夫、博徒ら細民との思い出と連帯の徴として二の腕に入れる（史実ではなく脚本家菅孝行の創作）。

透谷役のみなみらんぼうは滑舌が悪くミスキャストだが、娼婦と透谷夫人の二役を演ずる田中真理が艶やかだった。この映画がかりに二年早く、全共闘運動が内ゲバ、連合赤軍事件、東アジア反日武装戦線による企業爆破事件と「激化」した末に政治の季節が終焉した七五年に公開されていたなら、その時代を象徴する映画としてもっと評判を呼んだろう。

明治博徒の悲命

このように幕末維新と激化事件後の時代は映画になったが、もっともヤクザが重要な役割を果たした「激化事件」――「名古屋事件」「群馬事件」「秩父事件」を描いたテレビドラマや映画としては、秩父事件を取り扱った数作品があるのみで、そのほとんどがヤクザではなく農民に焦点が当てられていた。「名古屋事件」「群馬事件」に至っては、映画化、ドラマ化されないばかりか研究書も数冊に留まり、現在、二つの事件のことを知る者は少ない。これらの事件で「暴徒」の汚名を着せられ、処刑された二人の無名のヤクザ――「名古屋事件」の大島渚（映画監督と同姓同名）、「群馬事件」の山田平十郎と自由民権運動との関係を辿ってみたい。本書は基本的に映画やドラマで描かれたヤクザを取り上げてきたが、大島と山田の人生にはヤクザと権力と民衆の抜き差しならない局面が現われているので、書き留めておきたいのである。

名古屋事件の実像を初めて世間に知らしめたのが歴史学者長谷川昇による『博徒と自由民権　名古屋事件始末記』（一九七七年）である。この書物と、長谷川の弟子の歴史学者水谷藤博の調査（『東海近代史研究』所載）により、事件の主犯、大島渚の姿が明らかになった。

大島渚は一八四九（嘉永二）年に名古屋で生まれた。士族もしくは商人の家柄だったらしく藩校（明倫堂）で学んだ。色白の美男子だったというが、十七歳のとき、博徒にさらわれようとしていた娘を義侠心から助けようとして、博徒を護身用の短刀で刺し殺し、親に勘当されたことから博徒の道に入る。そして、命を救った娘たけと結婚した。

一八六八（慶応四）年、大島が客分の、尾張でもっとも戦闘的な博徒「北熊組」は戊辰戦争への参加を命じられ、近藤実左衛門組長以下五十人は「集義隊」と命名された。大島はその二番隊長に任ぜられ、このとき、いままで与えられなかった「苗字」と「帯刀」を初めて許された。

大島渚らは激戦地である新潟長岡へと行かされ、映画『峠　最後のサムライ』（二二年、司馬遼太郎原作、小泉堯史監督）の主人公、長岡藩家老河井継之助（役所広司）が率いる旧幕府軍と激戦を繰り広げる。この戦いでの博徒の戦死者数が一般藩士の四倍以上に上ったのは、博徒が藩士の弾除けとして雇われ、最前線で戦わされ、藩の犠牲を肩代わりさせられたからにほかならない。

満身創痍で凱旋した大島渚らは「抜群有戦功」と讃えられ、その戦功により尾張藩の「常備兵隊」（藩の正規の軍人）として召し抱えられた。平民から士族に編入され、大島は妻たけと喜びを分かち合うが、七一（明治四）年、新政府は「廃藩置県」を断行するとともに、諸藩の藩兵を解体。大島が属する尾張藩の常備兵隊も一部を残して解隊となり、大島らはふたたび平民に戻されたばかりか、わずかな一時金を支給されただけで路頭に迷うはめになる。

このとき、ほとんどの博徒が泣き寝入りしたが、大島はとうてい我慢ができず、藩権力に対して敢然と立ち上がった。自らが総代（代表）となって博徒を取りまとめ、指物商、足袋職人、古着商などで糊口を凌ぎながら、戦功による士族への編入と一時金のみで打ち切られた「俸禄」（給料）の引き続きの支給を求めた。県当局に日参し、埒が明かないと見るや東京の内務省までたびたび足を運び、請願運動を根気強く続けた。そして一八七八（明治十一）年、大島らの七年にわたる運動はついに宿願を達し、旧集義隊員の博徒たちはようやく戦功を認められ、士族籍を与えられ、俸禄も以前のように支払われることが決まったのだ。

たけとの間にふたりの子供が生まれた大島は七九年から八一年まで、瀬戸市（愛知県）に居を構え、たけの弟、中条勘助とともに宿屋と呉服屋を営んだ。つかの間の幸せな時だった。八二年から八三年まで近藤実左衛門に命じられ博徒、岡島治郎吉のもとに草鞋を脱ぐが、その間、妻のたけが病死、大島は生まれたばかりの息子と娘を男手ひとつで育てなければならなくなった。

そんな折、自由民権運動の波が愛知県にも押し寄せる。愛知で初めての自由党系の政治団体「愛国交親社」が結成された。博徒の士族籍回復運動に成功した大島は、「自由民権運動で世の中が変えられる」とかたく信じた。そんな大島に愛国交親社は政府転覆計画を持ちかけた。

一方、一八八四（明治十七）年、政府は全国で頻発する「激化事件」に博徒が加勢していることに気付き、博徒集団が持つ様々な武器を取り上げようと博徒の徹底弾圧を行なった。博徒から足を洗い、すでに公共事業家に転身していた清水次郎長ですら逮捕され、大島渚の周辺でも、親分の近藤実左衛門が投獄され、次いで義弟の中条勘助に及び、さらには寄寓していた岡島一家までもが一網打尽にされた。

身内をすべて失った大島は、旧集義隊の仲間を集め、政府転覆計画の資金集めのため、高利貸、豪農、村役場などに押し込み強盗を働き、その資金で自由民権団体「公道協会」を設立するに至った。しかし、名古屋の平田橋で、強盗をした帰りの大島らを職務質問した警官二名を斬殺したことから、大島の犯行は警察の知るところとなる。

大島は、尾張の愛国交親社の蜂起の際には秩父困民党と連携しようと思い立ち東京へと向かうが、そこで逮捕される。強盗を示唆した愛国交親社員らは証拠不十分で全員無罪だったが、大島は八七（明治二十）年六月三日に名古屋監獄で絞首刑となった。享年三十八。公権力に翻弄された人生だった。大島の十一歳の息子と八歳の娘のその後の消息は分からない。ただ、名古屋市平和公園には、二〇一四年に大島の孫によって建立された新しい墓石があり、墓碑には大島渚の名前と享年が刻まれている。遺児を育てた親族が大島の思いや志を子や孫に語り継いだのだろう。

群馬事件から秩父事件へ

一八八四（明治十七）年の群馬事件は、西南戦争で傾いた政府の財政再建と富国強兵のための経済政策が起点となった。その低米価政策と増税政策の煽りをもっとも受けたのが農民層であり、八四〜五（明治十七〜八）年には米価がそれまでの半分以下に暴落し、これと並行して地方税が増税されたため、税金はそれまでの三倍ぐらいの重さで農民にのしかかった。官憲は税金を納められない農民の土地を容赦なく競売にかけ、強制処分を受けた農民の数は全国で三十六万人に上り、彼らは先祖代々の土地を売り払い、流民となってしまった（藤野裕子『民衆暴力　一揆・暴動・虐殺の日本近代』中公新書）。自由党員の小林安兵衛と三浦桃之助らは、こうした負債農民を組織し、軍事訓練を行ない、彼らを一斉に蜂起させ、八四（明治十七）年五月の上野・高崎間の鉄道の開通式に臨席予定の天皇に従う政府高官を襲撃し、一挙に政府を転覆させようと目論んだ。その際、同時に東京鎮台（連隊本部）高崎分営を襲撃する役目を、地元の博徒、山田平十郎（城之助）に頼みに行く。

山田は一八三〇（天保元）年、群馬県碓氷郡の大地主の家に生まれた。しかし彼は真面目に家業の農業に精を出すことに耐えられず賭場に出入りし、腕っぷしの強さと度胸の良さで、群馬で有数の博徒一家の親分に伸し上がった。山田は小林や三浦から「自由民権思想」を聞かされてもちんぷんかんぷんだったが、最終的に蜂起に命を賭ける覚悟をしたのは、彼自身が蚕農出身で、同じ農民が高租で苦しみ、身代限り（破産）する姿を見かね、農民をいたぶる官憲をぶった斬りたかったからだ。

『事件と騒動　群馬民衆闘争史』（徳江健、石原征明編著、上毛新聞社出版局）によれば、八四年四月、小林と三浦が開いた演説会に、竹槍を持ち莚旗（むしろばた）を翻した農民が〽昔し思へば亜米利加（アメリカ）の独立したるも莚旗、ここらで血の雨降らせねば自由の土台が固まらぬ、と高吟しながら詰めかけ、会場は殺気立った。警察が竹槍、莚旗を撤去せよと命じても農民は応じず、その合唱は大きくなるばかりだ。警官が弁士に飛びかかり、農民を強制排除しようとした瞬間、山田平十郎が百人の子分を率いて会場に乗り込んで警察を蹴散らし、農民たちの大喝采を浴びたという。

官憲は山田を脅威に感じ、「二足の草鞋」を履かないかと誘いをかけるが、山田は断る。「食うことだけは保証するから役人になれといわれたのですが、しょっぱい酒を呑みかわして、生死を共にするとちかった子分を見捨てるわけにはゆかないと、何としても首をたてに振らなかった」（群馬の親分武田の証言。田村栄太郎『世直し』（雄山閣）より）。

官憲は上野・高崎間鉄道開通式襲撃計画に気付き、式を二度延期した。政府高官より高利貸が憎い農民たちは高利貸の家を襲撃し、そのとき三浦や小林も含めた首謀者が逮捕されてしまう。山田の出る幕がないまま、彼らのテロ計画は水泡に帰したのだ。山田は、官憲に囮(おとり)として差し向けられた妾と同衾しているところを襲われ、あえなく斬殺された。二千五百人の博徒を糾合して窮民のために立ち上がるという山田の夢は果敢(はか)なく潰えた。群馬事件が秩父事件ほど人口に膾炙していないのは、博徒の暴挙と新聞が矮小化して伝えたからだろう。

不発、未遂であった群馬事件と名古屋事件に対し、一万人以上の民衆が蜂起し、数日間秩父地区を占拠し、「おそれながら天朝様に敵対するから加勢しろ」と国家権力に銃口を向けたのが一八八四（明治十七）年十一月に起きた秩父事件である。

秩父事件は、群馬事件同様、農民の困窮を背景に起きた。庄屋の井上伝蔵らは、高利貸の家を打ち壊し、証文を焼き捨てようとしたが、その際、「総理」を博徒の田代栄助に、「副総理」を同じく博徒の加藤織平(おりへい)に依頼した。

田代の生家は父親が村長を務める名主(なぬし)だった。維新後は没落し、養蚕業を続けるために高利貸から借金しなければならないほど困窮していたが、彼は二つの家に合計二十三人の人間（九人の身内を含む）を住まわせていた（エイコ・マルコ・シナワ著『悪党・ヤクザ・ナショナリスト　近代日本の暴力政治』朝日選書）。身体に障害がある者、自活できないほど困窮した者を自宅に引き取り、面倒を見ていたのだ。また、無免許の弁護士（三百代言）として村人の紛争の仲介も行なっていた。田代は専業の博徒ではなく、「弱きを助け、強きを挫く」侠客精神を抱いた村の「世話役」だったのだ。副総理の加藤織平は田代よりも直情径行な博徒だった。決起の話を聞いたとき、小作農に対する自分の貸付証文百五十円を進んで破り捨て、「畳の上では死ねないのが博徒だ」と嘯(うそぶ)いた。

途中で参戦した伊奈野文次郎は会津出身の博徒で「会津の先生」と敬称され、菊池貫平が率いる部隊の「参謀長格」として山岳ゲリラ戦を戊辰戦争の経験を活かしてよく戦い、秩父から信州に転戦したあと、佐久市で捕らえられ、服役後、高崎の木賃宿で窮死した。

秩父事件から六十五年後、映画でこの事件の光景を描いたのが巨匠溝口健二である。『わが恋は燃えぬ』（一九四九年）では、田中絹代扮する自由党闘士、平山英子（景山英子がモデル）と菅井一郎演ずる重井憲太郎（大井憲太郎がモデル）が蜂起した困民党の陣営を訪ね、農民が掲げる松明が鬼火のように揺らめく木立のなかで、彼らに対して「平和が大切だ」と決起を諫めるが、蜂起に巻き込まれ官憲に逮捕される。

映画の重井は美化されており、実際の大井は透谷に強盗をさせ、武器弾薬を持って朝鮮に渡航しようとするなど、けっして「平和主義者」ではなかった。

田代栄助（垂水悟郎）が重要な役として登場する映画が『秩父水滸伝　必殺剣』（六五年、野口晴康監督）である。舞台は剣術が盛んだった明治の秩父。主人公の青年剣士（高橋英樹）のかつての家庭教師で、いまや家屋を差し押さえられるほど困窮し、村民に「延期党」（困民党がモデル）の総理に担がれる田代の姿が描かれる。垂水は田代の神経質な一面を上手く表現した。

秩父事件に着想を得た東映ヤクザ映画が『緋牡丹博徒　一宿一飯』（六八年、鈴木則文監督）である。脚本家の野上龍雄は鈴木に「秩父事件をやろう」と提案し、蚕農を搾取する高利貸（遠藤辰雄）に我慢がならず殴り込む博徒の親分、水島道太郎を「戸賀崎榮助」と名付けた（『任侠藤純子おんなの詩』「キネマ旬報」七一年八月十日増刊号）。

同書で、鈴木はロケハンの折、朝靄のなかの椋神社（困民党が集結した場所）の境内に立ち、「彼等の痛切は、まぎれもなく私の痛切であり、泣きながら一人櫓太鼓を打ち鳴らすお竜の痛切へとだぶっていった」と書く。鈴木は舞台を上州に移し、国定忠治のことを唄った俗謡「八木節」に合わせ、櫓上で樽を叩く藤純子の艶やかな姿から映画を始め、『一宿一飯』を忠治と榮助に手向けた。

『獅子の時代』の菅原文太

秩父事件を実名のままテレビドラマに登場させたのが山田太一である。山田はＮＨＫ大河ドラマ『獅子の時代』（八〇年）の最終回で秩父事件を描いた。『獅子の時代』は、薩摩藩の加藤剛と会津藩の菅原文太演じる架空の下級武士が主人公。二人は一八六七年のパリ万博で出会い、戊辰戦争、五稜郭の戦い、自由民権運動、激化事件といった激動の明治を背景に友情を育み、加藤剛は人民のための憲法草案を伊藤博文に提案したために殺され、菅原文太は自由民権を唱える博徒（伊奈野文次郎がモデル）に感化され、秩父事件を「自由自治元年」の旗を掲げて闘う。

配役は田代栄助が志村喬、博徒が丹波哲郎。ラスト、官軍の砲撃のなかで菅原文太の生死は不明となる。そして、「人々はこののち、足尾銅山鉱害事件や幌内炭鉱暴動弾圧のさなかに闘う銑次の姿を見た」とナレーションが流れ、彼が「民衆が弾圧されたときに必ず助けにくる『会津の先生』」になったことが暗示され、ドラマは幕を閉じる。文太はこののち、秩父事件も含めた膨大な自由民権関係の書物を読破し、博徒研究者の高橋敏や高橋修が主宰するセミナーに手弁当で参加し、人生の最後に『仁義なき幕末維新』（半藤一利との対談集、文藝春秋）をつくっていたことを書き添えておきたい。

秩父事件百周年を記念して製作された記録映画が『秩父事件　絹と民権』（八四年、野村企峰監督）である。都立多摩図書館に所蔵されている十六ミリフィルムを見ると、富田勲の音楽とともに、無告の困民党員の声にじっと耳を傾けるように、遺された墓石、遺書などの事物が映し出される。田代栄助が農民たちに金を貸したときに取った借用書の分厚い束に、田代と農民たちとの関係が垣間見える。

九二年にピンク映画『禁断の園　ザ・制服レズ』で東アジア反日武装戦線「狼」部隊を、二〇一八年に『菊とギロチン』でアナキズム結社「ギロチン社」を描くなど、日本近現代史の暗部と切り結んできた映画監督瀬々敬久が、椋神社など秩父事件の舞台でロケしたピンク映画が『未亡人　喪服の悶え』（九三年）である。現代の秩父を舞台に、困民党が隠した埋蔵金探し、ゼネコンに対する現代の蜂起などが並列して描かれる、秩父事件のバーレスク（戯画化）であるが、この映画には困民党と秩父の大地を踏みしめて生きる女性たち（葉月蛍、石原ゆり、吉田武美）への畏敬の念が宿る。

〇四年に、地元の人々（埼玉映文協）の出資により、千人を超える地元民をエキストラとして集め、井上伝蔵の視点から秩父事件を本格的に映画化したのが『草の乱』（神山征二郎監督）である。農家出身の神山にとって念願の企画だった。

田代栄助（林隆三）は井上伝蔵（緒方直人）たちから「われわれの親方になってほしい」と頼まれ、「万民を救うため、おめえさん方とともに尽力いたしやしょう」と引き受ける。最後は憲兵隊に包囲された洞窟で、「ワシは秩父で死ぬ。伝蔵さんは逃げのびてくんなせえ」と田代は井上を逃がす。

井上が北海道に逃亡したことは史実だが、この映画の田代の描き方はきれいごとに過ぎる。実際の田代は、官憲に刃向かった自分は「死罪に値する大罪人だ」と思い悩み、持病の胸痛に苦しむなかで、家族に会いに行ったのち、総理の役割を放棄して戦線を離脱し、炭焼小屋に潜んでいるところを逮捕された。後世の歴史家のなかには、田代は優し過ぎて総理としての峻厳さに欠け、指導者としての力量がなく、困民党を窮地に追い込んだ、と厳しい評価を下す者もいた。

刹那の自由を夢見る

近現代史の実証的な研究を重ねてきた保阪正康に、秩父事件の田代栄助をどう見ているかを訊いた。

保阪　幕末から明治初期には、田代のように面倒見がよく、人の痛みに敏感に反応する優しさを持った人物が、どの地域にもいたのだと思います。田代は俠客でもあり、あらかじめ共同体から離脱した存在だった。だからこそ、国家権力が共同体を支配する構図を客観的に捉えることができたのではないか。共同体に生きる農民たちが、その生真面目さゆえに権力の横暴に晒され、増税や借金苦にあえいでいるとき、田代は、相対立する権力と共同体のどちらに正義があるかを見抜く目を持っていた。また、弱者の苦境を肌身で理解する共感力があった。俠客のなかには、こういうときに権力の走狗となって利益を得ようとする者もいますが、田代のように敢然と弱者の側に立って、任俠の精神を発揮する者もいたのです。

蜂起したときに、田代は何らかの解放への展望を持っていたのだろうか。

保阪　いわゆる左派の革命論のように、解放への展望があって蜂起したわけではないでしょう。田代は、農民たちの窮状に理屈ではなく義憤を覚え、義憤によって運動に入っていったのだと思います。そしてやむにやまれぬ運動の過程で、農民兵士たちが高利貸の家々を襲撃し借用書を探し出してそれを焼く姿を目の当たりにしたとき、たとえこの蜂起が一瞬のものであったとしても、そこに苦痛から解放された人間の原点を見て、この蜂起には正当性があると感じたのではないでしょうか。

別の話になりますが、足尾銅山鉱毒被害を明治天皇に直訴した田中正造は、その直前に衆議院議員を辞職し、共同体の一員であることを止めて、死を覚悟して決行しました。田代と田中はまったく異なるタイプですけれど、共同体の外側に身を置いて、弱者のために強い覚悟を持って行動したことには通じるものがあると私は思っています。

抑圧された弱者が刹那の自由を夢見ること、刹那であっても解き放たれた時間が何よりも人間としての充足であること、そしてたぶん田代はその得がたさを直観的に知って行動したであろうこと。保阪の見定めは、ヤクザが民衆の苦境に身を投じて共に手を携えた蜂起がはらむ、人間的な真実を捉えているように感じる。

田代は農民たちとともに、一瞬の「アジール」（自由な空間、逃げ場所）をつくろうとしたのかも知れない。ふたたび秩父事件が映画化される際には、こうした田代の優しさと心の震え、それゆえに持ち得た人としての魅力が描かれるべきだろう。

ヤクザと連帯した時代

一八八五（明治十八）年五月、田代栄助は、副総理の加藤織平、甲大隊長の新井周三郎、小隊長の高岸善吉とともに、高崎線の熊谷駅から刑場の熊谷監獄まで、見せしめのために市中を引き回された。松本健一『秩父コミューン伝説（松本健一伝説シリーズ4）』（勁草書房）によれば、見物人のなかには声をあげて泣き叫ぶ者もあった。田代は熊谷監獄で絞首刑に処せられたが、縊（くび）られて宙にぶら下がった田代栄助の死体は何度直しても西の方角、秩父の方を向いたという。

秩父事件においては、民衆がヤクザを信じ、ヤクザが窮民のために立ち上がり、命を賭した。一八八四（明治十七）年の日本には、民衆とヤクザとの「連帯」と「共闘」が紛れもなくあったことを、田代栄助や加藤織平や伊奈野文次郎の人生は物語る。そして田代らの陰には、大島渚や山田平十郎といった、民衆のために侠気を発揮しようとして機会を得ず、無念の涙を呑んだ無数のヤクザがいたことも記憶の隅に留めておきたい。

第七章

東映任侠映画の「異業」

ヤクザ映画の上映拠点だった「新宿昭和館」Ⓒ昭和興業株式会社

「オレの映画のどっかに
おふくろと炊きたてのめしを入れてくれよ」
――高倉健主演『昭和残侠伝』シリーズ

一九六三年から七二年まで、東映は合計二三五本の「任俠映画」を製作した。二〇〜三〇年代のアメリカではワーナー・ブラザースを中心にギャング映画が量産され、韓国にも連綿とヤクザ映画というジャンルは続くが、ひとつの国のひとつの映画会社が十年もの長きにわたって、反社会的勢力であるヤクザが主人公の映画をこれほどまでに量産し、それが大衆に支持され続けたことは、世界の映画史と大衆芸能史において前代未聞のことである。

なぜこのような事態が起きたのか――。

その発端は根岸寛一のひと言だった、と元東映社長岡田茂は語る。

六〇年代前半、岡田茂は自らが企画したギャング映画路線が当たった報告をしに、東映の前身である東横映画の基礎を築いた戦前からの大プロデューサー、根岸の自宅を訪れた。〈根岸に「ところで次は何だ？」と訊かれ、不意を衝かれた岡田は「考えていない。教えてください」と頭を下げる。根岸はニヤリと笑って、次はヤクザ映画だよ、とそう言った。（中略）ヤクザ映画は時代劇の変形だ。そろそろチャンバラはダメになる、東映がむかうべきは任俠映画だよ。『人生劇場』だよ〉。そう教えたという（竹中労著『日本映画縦断2　異端の映像』白川書院）。

『人生劇場』は尾崎士郎の自伝的大河小説。五二〜五三年にかけて「青春篇」から「望郷篇」までの七篇が、六〇年に「蕩子篇」が出版された。愛知県吉良町（現・西尾市）から上京し、早稲田大学に入学した青成瓢吉の青春とその翳りを描くこの長編小説の映画化作品は十三作を数えるが、二作目の『人生劇場　残俠篇』（三八年、千葉泰樹監督、飛車角＝片岡千恵蔵、吉良常＝山本礼三郎）から、飛車角、吉良常、宮川らが登場し俠客の世界に舞台が移る「残俠篇」だけが単独で映画化された。「♪やると思えば　どこまでやるさ　それが男の魂じゃないか」という歌い出しのこの映画の主題歌（作詞＝佐藤惣之助、作曲＝古賀政男、歌＝楠木繁夫）が大流行し、五九年に村田英雄によってリバイバルされ、これまたヒットすることで、『人生劇場』＝俠客ものというイメージが定着した。岡田茂も「残俠篇」のみを『人生劇場　飛車角』（六三年、沢島忠監督、鶴田浩二、佐久間良子主演）として映画化、これが大ヒットする。

東映がこれを機に時代劇の製作を徐々に減らし、ヤクザ映画路線に舵を切ったのは、テレビに追われて映画産業が危機に陥っていたからだ。戦後、娯楽の王座を独占し、五八年に延べ十一億人を突破した日本の映画観客数は、六三年には全盛期の半分に激減した。いままで家族が揃って映画館で観た時代劇などがお茶の間で観られるようになったからだ。そこで東映は、テレビではけっして見られないヤクザの世界を極彩色でスクリーンに映し出そうとした。

「こりゃ、映画と違うわい」

戦前は貿易会社に勤めるかたわら神戸五島組の金庫番を担当し、そののち映画界に入ったプロデューサーの俊藤浩滋（しゅんどうこうじ）は、『人生劇場　飛車角』が大ヒットしたとき、血が騒いだ。

「飛車角にしろ吉良常にしろ、正真正銘のヤクザであり、とくに『（人生劇場―引用者註）残俠篇』は純然たるやくざの世界を描いたものだということを知っていた。そして、そうか、こういう映画をお客さんは面白がってくれるのか、と感動した。（中略）で、これがやくざなんだ、という映画を自分なりに撮りたいなあと強烈に思った」（俊藤浩滋、山根貞男共著『任俠映画伝』講談社）。

俊藤は『博徒』（六四年、小沢茂弘監督）で、かつて自らが出会った理想の俠客像を鶴田浩二に仮託し、これまで映画が描かなかったヤクザ社会の風俗――襲名披露式や刺青（ほりもの）や賭博を見せ場にした。彼は賭博の監修を大阪小久一家総長の石本久吉に委ね、本職の博奕打ちを撮影所に招き、関西ヤクザの間で行なわれていた「手本引き」を克明に再現した。手本引きを最初に小説の題材にしたのは作家の青山光二である。青山の義姉（妻の姉）の夫が博徒の親分であり、彼が自宅で盆を開いていたことから青山は『刃』（四八年）から始まる極道小説の先駆となった。その青山の原作による『悪魔の顔』（五七年、岩間鶴夫監督）を嚆矢とし、『乾いた花』（六四年、篠田正浩監督）を経て「博奕打ち」シリーズ（六七〜七二年）、「女賭博師」シリーズ（六六〜六九年）、「緋牡丹博徒」シリーズ（六八〜七二年）に至る多くの映画で手本引きが描かれたが、もっとも手本引きのルールを分かりやすく説明した作品が『博徒』である。臨場感あふれる賭博シーンに加え、ラストは裸で刺青をさらけ出した鶴田浩二が馬車を駆って敵地に殴り込む『博徒』は迫力満点だった。いままで見たことがない世界が色あざやかに大画面で再現されるのを見た観客は興奮を抑え切れず、映画は大ヒットした。

進行主任の並河正夫は京都の博徒中島会の元舎弟分だったが、試写を見て、「こりゃ、映画と違うわい、こんなん、映画じゃない」と、作りものの映画ではなくヤクザ社会のドキュメンタリーを観たように感じた（関本郁夫『映画監督放浪記』小学館スクウェア、小沢茂弘インタビュー）。

ここで、東映京都撮影所とヤクザの関わりについて、当時東映の演出助手で、のちに劇作家、評論家になる菅孝行に訊いてみたい。

菅　当時の撮影所には、並河正夫さんのようなかつての渡世から足を洗った製作主任もいたし、大道具には在日韓国・朝鮮人の元日本チャンピオンのボクサーもいて、四国や九州など全国から流れてきた人たちの方言がミックスした独特の京都弁が飛びかっていました。

撮影所は、ロケーションのときに必ず撮影にクレームをつけにくる地回り（チンピラ）と話をつけるために現役のヤクザかも知れない嘱託を雇っていました。その「闇の秩序」の元締めが中島会から来た松本元蔵さんと並河さんでした。労働争議の際、第一組合員が岡田茂撮影所長を、夜を徹して部屋に閉じ込めたとき、朝方、岡田さんにそっと風呂敷に包んだ縄梯子を届けて岡田さんを二階から逃がしたのが松本さん。

私が元ヤクザの仕出しの俳優さんと現場で大喧嘩した際に、その晩、彼がドスを呑んで私の住んでいる寮まで来たとき、堅気に手を出した彼をボコボコにしたのが並河さんでした。他の業界では資本家に雇われたヤクザが外から組合潰しをやりましたが、東映京都ではそんなことはなく、元渡世人も組合員でした。俊藤さんが入って来てからは、現役のヤクザが大手を振って「現場指導」と称して出入りするようになりました。


そんな東映ヤクザ映画路線を大衆が支持したのは、これまで述べてきたように日本の大衆文化に「俠客（三尺）もの」が根付いていたからだろう。六〇年前後にはまだ町々に寄席があり、浪曲師出身の三波春夫の『大利根無情』（五九年）や村田英雄の『人生劇場』（五九年）といった「任俠歌謡」のレコードが売れていた。そうした伝統とともに、ヤクザ映画のヒットの背景には、日米安保闘争後の「時代意識のようなものがある」と評論家の上野昂志（こうし）は書く（『戦後再考』朝日新聞社）。

安保闘争後、片岡千恵蔵や市川右太衛門主演の勧善懲悪の明朗時代劇がしだいに当たらなくなった。騒然たる時代に呼応すべく、東映は工藤栄一監督で『十三人の刺客』（六三年）、『大殺陣』（六四年）、『十一人の侍』（六七年）といった「集団抗争時代劇」を次々に作る。これらの作品では血が派手に吹き出たり、刀が肉を斬る音が生々しく強調されるなかで、政治的な抗争を背景に、暴君に対する暗殺、テロが企てられた。

集団抗争時代劇のリアリズム志向は、三章ですでに述べた一九二七年の『忠次旅日記』三部作（伊藤大輔監督）に先例があり、それは一九七三年から始まる『仁義なき戦い』（深作欣二監督）などの「実録ヤクザ映画」のはるかなる先駆けであったが、一方、集団抗争時代劇はのちに批評家の評価が高まるものの、当時は映像表現と物語のリアリズム志向があまりに殺伐とし過ぎていたため観客には支持されず、短命に終わった。

この集団抗争時代劇と踵を接するように様式的なヤクザ映画が現われるのだが、この意味を上野昂志はこう解いている。

「やくざ映画は、この時期の時代劇をとらえたリアリズム志向を、『やくざ』という周縁的な存在に反転させたところで生まれた反リアリズムの映画なのだ。そして、この反リアリズムという点にこそ、六〇年代後半の大衆の夢がかけられていたのだ」（上野昂志著、前掲書）

ジャズ評論家の平岡正明は、ヤクザ映画は、四〇年代から五〇年代の慢性的失業状態が、六〇年代の高度経済成長によってピリオドを打たれ、若年労働力が企業に吸収され、町にチンピラ、不良少年、愚連隊などが姿を見せなくなった六〇年代中期に初めて美学として結晶化した、と時代と映画の関係を書く（『歌入り水滸伝』音楽之友社）。

ピカピカ光る大衆の魂

東映ヤクザ映画路線は、六三年から本格化した映画館の「深夜興行」を追い風に、六四年から警察が始めた「頂上作戦」（ヤクザ組織のトップを検挙する暴力団撲滅運動）とともに全国で拡がった「暴力団追放キャンペーン」を向かい風として始まった。深夜興行は、青少年に悪影響を与えるという各都道府県の教育委員会の反対を押し切り、当時の東映社長大川博が推進し、ヤクザ映画の観客層を広げた。

一方、暴力団追放キャンペーンを背景に、新聞や週刊誌は良識の名のもとにヤクザ映画を「残酷」「低劣」「時代錯誤」と非難し、『博徒』封切日の大阪梅田東映では、「映画館の前には、エプロン姿でシャモジを手にした大勢の主婦たちが『深夜映画反対』『ヤクザ映画反対』のバリケードを張っていた」という（山平重樹著『全証言　伝説のヒーローとその時代　任俠映画が青春だった』徳間書店）。

東映がヤクザ映画路線に変更したことを映画会社各社も「品格に欠ける」と非難し、その急先鋒が松竹社長の城戸四郎だった、と東映の元企画部長、渡邊達人は『私の東映30年』（私家版）で書き記す。城戸の非難に対し、当時の東映の専務、坪井與（あたえ）が共立通信発行の「シネビ・エイジ」（六六年三月一日号）に次のような反論を展開した（渡邊の前掲書による）。

「（ヤクザ映画の）その主人公は秩序社会からはみ出した人たち、つまり我々が住んでいる束縛の世界から抜けだし、こよなく自由を求めている人たちであり、『孤独の人』『アウトローの人』である。彼等は自分自身を犠牲にしてまでも義を貫くことを信条としていて、その行動力はすばらしく健康な姿である（中略）やくざ映画にこそピカピカ光る大衆の魂をわかり易く表現することが出来るのではないか」

「ピカピカ光る大衆の魂」という一節が何ともいい。上野昂志が語ったこととも繋がるが、ヤクザという「社会の陰画（ネガ）」のような存在に思い入れてこそ実現する大衆の夢が、衒（てら）いのない戦後的な向日性によってこそいかんなく表現されている。

坪井與は満洲映画協会で理事長甘粕正彦の右腕を務め、戦後は東映復興の立て役者となった人物である。この坪井の一文が「東映任俠映画」のいわば「背骨」（理論的支柱）となり、東映は六三年以来使っていた「ヤクザ映画」を「任俠映画」と改め、「日本芸能史におけるこの路線の正当性」を主張してゆくのだ。

六四年に東映京都撮影所長に就任した岡田茂は、ふだん活字を読まない労働者にも理解できる映画を作ろうと、時制の混乱を招く回想シーンや耳に入りにくい二行以上の長ゼリフを禁じた。監督の野田幸男は映画のセットに英語で書かれたクラブの看板を掛けようとしたスタッフを「小学校しか出ていないお客さんにも分かるように日本語にしろ！」と怒鳴りつけた（助監督、藤澤勇夫の証言）。このように東映は徹底して庶民の目線で映画を作ろうとした。

ヤクザ映画路線を始めるにあたり、東映はふたつの方向性を考える。ひとつは、前述のヤクザの実態をリアルに描く、小沢茂弘監督による「博徒シリーズ」。もうひとつは、オールスターキャストでストーリーを物語るマキノ雅弘監督による「侠客伝シリーズ」である。

しかし、『日本侠客伝』シリーズ（六四～七一年）の主人公は、題名に謳われた「侠客」ではなく堅気の「稼業人」だった。高倉健が演ずる主人公は、木場の運送業や大阪港の港湾労働者や築地魚河岸の仲買人や神田の火消しや鳶（とび）職といった手に職を持った、鯔背（いなせ）な「稼業人」であり、彼は最後に共同体を守るために身を賭すのだ。主人公が堅気になったのは、シリーズ第一作『日本侠客伝』（六四年、マキノ雅弘監督）の脚本家（笠原和夫、村尾昭、野上龍雄）のうちの笠原と野上が無職渡世の博奕打ちが嫌いだったからなのと、加えて笠原がこう考えていたからだ。

「日本の古い娯楽映画では、定説なんですが、手に職を持っていない主人公の場合は、長続きしない、大衆受けする為には必ず主人公は勤労者として描かなければいけないという事がある訳です」（「キネマ旬報」七五年七月下旬号）

笠原のこの洞察は、日本の大衆芸能を考えるうえで示唆に富んでいる。そして、『日本侠客伝』シリーズの主人公が「正業（なりわい）を持つ勤労大衆」でありつつ、一歩道を踏み外せばたちまちヤクザ社会に墜ちる、ヤクザとカタギの間（あわい）の稼業人であるところに、この設定の妙味があった。

歌舞伎の『仮名手本忠臣蔵』（一九四八）は、日本の娯楽映画を支えてきた映画人たちにとって必携の台本だったが、三人の脚本家は『仮名手本忠臣蔵』の各段をバラし、『日本侠客伝』に組み入れた。

「粂次(くめじ)」（南田洋子）と「赤電車の鉄」（長門裕之）の脇筋は「おかる」と「勘平」のくだりを参照し、主人公たちが敵にやられ、堪えに堪えた末に怒りを爆発させる流れは歌舞伎の「がまん劇」をポイントにしようと村尾昭が主張し、また十一段目の討ち入りをラストの殴り込みにした。

また、『日本侠客伝』は当初、主演に予定していた中村錦之助が助演に回ったため、高倉健が主役に抜擢された。高倉がこの映画でブレイクした理由は、三白眼が侠客役には打ってつけだったこと（メイクアップ係が高倉の白眼がくっきり際立つように、クローズアップを撮る時、高倉の目にブルーの目薬を差した）、「昭和初期の顔」（高橋睦郎による表現）が舞台である明治・大正期の風景に似合ったこと、「和事師(わごとし)」（色恋に長けた優男）の中村錦之助が「辛抱立役」（主役級だが、控えめな受けの芝居に終始する役）の高倉を脇から引き立てたこと、錦之助の歌舞伎の伝統を引いた様式的な所作とは正反対の、バットをびゅんびゅん振り回すような高倉のリアルな殺陣に当時の観客が快哉を叫んだことが挙げられる。

高倉健と池部良の名コンビ

六〇年代半ば、東映の映画館では革靴を履いた客が少なく、下町の直営館ではほとんどの客がサンダルか下駄履きだった。零細企業で働き、組合にも守られない未組織労働者たち、高度経済成長の恩恵に与れないサラリーマンらが、悪辣な資本家たちを一刀両断に叩き斬る高倉の姿を見て溜飲を下げたのだ。

俊藤浩滋は、明治時代の稼業人を描いた『日本侠客伝』シリーズを京都撮影所で撮るかたわら、昭和の戦前戦後のヤクザが主役の『昭和残侠伝』シリーズ（六五〜七二年）を東京撮影所で企画した。高倉健にヤクザを演じさせれば、背中に彫物を入れられる、修羅場でもろ肌脱がせて唐獅子牡丹を見せられる、と俊藤は目論んだのだ。大団円で彫物を披露し見得を切るのは、河竹黙阿弥の歌舞伎『青(あお)

砥稿花紅彩画(とぞうしはなのにしきえ)』の弁天小僧から映画やテレビの『遠山の金さん』に至る日本の大衆芸能の定石である。

そして、松竹映画『乾いた花』で虚無的なヤクザを演じた池部良に白羽の矢を立てた俊藤は、「映画俳優協会の理事長なのでこれ以上ヤクザ映画には出たくない」と渋る池部を「ヤクザ映画としてでなく、男のロマンとして撮りましょうや」と口説き、高倉健の脇に据える。ここに武骨で陽気な高倉と遊び人の頽廃を漂わせ陰翳が色濃い池部良(目の下にアイシャドウを入れた)の絶妙のコンビが誕生し、『昭和残侠伝』全九作が始まる。池部良は、このシリーズの「風間重吉」役に最初は馴染めなかったが、三、四本目から好きになり、こんな工夫を凝らしたと語る。

「木綿で着流し。三尺を締めているんだけど、着物の前幅を女仕立てにして狭くした。坐ると太ももの中心線に真ん中が着てパッと坐れる。それと筒袖にして、八寸八寸にした短いやつにしてある。筒袖は機能的。袖の中に手を入れれない。持ち物っていったら小銭と匕首、たもとは必要じゃない。女仕立てにしてると歩くとき、さばきがいい。スソの三角がひるがえって、これが粋なのよ。筋者のやくざって素人には手出しはしない。自分に課した掟がある。歩き方ひとつでも踵(きびす)をつけた歩き方はしない。本当は、幅の狭い草履(ぞうり)にしたかった」(『話は映画ではじまった　PART1男編』高平哲郎著、晶文社)

同時に東映は高倉健主演作として、『網走番外地』シリーズ(六五～七二年)を開始し、鶴田浩二主演作としては、『関東流れ者』(六五年、小沢茂弘監督)を第一作とする「関東シリーズ」(～六六年)、『博奕打ち』シリーズ(六七～七二年)、さらには鶴田に背広を着せた「現代ヤクザもの」の『日本暴力団』シリーズ(六九～七二年)を製作した。北島三郎の『兄弟仁義』シリーズ(六六～七一年)や若山富三郎の『極道』シリーズ(六八～七四年)がこれに加わり、六七年には東映の総製作本数五四本(短編アニメーションを除く)のうち、じつに三七本がヤクザ映画となった。

『明治侠客伝　三代目襲名』(加藤泰監督)、『日本侠客伝　関東篇』(マキノ雅弘監督)という、ヤクザ映画というジャンルを超えた日本映画の傑作が生まれたのは六五年のことである。

六八年になると大映、日活もあからさまに東映に追従し、六〇年代後半の日本映画はヤクザ映画一色となった。また、六〇年代半ばから東映ヤクザ映画は香港、台湾、韓国などアジア諸国に輸出され、香港では日本映画専門の映画館チェーンができ、香港とマカオを舞台にした高倉健主演の『ならず者』（六四年、石井輝男監督）は「香港ノワール」の先駆けである『男たちの挽歌』（八六年）を撮ったジョン・ウーら香港映画人に多大な影響を与えた。また、七〇年代半ばから始まる韓国ヤクザ映画は東映任侠映画のフォーマットを模倣した。

ほとんど同じようなプロット、同じような顔ぶれの俳優が出るワンパターンの東映任侠映画がなぜ十年もの間、日本の大衆に支持されたのか――それは、物語や役者の立ち居振る舞い、衣裳などに「かたち」があったからだ。アメリカの無声映画から日本の『男はつらいよ』シリーズ（六九〜九七年）に至るまで、定型を持つ娯楽映画こそが大衆に長く愛された。

「殴り込み」に至るドラマツルギー、『昭和残侠伝』シリーズにおいては主題歌「唐獅子牡丹」とともに高倉健と池部良が男同士の道行きに連れ立つフォーマット（脚本家の山本英明と松本功が考えた）、「死んでもらいます」という高倉健の決め台詞など、観客はお馴染みのパターンに身を委ね、シリーズを続けて観ているうちに、特定の役者が出て来るだけで嬉しくなり、「今回の話は先回の話と同じだけれど、同じく高倉健と天津敏の斬り合いで、天津がどういう死に方をするか」という細部を楽しみに、「今回より先回の斬られ方のほうが良かったなあ」と思い、二週間後にはふたたび盛り場へと足が向き、次の番組をまた観ることになる。そうした観客に向けて、監督や脚本家たちは決められた「かたち」以外の脇筋やディテールに智恵を絞り工夫を凝らした。

笠原和夫は「自分が思い入れるヤクザは脇役でしか描けない」と考えた。その理由として、「私にとってのやくざというのは、元来、破滅の宿命を背負って、この世に生まれてきた男のことで、最後は野垂れ死か、詰まらない喧嘩で刺し殺され、警察署の裏庭で蓆をかぶせられ、雨にうたれて腐ってゆくしかない連中のことだ。そういう男にこそ、私はやくざの詩（うた）を見る。しかし、こんなやくざは、企業の中でドラマの主人公にはなれない。ヒーローとなって脚光を浴びた瞬間にやくざはやくざでなくなるというのが私の考え方だ」（「はばかりながら……」、「キネマ旬報増刊　任侠映画傑作選」所収）と書く。一方、脚本家の高田宏治は、ヤクザを清く美しく描きたがる俊藤浩滋に不満をつのらせ、「貴いおろかもの」としてのずっこけヤクザを描こうとした。脚本家の神波史男（こうなみふみお）は『昭和残侠伝　人斬り唐獅子』（六九年、山下耕作監督）の親分の実子（長谷川明男）に高見順の小説『いやな感じ』（六三年）のアナキストの主人公、加柴四郎の屈託を重ね合わせようとするなど、自身の社会に対する怨念をヤクザに仮託した。

監督の深作欣二は、ドイツの先鋭的な作家、H・M・エンツェンスベルガーの『政治と犯罪　国家犯罪をめぐる八つの試論』（六六年、晶文社）などを読み込み、国家が自らに敵対する行為を「犯罪」として処断するメカニズムを見据えながら『日本暴力団　組長』（六九年）などの現代ヤクザ映画を撮った。

おふくろと炊きたてのめし

一方、高倉健は、しだいに各シリーズが類型化し、『日本侠客伝』の初期作品にはあった役柄の陽気さが『昭和残侠伝』になると影をひそめ、主人公が女性に立ち入る隙を与えない「ホモソーシャル」（男性間で緊密な結びつきや関係を持つ）な存在となってゆくことに苛立ちを覚えていた。

『昭和残侠伝』シリーズが始まってまもなくの頃、ステージの片隅で「達っちゃん」とプロデューサーの吉田達（とおる）を呼びとめ、「これからのさ、オレの映画のどっかにおふくろと炊きたてのめしを入れてくれよ」とはにかむように言った、といまは亡き吉田は語った。「おふくろ」と「炊きたてのめし」が高倉にとって（家出して九州を離れて以降の）一番切実なものなのだ、と吉田は理解し、そのことを監督や脚本家に伝える。

「おふくろ」は、吉田が担当した『俠骨一代』（六七年、マキノ雅弘監督）の「おふくろと瓜ふたつの女」（藤純子）や、『昭和残俠伝　死んで貰います』（七〇年、マキノ雅弘監督）の「盲目のおふくろ」（荒木道子）に、吉田以外の製作作品だと『緋牡丹博徒　花札勝負』（六九年、加藤泰監督）の「おふくろの温もりを思い出させるお竜さん」に結実し、『望郷子守唄』（七二年、小沢茂弘監督）という「母もの」の極付に至る。『望郷子守唄』の舞台は昭和四年（二九年）。九州小倉の暴れ者、高倉健が何を間違ったのか、天皇と宮城を護衛する近衛師団に入隊。母親の浪花千栄子はそのことを誇りに思う。しかし、背中一面に昇り竜の彫物をした高倉健は近衛師団にふさわしくないと苛めや私刑（リンチ）に遭うが、母を想って耐えに耐える。除隊させられた高倉は東京玉の井の悪い親分相手に大暴れ、ラストは母を背負って警察に連行される。「母もの」であり、ヤクザと天皇の軍隊が真っ向からぶつかり合う傑作だ。

また、『日本俠客伝　刃（ドス）』（七一年、小沢茂弘監督）や『山口組三代目』（七三年、山下耕作監督）でのほかほかの白飯（とりわけ『山口組三代目』で、兄貴分の田中邦衛がよそってくれた山盛りのどんぶり飯を涙を流しながらかっ込むシーン！）で高倉の願いは叶えられた、とも吉田達は語る。「おふくろ」と「炊きたてのめし」が東映任俠映画を豊かにしたのは、高倉健のみならず、映画に登場する生まれたときから家族の温もりを知らないヤクザたちや、故郷を離れ、家族の団欒からはぐれて映画館にいる多くの観客にとっても、そのふたつが切実なものであったからだ。

六〇年代中盤、東映任俠映画がかかる映画館の深夜興行はバーテンやホステスや工場労働者の熱気に溢れていたが、四大新聞を始めとするマスコミは、ヤクザ映画を「暴力礼賛」を目的とするものと蔑視・批判し、一方的に黙殺し続けた。

六六、六七年頃、テレビの『スター千一夜』に高倉健と鶴田浩二が出演したとき、司会者が「邦画はヤクザとエロばかりで、それが映画の衰退を招いているという意見がありますが、ヤクザ映画のスターとしてどうですか?」と質問した。高倉健と顔を見合わせて苦笑いした鶴田浩二は言葉短く「それでもいいと言って下さる方がいるんで」と答えた（上野昂志著『沈黙の弾機　上野昂志評論集』）。

東映任侠映画に初めて市民権を与えたのは作家の三島由紀夫である。『博奕打ち　総長賭博』（六八年、山下耕作監督）を「これは何の誇張もなしに『名画』だと思った」と絶賛したのだ（『映画芸術』六九年三月号）。

同じ六八年、大映の『女賭博師』シリーズ（六六～七一年、江波杏子主演）に影響を受けた『緋牡丹博徒』シリーズ（六八～七二年）が始まり、ヤクザであることと、女性であることで二重に疎外された「女ヤクザ」を演じた藤純子がヤクザ映画ファン以外の一般市民からも注目され、『アサヒグラフ』（六八年八月十六日号）が撮影中の高倉健を表紙に「日本ヤクザ映画考」を特集するなど、マスメディアはにわかにヤクザ映画を取り上げ始める。高倉健や藤純子を全共闘世代のアイコンと持ち上げ、デモに出かける全共闘の闘士がヘルメットのなかに緋牡丹お竜のブロマイドを忍ばせたのもこの頃のことだ。終夜興行に集まった学生たちがスクリーンの高倉に向かって「異議なし!」「健さん、叩っ斬れ!」と叫び、場内が拍手喝采に包まれ、東大闘争渦中、六八年の駒場祭で、「とめてくれるなおっかさん　背中のいちょうが泣いている　男東大どこへ行く」という橋本治のポスターが注目された。

六八年に神戸から上京した村上春樹も「歌舞伎町東映でほとんど毎週ヤクザ映画を観ていました」と語る（「週刊朝日」二〇二三年六月九日号）。いままで下位文化だったヤクザ映画が、初めて市民社会に認知されたのだ。とともに、ヤクザ自身も、自分たちが望みながら得ることができない真のヤクザの姿をスクリーンの中に見つけて昂揚し、自分自身の人生を英雄化した。

こうしたマスコミの後ろ盾もあり、六八〜七〇年に東映任俠映画は爛熟する。若山富三郎と大木実が兄弟分の盃を交わしながら「兄弟仁義」を合唱する『待っていた極道』(六九年、山下耕作監督)といったヤクザ映画のパロディも登場する。

高倉健は「母の影を追う男」を演じ続け、母ものと任俠映画と花柳界映画が渾然一体となった傑作『昭和残俠伝　死んで貰います』を残し、七一、七二年にかけて、高倉健主演の三大シリーズ、『日本俠客伝』『昭和残俠伝』『網走番外地』は立て続けに終結し、七二年の藤純子の結婚による引退が追い打ちをかけ、東映任俠映画は終焉を迎える。

主な理由は興行不振にあるが、その背景にあるのは、六〇年代に東映が作り上げた「きれいなヤクザ」が汚い資本家やヤクザを叩き斬る勧善懲悪劇を、七〇年代の観客がもはや信じることができなくなり、きれいなヤクザが説く保守の思想より、「浅草には大きなデパートが必要だ」(『博徒対テキ屋』六四年)、「古い花街を壊して、大娯楽センターを建てよう」(『昭和残俠伝　血染の唐獅子』六七年)、「問屋がバラバラに競うのではなく魚河岸組合を作ろう」(『日本俠客伝　関東篇』六五年)などといった悪役が主張する革新性の方を、よりリアルに感じ始めたからではなかったか。

日本の闇の絡繰りを暴き出す

六〇年安保以後、旧来の時代劇が飽きられ、ヤクザが主体となった様式美が描かれるようになったが、七〇年代に入ると任俠映画の様式に観客は現実味を得られなくなったのだ。

そして、七三年からは、義理と人情を踏みにじる『仁義なき戦い』を嚆矢とする「実録ヤクザ映画の時代」が始まる。「全共闘時代」のヒーロー、高倉健の時代は終わりを告げ、「内ゲバ時代」のヒーロー、菅原文太の時代がやってきたのだ。

しかし、実は、モデルとしたヤクザやその所属する組に配慮して表現が婉曲にならざるを得なかった東映実録ヤクザ映画より、東映任侠映画の方が、日本近現代史の闇に鋭角的に斬り込んでいた。

たとえば――一八九六（明治二九）年、八幡製鉄所建設で活気と無法が渦巻く九州若松を舞台に、侠客から実業家、やがては衆議院議員になる「近代ヤクザの祖」、吉田磯吉（鶴田浩二）がいかに伸し上がっていったかを描く『日本大侠客』（六六年、マキノ雅弘監督）。

同じく明治中頃の三重県四日市の漁港を舞台に、廃液を海に垂れ流す化学工場が、海水を浄化する設備投資をすることを惜しみ、ヤクザ（金子信雄）を使って漁師から漁業権を巻き上げ、東京本社に直訴するために水質分析を続ける科学者（遠藤辰雄）を襲撃させる。それに対して「この人たちは一生を海に賭けていなさる」と漁師の味方のヤクザたち（菅原文太、若山富三郎、北島三郎）が立ち上がる『兄弟仁義　逆縁の盃』（六八年、鈴木則文監督）。

一九一八（大正七）年に富山で起こり、全国に広がった米騒動の際、政府にかけ合って備蓄米を民衆のために放出させようとする実業家（村田英雄）とつねに民衆に思いを寄せるヤクザ（鶴田浩二）が、米騒動に乗じて利権を拡大しようと目論む政治家（内田朝雄）とヤクザ（丹波哲郎）と真っ向からぶつかる『関東やくざ者』（六五年、小沢茂弘監督）。

昭和初期の東京玉の井を舞台に、政治家（内田朝雄）が地元のヤクザ（須賀不二男）を手先に、玉の井の娼婦を上海やハルピンに売り飛ばし、そして関東中のヤクザの親分を集め、「いままで無頼の徒として嫌われてきた諸君が国家のために尽力する時だ」と大同団結を呼びかける。この演説を聞いて、「女たちを慰安婦として支那に売り飛ばさなきゃならねぇような国家の大義なら、あっしは無頼の徒で結構でございます」と決然と席を立つ浅草の大親分を片岡千恵蔵が演じた『昭和残俠伝　人斬り唐獅子』。

――こんなふうに東映任俠映画は「日本の闇の絡繰り」を暴き出し、「日本近現代史のもうひとつの教科書」になっているのである。

さらには、昭和の戦前まであった幻景としての日本の下町や、そこに暮らす人々の振る舞い、男や女の粋や俠気を描いた東映任俠映画は、江戸期の講談から始まる大衆芸能における「俠客もの」の集大成であり、はたまたその挽歌でもあった。

第八章

任侠映画を批判する虚無的ヤクザ映画

醒めた頽廃を体現した加賀まりこ

「男性スター至上主義、男尊女卑、
ムラ社会の東映の社風は、
自由闊達な日活とはかけ離れていました」
――加賀まりこ主演『乾いた花』

二〇二二年、医師中村哲のドキュメンタリー『劇場版　荒野に希望の灯をともす』（谷津賢二監督）が公開された。9・11の後、「対テロ戦争」の名目でアメリカの戦闘機が飛び交うアフガニスタンで、中村哲が黙々と人々のために用水路を掘る。その場面に「彼らは人を殺す。私は人を生かす」という中村の言葉（朗読＝石橋蓮司）がかぶさる。そこがこの映画の白眉だ。『劇場版　荒野に希望の灯をともす』は、谷津が二十五年かけてパキスタンとアフガニスタンで中村哲の姿を撮った映像に、中村の著作から引用された彼の「実践のなかでの思索」が重ねられる。七八年にたまたま昆虫観察と登山のために訪れたパキスタンで医療から見放された人たちを見た中村は、彼らを放っておけず、アフガニスタン国境のパキスタンの町、ペシャワールに赴く。以降三十五年、病や戦乱や干ばつに苦しむ人々に寄り添いながらその命を救い、医療よりも水が大切だと気付いてからは井戸や用水路の建設に挑む。

「弱者は率先してかばうべきこと、職業に貴賤がないこと、どんな小さな生き物の命も尊ぶべきことなどは、みな祖母の教説を繰り返しているだけのことだと思うことがある」（『天、共に在り　アフガニスタン三十年の闘い』一三年、NHK出版）と自著で書くように、中村は虐げられた者への義侠心を祖母のマンから学んだ。彼の祖父母、玉井金五郎とマンは、中村の伯父（金五郎とマンの息子）で作家の火野葦平により、その半生が小説『花と龍』（五三年、新潮社）に描かれた。

玉井金五郎から中村哲へ

日活はその『花と龍』を、東映の『人生劇場　飛車角』（六三年三月公開、沢島忠監督）よりも三カ月早く、六二年十二月二十六日に正月映画として公開した。玉井金五郎役が石原裕次郎、マン役が浅丘ルリ子。五〇年代後半から続いた「無国籍アクション映画」路線が疲弊してきた六二年、日活は正月映画の原作をベストセラー小説『花と龍』に求め、試みに裕次郎に和服を着せて、「任侠アクション」

を演じさせた。そして、この映画のヒット（興行成績は『人生劇場　飛車角』を上回った）により、日活ヤクザ映画が始まる。

小説『花と龍』の冒頭は明治の終わり。国営八幡製鉄所が開設され、若松港が開港したばかりの北九州若松である。明治初頭に三池炭鉱が国有化され、一八八九年に三井財閥に払い下げられる。筑豊で採掘された大量の石炭が、鉄道や船舶や八幡製鉄所を動かし、日本の資本主義と軍国主義を推し進める原動力となり、同時に炭鉱や製鉄は、三井三菱麻生など大資本の発展に寄与した。開拓時代のアメリカ西部さながらに殷賑（いんしん）を極める筑豊炭鉱や若松港へ、土地を追われ、職を奪われた漁労民、部落民、朝鮮人らが全国から一斉に押し寄せ、そうした荒くれたちを暴力で統御したのが侠客吉田磯吉だった。

『花と龍』は二部構成。第一部では、金五郎とマンが若松港に流れ着き、最下層の荷役労働者から身を起こし、彼らを束ねて小頭組合を作り、吉田磯吉の子分に半殺しにされるまでが、第二部では、戦前の昭和を舞台に、若松市議会議員となった金五郎と家業の荷揚げ会社で働く息子の勝則（火野自身がモデル）が、若松港の荷揚げ業務を機械化し、下層労働者の仕事を失くそうと目論む三菱とその手先の吉田磯吉一家に対して港湾ストライキを起こすまでが描かれる。五二、五三年に「読売新聞」に連載後、出版された『花と龍』がたちまちベストセラーになったのは、下層労働者を搾取する巨大資本やその手先のヤクザと命懸けで闘う玉井金五郎の姿が、アメリカの占領から解き放たれたばかりの日本の大衆の心を摑んだからだろう。

『花と龍』は八回映画化され、玉井金五郎を藤田進、石原裕次郎、中村錦之助、高倉健、渡哲也が演じた。裕次郎版（六二年、舛田利雄監督）、錦之助版（六五、六六年、どちらも山下耕作監督）が第一部のみを映画化したのに対し、もっとも原作に忠実に、第二部までを映画化した作品が渡哲也主演の『花

と龍　青雲篇　愛憎篇　怒濤篇』（七三年、加藤泰監督）である。ストライキを行ないバリケードに立て籠もった勝則役の竹脇無我が、ヤクザを襲撃しようと血気にはやる仲間にこう言う。「ヤクザもゴンゾウ（港湾労働者）も同じく働く仲間だ。いまの敵は三井、三菱、麻生、貝田！」。原作になく、脚本家（加藤泰・三村晴彦・野村芳太郎）が加筆したこのセリフは、窮民である労働者とヤクザは連帯し、行政や資本家に立ち向かわなければならないという原作者の思いをより明確にした。理想的に過ぎると思われるかも知れないが、最下層の労働者を救済しようと志す金五郎や勝則の義侠心は、その子孫である中村哲が国を超えるスケールで実践したのである。

さて、『花と龍』で金五郎の敵役となるのが近代ヤクザの祖、吉田磯吉である。吉田は石炭を輸送する遠賀川の船頭から叩き上げ、筑豊炭鉱に君臨し、のちに中央政界（衆議院）に進出、十七年にわたって代議士を務めた。『日本大侠客』（六六年、マキノ雅弘監督）では鶴田浩二が、そのリメイクの『玄海遊侠伝　破れかぶれ』（七〇年、マキノ雅弘監督）では勝新太郎が吉田を演じた。吉田は賭場の経営を生業とする博徒ではなく、暴力を背景に政財界を動かした侠客で、葬儀の日には全国から駆けつけたヤクザや政治家や一般人の参列者のために国鉄鹿児島本線、筑豊線が臨時増発便を出したという。そして、吉田の子分の富永亀吉が神戸に流れ、「神戸ヤクザ」の開祖となり、その兄弟分大島秀吉の配下に山口組を作る山口春吉と本多会を作る本多仁介がいた。このように全国のヤクザ組織は吉田磯吉と何らかの関わりがあった。

『花と龍』における吉田磯吉は、「一廉の人物だが、良くない子分がいたので損をした」という玉井金五郎の視点から、その功罪が描かれる。歴代の『花と龍』で、もっとも巧みに吉田の影の部分を演じたのが裕次郎版の芦田伸介である。裕次郎が小頭組合を結成した日、芦田は大勢の強面を引き連れ、尾頭付きの鯛を持って祝いにやってくる。そして子分が裕次郎をいたぶった非礼を詫びつつ、「ワシんとこにはいろんな奴が転がり込む。いうてみりゃワシは人間のクズ箱のつもりでおるとよ。ところがこいつらは人様に迷惑をかける。玉井君、悪う思わんでくれ」と薄笑いを浮かべて言い、子分の裕次郎へのさらなる暴力をちらつかせ、暗に組合活動を戒める。この場面で芦田は吉田磯吉の凄みと狡猾さをあざやかに表現した。

女賭博師で金五郎の腕に「花と竜」の彫物を入れる「蝶々牡丹のお京」役は島崎雪子、淡路恵子、藤純子、倍賞美津子ら妖艶な女優たちが演じたが、裕次郎版の岩崎加根子がもっとも艶めかしい。また、金五郎と対立する女親分・島村ギンは、歴代の『花と龍』では、高橋とよ、日高澄子、荒木道子、任田順好(とうだじゅんこう)ら名立たるバイ・プレイヤーによって演じられたが、それよりもギンを主人公にした『女侠一代』(五八年、内川清一郎監督)の清川虹子に止(とど)めを刺す。清川は、ギンの絶頂時の威勢よさと落ちぶれたときの哀れを振幅豊かに演じ切り、自らの代表作とした。ともあれ、マッチョな港湾を舞台としながら、女性がプロットを動かし、男性と互角に張り合うところに、『花と龍』の面白さと現代性がある。

日活と東映のヤクザ映画は、思えば『花と龍』と『人生劇場』という、主人公がヤクザではない二大長篇小説に登場するヤクザや主人公の義侠心を芯に据えるところから始まったのだ。

ヤクザはほんとうは脆くて弱い

日活では以降、小林旭(あきら)が『関東無宿』(六三年、鈴木清順監督)、『関東遊侠伝』(六三年、松尾昭典監督)、『東海遊侠伝』(六四年、井田探監督)などに、宍戸錠が『遊侠無頼』(六三年、野口晴康監督)や今東光(こんとうこう)原作の「河内ぞろ」シリーズ(六四～六五年)に主演するが、日活ヤクザ映画の屋台骨を支えたのは、何といっても五〇本以上のヤクザ映画に出演した高橋英樹だろう。なぜヤクザが高橋の当たり役になり、どうして日活がヤクザ映画路線に舵を切ったのか——高橋英樹に訊いてみた。

高橋 『花と龍』が当たり、任侠路線を始めようとしたとき、日活首脳部は「いちばん脚の短い英樹に着物を着せよう、着物で脚を隠そう」と（笑）。日活スターは脚が長い。特に裕次郎さんは脚が長くて恰好良く、皆の憧れでした。

ヤクザ映画が六〇年安保闘争のあとに当たったのは、デモで変わらなかった世の中をドスで切り裂いてくれるヤクザにお客さんが快哉を叫んだからじゃないかな。それに、高度経済成長が始まって義理人情や日本の情緒が廃(すた)れかけていましたから、情にもろくて義に生きる侠客をお客さんは見たかったんでしょう。江戸を懐かしむ河竹黙阿弥の芝居が明治に入ってもてはやされた感じに、どこかしら似ている気がします。

かつては任侠映画のスターでありながら、『にっぽんの芸能』（ＮＨＫ）の司会を務めるほど芸能史に詳しい高橋英樹ならではの見立てだ。

高橋のヤクザ映画第一作は『男の紋章』（六三年、甲斐久尊(ひさたか)脚本、松尾昭典監督）である。高橋演じる大島竜次は実家がヤクザ稼業であることを嫌って医者になるが、石山健二郎の父親が殺されたことからやむなく組を継ぎ、自分を捨てた生みの親の女親分・轟夕起子と対立する。

高橋 第一作のラスト、私が雨中のゴミ溜めの中で息絶える。背中に彫った「男の紋章」が見えるシーンをクレーンで撮ったんですが、これを観た首脳陣が「これはいける、続篇を考えろ！」と命じて、（ラストをカットして）私が敵役の名古屋章さんを斬って立ち去る後ろ姿で終わらせたんです。このシリーズは当たって、第十一作まで続きました。後年、明治座で舞台にもなります（七九年、甲斐久尊原作、成澤昌茂脚本・演出）。藤間紫さんのお母さんの言葉をずっと聞いていた私が、背中をはだけるとすでに刺青が入っている。「見てください。これが男の紋章です」。これが一番の見せ場なんですよ。すると紫さんが感極まって、ひと言、「馬鹿な男だ……」。そこで序幕が閉まる。客席じゅう三階まで涙を拭くんでウワーッとハンカチの波が立つのが見えました。

刺青という痛んだ花が舞台に咲くのが目に浮かぶ。『男の紋章』が映画でも芝居でも当たり狂言になったのは、任俠ものであると同時に、息子と父母との確執と和解を描く家族の物語でもあったからだろう。

『男の紋章』第一作のとき、高橋英樹はまだ十八歳。東映任俠映画で主役を張る三十代の高倉健、四十歳目前の鶴田浩二に太刀打ちするため、高橋は俠客の所作を懸命に学んだ。

高橋　『男の紋章』に出るまで、着物を着たことがなかったんです。着物を正確に着こなすには日本舞踊を学ぶのがいいと言われて、藤間流の藤間豊之助師匠に弟子入りしました。撮影が終わった夜の九時から明け方まで、持参した三、四枚の浴衣がすべて汗でぐしょぐしょになるまで必死になって稽古をしました。それに、歌舞伎、新派、新国劇を見まくりましたね。豊之助師匠の大師匠である二代目尾上松緑さんの知遇も得て、お宅にお邪魔しました。松緑師匠は料理を作るのが好きで、私に食べさせながらこう言いました。「歌舞伎役者は普通三歳から稽古を始める。おめえは十八から始めたんだから、中年から始めたのと一緒だ。上手くなるわけがねえ。一生稽古だと思え」

歌舞伎の勉強が活きたのが、鈴木清順監督の『刺青一代』（六五年）でした。この映画はラストの殴り込みで、突如、画面が赤く染まり、襖を開くと黄色や青の襖が現われ、様式美の世界に入ります。監督の演出を見ていて、私はとっさに『仮名手本忠臣蔵』五段目の「定九郎（百姓与市兵衛を殺して金を奪う無頼の浪人）でいこう」と思ったんです。襖を次々に開けてゆく芝居は、近松門左衛門の人形浄瑠璃（『夕霧阿波鳴渡』）を歌舞伎にした『廓文章（吉田屋）』（大坂の商家の若旦那と遊女の色恋の世話物）。なかなか来ない遊女に焦れて、若旦那が店中の襖を開けるとまるで入れ子のように次々と襖が現われるくだりを思い出し、若旦那の伊左衛門が襖を開けたときのポーズを参考にしました。こんなふうに『刺青一代』の殺陣は様式的にやりましたが、ほかの侠客ものでは乱れて崩れた立ち回りを心がけました。侠客ものでは、斬られたときにはうんと苦しむ。斬るときには痛みと無惨さがお客さんに伝わるように演じました。それに侠客は着物の裾さばきが命です。中村錦之助さんのように、裾をひらりひらりと翻らせて歩くにはどうすればいいのか――歌舞伎の侠客は裾にコインを付けるんですが、私は紬の生地を勉強して、生地の重さで侠客の粋な裾さばきを表現しました。一方、長谷川伸先生の股旅ものは名台詞の連続ですので、セリフを気持ち良く言い過ぎないように注意しました。伊藤さんの連載の長谷川伸の章に出てきた『瞼の母』（「テレビ傑作時代劇　長谷川伸シリーズ」第二十八話、七三年、山下耕作監督）のときには、十七代目中村勘三郎さんの泥臭くて武骨な番場の忠太郎を参考にしましたね。

　加藤泰監督の『人生劇場　青春・愛慾・残侠篇』（七二年）では飛車角をやらせてもらいましたが、加藤さんは「ヤクザは泥くさいものだ。あの人たちはやむにやまれずに生まれたんだ。ヤクザがどこから来て、どんな暮らしをしているかを考えろ」と口を酸っぱくして言われました。ヤクザは格好は良いが、最後は哀れ。ほんとうは脆くて弱くて、散るのが早い人たちなんだ。だから見栄を張ったり、見得を切ったりするんだ――そう思って侠客を演じました。

『狼の王子』こそ高橋英樹の代表作

高橋英樹のヤクザ映画で特筆すべき作品が、石原慎太郎原作の『狼の王子』(六三年、舛田利雄監督)である。舞台は北九州若松港で、『花と龍』の続篇の趣もある。戦後の闇市で戦災孤児として盗みを働きながら生きる少年時代の高橋が、若松港の荷揚げを生業とするヤクザの石山健二郎に気に入られ、「野良犬ではなく狼になれ」と言われてヤクザの組長の養子になる。

高橋 石山さんが貨物列車に引きずられながら殺されるシーンは、北九州市の国鉄の引き込み線で撮りました。私が法廷で父親の敵の親分を射殺するシーンでは、舛田監督に数え切れないくらいNGを出され、拳銃の引き金を引く私の指の皮がずれて骨が見えたほどでした。とにかく大変な撮影でしたが、この作品は紛れもない傑作です。

『狼の王子』は、ひとりのヤクザの個人史と日本の戦後史を重ね合わせる(脚本=田村孟・森川英太朗)。高橋が服役中の五〇年代後半、日本のエネルギー政策が石炭から石油に転換し、炭鉱も若松港も石山の組もとたんに寂れていく。六〇年に高橋は出所し、東京の組の預かりとなるが、「憂国神農同志会」(アイゼンハワー来日の際、児玉誉士夫が稲川裕芳、尾津喜之助ら関東の親分に呼びかけて作った自警団)を思わせる右翼団体にその組は加盟し、高橋は六〇年安保闘争のデモ隊鎮圧に駆り出された。そこで高橋は、闘争を支援する新聞記者の浅丘ルリ子と知り合い、思想は真逆ながら互いに惹かれ合う。殴られた高橋の頬の血を見た浅丘がふいに彼に抱かれたくなる描写が巧い。

ホモソーシャルな東映ヤクザ映画と異なり、『狼の王子』は浅丘の感情の移ろいをきめ細かく描いてゆく。安保敗退後の浅丘が目的を失い、高橋とのささやかな暮らしに希望を見出すのに対し、高橋は家庭に埋没することを恐れる。ここでは女の日常的リアリズムと男の身勝手なロマンティシズムが対比される。ラストは、九州の組が関西の組に蹂躙(じゅうりん)されたことを知った高橋が、「俺が子供の頃から過ごしてきた時代がいま終わろうとしている。俺が俺であるところへ帰ること、それを見届けること、それ以外にすることがないんだ」と九州へと旅立つ。そして、高橋が九州で敵方の組長を射殺し殺された記事を、新聞社で目にした浅丘ルリ子の虚無的な表情で映画は幕を閉じる。

高橋　ドキュメンタリータッチのモノクロの映像（撮影＝間宮義雄）が素晴らしかった。亡くなる直前、石原慎太郎さんのお見舞いに伺ったとき、「高橋君。『狼の王子』は良かったなあ！　高橋英樹は『狼の王子』だ！」と繰り返しおっしゃっていました。

ヤクザの叙事詩を書いた藤田五郎

六八年、ベトナム戦争や学生運動などで騒然とした世情に呼応するかのように、日活は殺伐としたタッチのヤクザ映画『縄張はもらった』（小林旭主演、長谷部安春監督）のほか、元東声会幹部で「人斬り五郎」の異名をとった藤田五郎の自伝小説『無頼　ある暴力団幹部のドキュメント』（六七年、南北社）を原作に、渡哲也主演『無頼より　大幹部』（舛田利雄監督）をも世に送る。

藤木ＴＤＣ『極道から作家に転身　藤田五郎伝』（『ミリオンムック50　昭和の謎99　二〇二二年秋号』所収）、『仁義の焚火　無頼詩集』（藤田五郎著、笠倉出版社）によれば、藤田五郎は三一年に江東区深川のドヤ街高橋(たかばし)で生まれた。父親は行方不明で、母親は高橋の「夜の女」だった。その母親を八歳のときに亡くし、妹を十三歳のときに栄養失調で失い、藤田は親戚の家を飛び出し浮浪児になる。戦後、何度も傷害事件で少年院や刑務所に入れられたあと、在日韓国人の町井久之が率いる東声会に入り、青年部部長まで上りつめる。しかし抗争と収監の明け暮れに疲れ果て、六五年頃から文筆に手を染め、俳優高城丈二が歌う『無頼』の作詞をしたあと、自らの凄惨な半生をあらわに綴った『無頼』を出版、それが日活の目に留まった。そののち日活の『姐御』（六九年、扇ひろ子主演、斎藤武市監督）、東映の『仁義の墓場』（七五年、渡哲也主演、深作欣二監督）と『姐御』（八八年、黒木瞳主演、鷹森立一監督）に原作を提供。実話に基づく約四十冊の極道小説を量産し、藤田はヤクザ出身の流行作家の先駆けとなった。また任侠史の研究家として、ヤクザの歴史、習慣、墓の場所を網羅した八百頁に及ぶ『仁侠大百科』（八六年）を著す。そんな彼を文化人類学者のヤコブ・ラズは「ヤクザの叙事詩を書き神話を作り、吟遊詩人になろうとした」と評した（『ヤクザの文化人類学』岩波現代文庫）。しかし、九三年に「私は時代についていけない時代遅れの男では？　ヤクザとしても、もの書きとしても半端者のまま終わったようだ」という遺書を残し、東京のホテルで首吊り自殺を遂げる。自殺に至る経緯は不明である。「藤田さんとは何回か会って一緒に飲んだこともあるが、『作家』にはなったものの、やはりどうしてもカタギとはいえない。カタギになりきれないというタイプの人だった」と永田哲朗は語った（『血湧き肉躍る任侠映画』）。

　原作を読んだ脚本家の池上金男（『十三人の刺客』、『昭和のいのち』などの脚本家）は、純真で繊細な渡哲也が「低劣な暴力の世界に生きる男」を演じられないと判断し、「青春映画にしてしまおう」と狙いを定める。ヤクザの自伝をいかに青春映画にしたのか——池上はこう書く。

「当時は高度経済成長の真盛り、企業組織はしのぎを削る競争に憂き身をやつし、個人の人間性を踏みにじって躍進を続け、弱肉強食が当り前のこととされていた。その企業社会をそのままやくざ社会に置きかえたのである／『無頼』シリーズの主役・五郎は、そうした社会に順応して生きるには、あまりに人間性をゆたかに持ち続けている。だから生き抜こうとすれば最後に凄惨な流血を引き起こす……そして傷つき息も絶え絶えによろめき去って行く。そのパターンとなったラストシーンは、もしその深い傷が癒えても、所詮この世界に戻るしか生きる道のない若者の、絶望の青春をうたい上げたものだった」(『シネアルバム　渡哲也　さすらいの詩』芳賀書店)。

「無頼」シリーズの渡哲也は、かつて石原裕次郎が演じたヒーローのような恰好良さなど微塵もなく、雨と泥の中を這いずり回り、足を洗おうとあがくほどヤクザ社会に引きずり込まれる。渡が演ずる無惨でみじめな青春は、同時代の若者の心を摑み、その中には後に漫画家になるかわぐちかいじや、『竜二』(八三年、川島透監督)を主演(脚本も)したあと夭折する俳優の金子正次もいた。「無頼」シリーズから始まる「日活ニューアクション」は完成度が高かったが、六〇年代前半の日活映画の明るさと大衆性はなく、日活の観客の減少を止めることができなかった。

六九年七月最終週。新宿日活の『広域暴力　流血の縄張』(長谷部安春監督)と『やくざ非情　刑務所兄弟』(松尾昭典監督)の看板の小林旭と安藤昇の絵の横に、「今週もやくざ映画は日活だけ、しかも新宿やくざの映画です！」のキャッチフレーズがあった、と渡辺武信は証言する(「やくざ映画の世界—死と象徴の均衡—」『任俠映画の世界』[楠本憲吉編]所収、荒地出版社)。春夏の「東映まんがまつり」の期間など、東映がヤクザ映画を封切らないときを見計らい、日活は東映調のヤクザ映画を公開。六九年には日活の五〇本の長編映画のうち二八本がヤクザ映画になった。その日活ヤクザ映画の「白鳥の歌」は、渡哲也の最後の日活作品『関東破門状』(七一年、小澤啓一監督)である。この映画のラスト、すでに売却されて洋画館になっていた「新宿日活」の館内で渡哲也と山本麟一が血みどろの死闘を繰り広げ、新宿日活の表で渡が山本に止めを刺し、渡が新宿駅に向かって歩いて行く(三越の壁に「京王プラザホテルオープン」の垂れ幕がかかっている)俯瞰が、日活ヤクザ映画の終焉を象徴し、七一年十一月からロマンポルノ路線へと舵を切る。

勝新の俠気が光る『悪名』シリーズ

一九六九年、直腸がんを患う市川雷蔵のもとに、東映ヤクザ映画調の大映映画『博徒一代　血祭り不動』（高田宏治脚本、安田公義監督）の台本が届く。雷蔵はそれを一読し、「鶴田浩二の二番煎じを俺にやれというのか」と力なく呟いた（『市川雷蔵とその時代』室岡まさる編、徳間書店）。

六〇年代後半、観客減少に歯止めがかからない大映は、東映から脚本家（高田宏治）や監督（マキノ雅弘）を招き、興行成績が依然好調な東映ヤクザ映画の客層を取り込もうとした。

しかし、東映ヤクザ映画や日活の『花と龍』に先駆けて、着流し姿の勝新太郎が大暴れするヒットシリーズ「悪名」（六一～七四年）を作ったのは当の大映だった。

『悪名』（六一年、田中徳三監督）の原作は今東光の同名小説。今は二四年に作家デビューするが心境の変化で、出家。大阪八尾市の天台院の住職時代に、遊女の足抜けを手伝い、高利貸を殴ったりしたことから地元で評判の俠客岩田朝吉と知り合い、「下劣で、ケチン坊で、助平で、短気で、素直な」（今東光『闘鶏』あとがき）「河内人」と触れ合うことで作家魂が覚醒し、五六年に『お吟さま』で直木賞を受賞し、そして岩田朝吉をモデルにした『悪名』など人間臭さと土俗色が色濃い「河内もの」でますます人気を得た。

「悪名」シリーズは第一作で今東光の原作を使い切り、第二作から脚本家依田（よだ）義賢のオリジナルになる。喧嘩に強く酒には弱い勝新太郎の「八尾の朝吉」と、クールで早とちりばかりする田宮二郎の「モートルの貞」の絶妙のコンビが、昭和の戦前から戦後までの大阪を舞台に悪辣なヤクザや事業家相手に暴れ回る。そして、ヤクザな性格だが組織嫌いでヤクザにならない、ドスを握らず頭突きと素手で勝負する勝新太郎は、ヤクザ社会を舞台にヤクザ同士がドスでケリをつける同時代の東映任侠映画とは対極にあった。

また、「悪名」シリーズは毎回、鉄砲光三郎（河内音頭の音頭取り）、島田洋介・今喜多代、夢路いとし・喜味こいし、曾我廼家五郎八など関西喜劇人がゲスト出演し、勝自身も『悪名市場』（六三年、森一生監督）では上半身裸になって正調河内音頭を披露し、『悪名桜』（六六年、田中徳三監督）では市原悦子と河内音頭をデュエットするなど、上方の大衆芸能を取り込んだ土俗的な人情劇だった。

映画から外れて河内音頭そのものの話になるが、『悪名』を演って忘れがたいのが早世した河内音頭の天才児、三音屋浅丸による『悪名』である。「オール河内リズムセクション」の異名を取った三音会の楽隊が奏でる「大地をかすめる遊侠のリズム」（朝倉喬司）に乗せて、河内男の侠気と愛嬌が惚れ惚れするような節から立ち上がる。八尾の朝吉を歌い上げる浅丸の脳裏には、勝新の色気も染みついていたのではないか。

さて、大映のヤクザものはこのほか、勝新太郎が清水次郎長に扮する子母澤寛原作「駿河遊侠伝」シリーズ三本（六四〜六五年）、「緋牡丹博徒」シリーズに霊感を与えた江波杏子の「女賭博師」シリーズ十七本（六六〜七一年）、軍部や政治家の腐敗に博徒が立ち向かう市川雷蔵の「若親分」シリーズ八本（六五〜六七年）などが作られる。「若親分」シリーズは、市川雷蔵に、高倉健や鶴田浩二には出せない気品と知性のあるヤクザを演じさせた。海軍士官の地位を投げ捨て、ヤクザ一家の二代目を襲名する雷蔵（南条武）の海軍の制服姿での殴り込みが新機軸だった。

しかし、それまでドスが嫌いだった勝新太郎が「悪名」シリーズの第十三作『悪名一代』（六七年、安田公義監督）で初めてドスを握って敵役を刺し殺し、「若親分」シリーズの第六作、『若親分を消せ』（六七年、中西忠三監督）から主題歌（橋幸夫）が流れるなど、六〇年代後半から大映のヤクザ映画はしだいに東映ヤクザ映画に似通ってゆく。大衆の好みが、上品な人情劇からどぎつい殺し合いのヤクザ映画に移ったからだ。しかし、東映調ヤクザ映画が大映にとってカンフル剤とならず、六八年に田宮二郎が一方的な契約解除に遭い出演不能となり、六九年に市川雷蔵が逝去したことが致命傷となり、大映は七一年に倒産する。

戦中派・安藤昇の虚無

さて、東映がヤクザ路線に変更したとき、「品格に欠ける」と舌鋒鋭く非難したのが松竹の社長城戸四郎であることはすでに述べたが、六〇年代に松竹が大手映画会社五社の中で最下位の興行収入に落ちると、背に腹は替えられぬとばかりにヤクザ映画を配給・上映する。『血と掟』(六五年、湯浅浪男監督)から始まる一連の安藤昇主演作品である。

安藤昇はヤクザ社会の「アプレゲール」だった。幹部に刺青も指詰めも禁じ、自らを「組長」ではなく「社長」と呼ばせ、道玄坂の松本洋服店で仕立てたお揃いのグレーのベネシャンのスーツに「A」という自らのイニシャルの金のバッジを付けさせた。渋谷・新宿で博徒やテキ屋相手に血なまぐさい抗争を繰り広げながら、自らは法政大学に進学し(のちに中退)、幹部にも高学歴の人間が多いことから「インテリヤクザ」と呼ばれた。そんな安藤の名が全国に轟いたのが、五八年に安藤が引き起こした「東洋郵船社長横井秀樹射殺未遂事件」とその後の三十四日にわたる逃亡の顚末である。安藤はこの事件で六年服役したあと、収監中に子分の西原健吾や花形敬が対立する組織との抗争で殺されたことから安藤組を解散。その後の安藤は自らの半生を手記として発表、それがピンク映画の監督湯浅浪男の目に留まり、自らの人生を自らが演ずる『血と掟』でスクリーンデビューを果たす。

『血と掟』は特攻隊員として死を目前にしながら終戦を迎えた安藤昇が虚脱しながら東京へ戻ってく

るところから安藤組の解散までを描き、安藤の人生の根底にあるものが、死を覚悟した特攻体験であることを伝える。『血と掟』では描かれないが、自伝『激動　血ぬられた半生』（六八年、双葉社）には除隊後の安藤の行動が書かれている。御聖断が下ったあとも徹底抗戦を叫び、厚木基地に籠城した小園安名大佐（東映作品『あゝ決戦航空隊』［七四年、山下耕作監督］では菅原文太が演じた）が安藤の先輩に当たり、安藤は小園に呼応して決起隊に加わり、厚木基地内の武器弾薬を集め、伊豆の天城山に立て籠もる。しかし、鎮守府からの厳命と巡邏の兵士の説得により決起隊は解散させられた。特攻体験とこの決起と挫折の体験が、安藤に戦後を余生と思わせたのであり、安藤のヤクザとしての抗争は、より虚無的な形での戦争の継続ではなかったか。戦争体験が、彼のゾクッとするような酷薄さと紙一重の色気を生んだと私には思える。

『血と掟』はそんな安藤の（俳優では出せない）迫力と、元組長が自らの人生を演ずる際物性により大ヒット、その年の松竹映画で最高の興行成績を記録する。続く『やさぐれの掟』『逃亡の掟』（ともに六五年、湯浅浪男監督）も当たり、安藤昇は松竹の救世主となった。彼は松竹のトップスターである岩下志麻以上の二千万円のギャラで松竹の専属俳優になり、十本以上の松竹映画に出たあと、六七年に俊藤浩滋に招かれ東映に移籍。独特の存在感でヤクザ映画路線の一翼を担った。

安藤にふたたび自らの人生を演じさせたのは徳間書店と東映である。七一年に徳間書店の雑誌「アサヒ芸能」は、安藤に戦前から戦後にかけての愚連隊やヤクザの群像を描かせた『安藤昇極道一代やくざと抗争』を連載し、東映はその小説を原作に、安藤に「爆弾マッチ」を演じさせた『やくざと抗争』（七二年）を、また安藤に自身を演じさせた『やくざと抗争　実録安藤組』（七三年）、『実録・安藤組襲撃篇』（七三年、以上すべて佐藤純彌監督）、『安藤組外伝　人斬り舎弟』（七四年、中島貞夫監督）、『安藤昇のわが逃亡とSEXの記録』（七六年、田中登監督）を撮り、さらにVシネマの『実録・安藤組

外伝　飢狼の掟』（〇二年）、『渋谷物語』（〇五年、ともに梶間俊一監督）に至るまで「安藤組映画」はヤクザ映画のひとつのジャンルとなった。こうして安藤は日本で唯一無二の「成功した本職出身の映画俳優」となる。安藤昇と藤田五郎はともにヤクザ映画に大きな足跡を残したが、映画以外の事業にも成功し八十九歳で身罷った安藤と六十二歳で自死せざるを得なかった藤田とは、芸能の道に進んだヤクザとして好対照の人生を歩んだことになる。

加賀まりこが『乾いた花』を語る

松竹映画の中で、東映ヤクザ映画にもっとも影響を与え、日本のフィルムノワールとして国際的な評価が高い作品が『乾いた花』（六四年、篠田正浩監督）である。

原作は、五八年に「新潮」に発表された石原慎太郎の、手本引きのシーンが半分を占める中篇小説（初出時は『渇いた花』、後に『乾いた花』と改題）。物語はシンプルだ。抗争相手のヤクザを殺し、服役した中年ヤクザの村木が出所し、賭場で大金を賭ける若い女、冴子と出会う。賭博でしか生きている実感を得られない二人は互いを分身と感じる。しかし、冴子は村木が止める麻薬にも手を出し、薬を斡旋した中国人に情痴の果てに殺される。そのことを刑務所内で知った村木は「彼女が死んだと聞いたいまでも私は冴子に渇える」と呟く。人生は退屈極まりなく、賭博、麻薬、人殺しでしか「賑やかな気持ち」になれないという登場人物の認識は、モラルを踏みにじる行為を描き続けた石原慎太郎ならではのものだ。「俺なんて奴は、誰が見ても、いや自分でもそう思うが人間のくずだ。俺には世間一般の人間に通用するものはなんにも有りゃしない。だがな、それでも俺は俺一人ではそんな自分を許せるよ」と村木が言い、「そうよ、誰が何を言っても、私は私を許してやるわ」と冴子は答える。このセリフが原作の核心で、映画でもこの会話で二人は気持ちを通わせる。マルクスが階級意識を形成しない者として切り捨てた「人間のくず」の自己肯定を、石原慎太郎が描いていたことは注目に値する。

脚本の馬場当（まさる）は、原作にない冴子の対極にある村木の情婦（原知佐子）とヤクザの親分（宮口精二、東野栄治郎）を造形し、篠田正浩は原作の東京・三田の賭場を横浜の場末に移し替え、当初キャスティングされていた佐田啓二ではなく池部良を起用することで、村木に戦中派の虚無を付け加え、戦後派の冴子の空虚と切り結ばせた。頽廃的でありながら透明感のある冴子は、十九歳の加賀まりこにしか演じられず、この映画は加賀なくしては成立しなかったろう。『乾いた花』がどのように作られたのか、加賀に訊いた。

加賀　オリンピックを前にして、みんなが明るい希望を持って生きていたあの頃が私は嫌いでしたね。向上心に溢れていたあの時代が気持ち悪かった。そんなときに篠田さんから『乾いた花』の台本をいただいたの。馬場当さんがヤクザの親分に頼んでくれて、賭場の見学に行きました。京浜急行のとある駅で篠田さん、馬場さん、池部さんと私が待っていると、車がやってきた。後部座席に乗り込むと、全員目隠しをされました。賭場の場所を知られたくなかったからでしょう。目隠しを外されて何の変哲もないしもた屋の二階に上がると、そこには真白い盆茣蓙（ござ）が敷かれて、堅気のお客さんが手本引きをやっていました。小指が欠けたお兄さんが小まめにお客さんにビールを注ぎ、お客さんが煙草の火を点けると、捧げ銃で灰皿を差し出した。スッカラカンになったお客さんが帰るときには帰りの電車賃として五百円札を渡すの。遊びに来たお客さんにこんなにサービスするのかと驚いたわね。私も少し賭けた。賭けながら、この賭場で冴子が恰好良く座るにはどうすればいいかを考えました。

花札をこれほど美学的に描き、手本引きをあたかも日本の古代の神事のように撮った映画は他に類がない。賭場の村木と冴子のかたわらに白髪の老侠客が佇む。演ずるのは、『人生劇場』（三六年、内田吐夢監督）で吉良常を、『酔いどれ天使』（四八年、黒澤明監督）で三船敏郎の兄貴分のヤクザを演じた山本礼三郎で、山本が凄味のある目で冴子を一瞥する。

賭場で見交わす村木と冴子の眼差しが濡れている。最後まで村木と冴子は男女の関係にならないが、二人の間には噎せ返るような官能が立ち込める。この二人のセクシャリティは、中年男と若い女ではなく、中年男と少年でも成り立ったろう。

加賀　そうね。男同士であっても良かったわね。この映画は性が変わっても成り立つほど抽象的なの。村木は冴子の素性を知らないし、聞かない。けれど、たまたまシルクホテルでブルジョアたちに囲まれた冴子を見かけてしまう。そのとき、私はまるで物でも見るような目で池部さんを見たの。

仁義に背く冷たい光

薬に溺れる冴子に対し村木は、「俺が人殺しをするところを見せてやろう」と誘う。賭博と薬より殺人が一段上、殺しが至上の快楽だという石原慎太郎の思想はファシズムの美学に隣接する危うさがあるが、篠田正浩は、村木が息を切らしながら大阪の親分（山茶花究）をドスで刺し、二人がもつれ合って抱擁する無様な様子を撮り、映画は石原の原作がはらむ危うさを免れた。武満徹はその場面に、ヘンリー・パーセルのオペラ『ディドーとエネアス』のクライマックス、ディドーが死んでゆく場面の曲を朗々と流す。階段を転げ落ちてゆく親分を挟んで村木と冴子が目と目を見交わす。

加賀　「見守ってあげるマリアだよ」と篠田さんが言ったので、「マグダラのマリアね」って小生意気に言い返したことを覚えています。マグダラのマリアはイエスの死と復活の見届け人ってイメージがあったから。撮影が終わって、録音スタジオに遊びに行くと、武満徹さんがタップダンサーを呼んでいて、映写される手本引きの画面に合わせて、彼らにタップを踏ませていた。この映画でもっとも印象に残るのは「音」ね。音楽だけじゃなく、胴元の「先に駒、先に駒」というかけ声も、競馬場の馬のひづめも計算され尽くしていました。

『乾いた花』は六三年夏には完成していたが、「松竹の番組の中で併映作が見つからない」という理由で公開されなかった。

加賀　オクラになったのは、城戸四郎さんがこの映画を嫌いだったから。私が『月曜日のユカ』（六四年、中平康監督）に主演してマスコミで話題になると、松竹は慌てて日活の『月曜日のユカ』の公開日と同じ週（六四年三月第一週）に『乾いた花』を封切ったのよ。五月にカンヌ映画祭に出品して、ジャン＝リュック・ゴダールやフランソワ・トリュフォーやロマン・ポランスキーが面白がってくれた。後年、マーティン・スコセッシ監督が松竹からフィルムを購って三十回以上観たとか、昨年（二〇二二年）のベルリン映画祭クラシック部門で上映されたと聞きました。

この映画は東映ヤクザ映画にも影響を与え、『乾いた花』を観た俊藤浩滋が池部良を「昭和残侠伝」シリーズに起用したことは前章で述べた。そして、加賀まりこも東映ヤクザ映画に招かれる。

加賀　幼馴染みだった若山のお兄ちゃん（若山富三郎）に「まりこ、出てくれよ」と頼まれ、『釜ヶ崎極道』（七三年）に出演しました。出たのは監督が山下耕作さんだったこともある。山下さんの映画を観て、俳優の所作や画面の濃やかさが素晴らしかったから。けれど、東映の撮影所に行くと、松竹や日活とは比べものにならないほど小さな部屋しか与えられず、女優を大切にしてくれなかった。『ならず者』（六四年、石井輝男監督）のときには、撮影開始が午前九時なので仕度して待っていると、午後の二時になってやっと（高倉）健さんが来た。遅れて来ても誰も文句を言わないの。『日蔭者』（七二年、山下耕作監督）のときには、「鶴田先生にご挨拶に行ってくれ」と言われて、鶴田浩二さんの楽屋を訪ね、「加賀まりこでございます。このたびはご一緒させていただきます」と頭を下げても、鶴田さんはテレビの高校野球から目を離さず、振り返ろうともしない。現場でテストのときに、私が本気で鶴田さんの胸でひしと泣き崩れる芝居をすると、スタッフが笑うんです。鶴田さんが「ほら、テストなのに本気でやってやがる」とみんなにおどけたジェスチャーで伝えていた。あとから山下監督が「嫌な思いをさせて悪かったね」とこっそり謝られた。監督は鶴田さんに意見ができないんです。そういう男性スター至上主義、男尊女卑、ムラ社会の東映の社風は、自由闊達な日活とはかけ離れていました。

ずいぶんあとになりますが、山下組の『新・極道の妻たち　覚悟しいや』（九三年）で、抗争で夫を殺された、（岩下）志麻ちゃんの先輩の極妻を演じました。仏壇の前で志麻ちゃんと喪服姿で語り合う場面で、芝居の前に志麻ちゃんが「まりこさん、驚かないでね」と私に断って、ものすごく低く、芝居がかった声でセリフを言うの。そんなふうに東映ヤクザ映画は絵空事の世界を作っていった。それに対して、『乾いた花』の親分（宮口精二）は歯医者に行ったり、子供が生まれたことを喜びながら、子分（池部良）に殺しを命じる。私にとっては『乾いた花』のヤクザの方が地に足が着いている、リアルな存在に思えました。

東映が経営陣やプロデューサーの手腕によって、日活、大映、松竹より層の厚いスターや脇役を擁し、時代劇の伝統を任侠映画に活かし、大衆に支持されるヤクザ映画を作り続け、他社の追随を許さなかったことは間違いのない映画史的事実である。

しかし、加賀まりこの証言は、単に撮影所の気風への違和感というに留まらず、ヤクザとヤクザ社会と東映任侠映画の、女性を下に見る男性中心主義への本質的な批判ではないだろうか。

また、東映任侠映画の主人公が共同体を守るという「大義」のために敵を殺すのに対し、『乾いた花』の村木には一片（いっぺん）の仁義も道義もなく、実存的な一瞬の憎悪と、女（冴子）のために人を殺め、人生を棒に振る。この映画は「ヤクザ映画百年史」のなかで係累もなく孤高に存在し、同時に、石原裕次郎でさえ和服に身を包み、ヤクザ映画全般が、古いモラルと失われた明治・大正・昭和の光景を描き、土着・情念・伝統に回帰する六〇年代前半の日本の文化風土への先鋭なアンチ・テーゼになっていた。六〇年代半ば以降のヤクザ映画隆盛のその起点において、『乾いた花』が、固有の冷たい光を放ち続けていることを忘れるべきではない。

『日本暗殺秘録』（1969 年）の演出をする中島貞夫監督（右）

「一人一殺」——中島貞夫『日本暗殺秘録』

一九六九年、任侠映画の全盛時、東映はテロリズムをテーマに『日本暗殺秘録』（中島貞夫監督）を製作した。幕末の「桜田門外の変」での大老井伊直弼暗殺から昭和戦前の血盟団事件での井上準之助元蔵相暗殺を経て、二・二六事件に至る日本近現代史におけるテロリストの行動と思念に迫ろうとした映画である。この作品は当時、ヒットしたばかりか、のちに「一水会」を創設した鈴木邦男を始めとする行動主義の新右翼活動家にとってのバイブルとなった。

また、『沈黙の艦隊』（八八〜九六年）や『ジパング』（二〇〇〇〜〇九年）の作者として知られる漫画家のかわぐちかいじをインスパイアし、『テロルの系譜　日本暗殺史』（七五年）や『黒旗水滸伝　大正地獄篇』（七五年、ルポライター竹中労との共作）といったテロリストやアナキストが登場する漫画を描かせた。

なぜ新左翼運動の興隆期である六九年に右翼的なテロリズムが主題に迫り上がり、これを大衆が支持し、この映画が政治史、文化史的に大きな波紋を巻き起こしたのか――。安倍元首相銃撃事件、宮台真司教授襲撃事件、岸田首相襲撃事件と、テロの時代を迎えたかのような令和のいま、半世紀以上前の時代背景を明らかにし、ヤクザ映画とテロリズム映画の背中合わせの関係性とその相違点を論じたい。

テロリズム映画の先駆

『テロルと映画　スペクタクルとしての暴力』（中公新書）で四方田犬彦は、日本映画がその黎明期から「忠臣蔵」と「新撰組」という二つの物語でテロ行為を美化礼賛する一方、『日本暗殺秘録』、『煉獄エロイカ』（七〇年、吉田喜重監督）、『天使の恍惚』（七二年、若松孝二監督）、『竜馬暗殺』（七四年、黒木和雄監督）といった「テロリズムに関し、きわめて先鋭的な想像力を発揮し、いくつかの注目すべき作品を遺している」と書く。これらのテロリズム映画の先駆は、六〇年安保闘争後に工藤栄一監督によって撮られた傑作時代劇、『十三人の刺客』（六三年）、『大殺陣』（六四年）、『十一人の侍』（六七年）の三部作だろう。いずれもモノクロの映像で、恐怖政治を行なう暴君を決死の覚悟で暗殺する無名無告の下層武士が描かれた。この三本の映画を企画したのが、昭和恐慌で経営が破綻した「東京渡邊銀行」の一族で、当時東映京都撮影所の企画部の懐刀の渡邊達人だった。博覧強記の渡邊は、古今東西のテロリズムから集団抗争時代劇を発想し、脚本家の池上金男（のちの小説家・池宮彰一郎）にアイデアを授けた。

「第一次世界大戦のきっかけとなった、ボスニアの州都サラエボにおけるオーストリア・ハンガリー帝国の大公夫妻暗殺事件の特徴を参考にして脚本を作れと指示した。その特徴とは往路に襲撃に失敗したものを、帰路で暗殺に成功する点を生かしたことにあった」（渡邊達人著『娯楽映画の骨法　東映を創った二人の男』、私家版）

　三部作はしだいにテロリストの視点となり、キャメラはほとんど手持ちで、死闘をニューズフィルムのように撮り、泥がキャメラに跳ね返った。『大殺陣』のラストではテロリスト（平幹二朗）の殺意をかきたてるように、工藤栄一が六〇年の日米安保闘争のときに録音したデモ隊の声が大音量で流される。

　三部作の結末はともに、一人の権力者を倒すために死屍累々の光景が広がり、テロは幕府により隠蔽され、白日夢のような映像とともにテロリズムの徒労感と虚無感が醸し出される。それは、六〇年安保敗退と浅沼稲次郎社会党委員長暗殺事件を経た時代の索漠たる空気と通底していたが、武士が暗殺のために殲滅（せんめつ）させられるテロリズム時代劇より、ヤクザが共同体と一体化する高揚感とともに殴り込む任侠映画を大衆が支持したことはすでに述べた。

六八年には石原裕次郎が首相を暗殺に行くテロリストを演じた、日活映画の『昭和のいのち』（舛田利雄監督）が公開される。

「明治百年」に当たる六八年は、映画や演劇で「赤報隊」など日本近代史において忘れ去られた事件が再検証されたことは第五章で述べたが、脚本家の池上金男と舛田利雄は「血盟団事件」（三二年二月）を日本映画で初めて取り上げた。この事件は、昭和初期、中小零細企業が没落し、労働者が困窮し、農村が飢餓に見舞われることに義憤を覚えた青年将校たちが、「君側の奸」（天皇を意のままに動かし悪政を行なう政治家や財界人）を暗殺し、天皇親政を目指した「五・一五事件」（三二年）、「二・二六事件」（三六年）などの国家改造運動の先駆けであり、日蓮主義のファシズム活動家・井上日召に帰依する青年たちが、首相を筆頭とする政府の重臣や五大財閥の代表者の暗殺を計画し、実際に井上準之助元蔵相と団琢磨三井合名会社理事長を射殺し、時の特権階級を震え上がらせた。

「一人一殺」の血盟団

映画の冒頭は仄暗い寺の本堂。井上日召をモデルにした沢井誠（佐藤慶）に「一人一殺」のテロリズムの要諦を説かれた小沼正（郷鍈治）は井上準之助を暗殺し、菱沼五郎（谷村昌彦）は団琢磨を暗殺する。首相暗殺を命じられた日下真介（石原裕次郎）は二人に続こうと、短刀を片手に犬養毅がモデルの草薙剛首相（島田正吾）のいる官邸に土足で乗り込む。日下のモデルは森憲二と思われる。森は京都帝国大学を出たあと血盟団に加わり、若槻禮次郎首相暗殺を命じられたものの、演説会場で何度も若槻を目の前にしながら決行できず、のちに暗殺未遂で検挙された。

草薙首相に刃を向けた日下は、草薙の悠揚迫らざる貫禄と、自らのインテリゆえの繊細さからか、それとも首相のかたわらにいた耳が聞こえない孫娘が無邪気に紙飛行機を飛ばす姿を見たからか、とたんに殺意が消え失せる。

テロリストが無辜の子供に出会い決行を思い留まる展開は、ロープシン（ボリス・サヴィンコフ）の自伝的小説『テロリスト群像』（一八年）に先例がある。帝政ロシアの圧政下、テロリストが恐怖政治の元凶である大公を暗殺するため馬車に爆弾を投げようとした瞬間、幼い甥と姪が同乗しているのを目に留め、爆弾を投げられないというエピソードだ。

アルベール・カミュはこの逸話に基づいて戯曲『正義の人々』（四九年）を書き、大公の庇護を受けている甥と姪も殺すべきだったのか、それとも実行犯のように殺さない選択が正しかったのかを、テロリストたちに議論させた。

『昭和のいのち』で日下は暗殺を思い留まるが、草薙首相はこのあと五・一五事件での史実通りに、襲撃した海軍中尉らに対して「まあ待て。話せば分かる」と言うものの、「問答無用」と銃撃される。六〇年代にはテロリズムを肯定的に描く映画が製作されたが、それらとは異なり、『昭和のいのち』はテロリズムと人間主義のギリギリのせめぎ合いを歴史の中に見据えた作品と言える。

日下はこのあと、血盟団の仲間（中村嘉葎雄）から裏切り者と名指され、列車の中で銃撃され、川に突き落とされる。それを救ったのがテキ屋の親分（辰巳柳太郎）の娘（浜美枝）で、命を救われた日下は亀戸天神（ロケ場所は根津神社）の境内を縄張（しま）とするそのテキ屋のために体を張る。脚本家が亀戸を舞台に選んだのは、そこが関東大震災で朝鮮人や共産主義者が虐殺された、日本近代史における特別な場所だったからだろう。辰巳柳太朗の親分は「俺は学がねぇから何にも聞かねぇよ」と日下の過去を一切質（ただ）さない。一方、翌年に撮られた『白昼の襲撃』（七〇年、西村潔監督）では、横浜の親分佐伯（殿山泰司）が、自らの命を救った子分の鳴海（岸田森）が、政治家暗殺を目論むアナキスト集団を作っていることを知り、ただちに鳴海を殺す。佐伯はこう吐き捨てる。「あいつは俺や組ばかりじゃなく国を、この日本を裏切っていたんだ。だからバラした。俺はインテリが嫌いだ。まったくの役立たずか危険な奴か、どっちかでしかないんだ」。佐伯のこの言葉は、七〇年前後のヤクザの新左翼への嫌悪も含めた右翼的な体質を象徴している。

「何かギラギラしたもの」

六九年に製作された『日本暗殺秘録』は当初、ドキュメンタリーとして構想された。東映は六〇年代末から、『にっぽん'69 セックス猟奇地帯』（六九年、中島貞夫監督）、『セックスドキュメント 性倒錯の世界』（七一年、中島貞夫監督）などの低予算のドキュメンタリーを任俠映画の併映作として製作したが、『セックス猟奇地帯』（併映は『不良番長 猪の鹿お蝶』〔野田幸男監督〕）がヒットしたことから、当時東映京都所長だった岡田茂は、続けてテロリズムをドキュメンタリーで描こうとする。

脚本を依頼された笠原和夫は、岡田がこの企画を思いついた理由を、「東大安田講堂事件など反体制の新左翼運動が激化していた時勢に便乗しようとしたのか、あるいはテロリストもやくざと同様のアウトローだから、おなじ路線の商品だと割りきっていたのか」と自著の『破滅の美学 ヤクザ映画への鎮魂曲』（幻冬舎）で憶測する。

六九年、笠原和夫は企画を具体化するため、プロデューサーの天尾完次、監督の中島貞夫とともに、赤尾敏（大日本愛国党総裁）を訪ねる。六〇年に浅沼稲次郎を暗殺したあと獄中で自殺した山口二矢を描くため、山口が決行の二日前に訪れた赤尾を取材したのだ。事件の一年後に、大江健三郎が山口をモデルに小説『政治少年死す（『セヴンティーン』第二部）』（六一年）を発表しており、のちに沢木耕太郎がノンフィクション小説『テロルの決算』（七八年）で浅沼刺殺事件の一部始終を描き、若松孝二は三島の自決を描いた映画『11・25自決の日 三島由紀夫と若者たち』（二〇一二年）を山口（タモト清嵐（らん）の縊死から始めた。しかし、天尾、笠原、中島はこのとき、赤尾から新たな証言を得られず、山口二矢を描くことを断念する。

そこで笠原と中島は「桜田門外の変」を引き起こしたのが水戸浪士だったことや、「天狗党」の人々の出身地が水戸だったため、そこがテロリストの温床ではないかと狙いを定め、茨城に赴いた。

そんな折、中島は東映社長・大川博に呼び出され、『セックス猟奇地帯』が低予算でありながらヒットしたことから金一封をもらい、そして構想中の企画を訊かれる。中島が『日本暗殺秘録』のことを話すと、どういう風の吹き回しか、大川は次の役員会の席で、本作を高倉健、鶴田浩二、藤純子らが総出演する劇映画にしようと提案した。社長の鶴の一声で、何とテロリズムを扱った低予算のドキュメンタリーがにわかにオールスターの大作に格上げされ、六九年十月に全国の劇場で公開される運びとなったのだ（併映は『不良番長　どぶ鼠作戦』［野田幸男監督］）。

笠原が構成を思いあぐねていると、またしても渡邊達人（当時企画部長）が手を差し伸べる。渡邊は前述の『娯楽映画の骨法』で本作の経緯をこう書き記す。

「題名、企画は岡田茂所長の提案、明治大正昭和の三代に亘る有名暗殺事件を並べろとの注文、ただ並列的に並べても作品にならない。なにを中心に作品を作るか、二・二六を最後にもって来る常識を破って、私はここで脚本家笠原和夫に『血盟団』の一人一殺を暗殺の原型として推薦し、井上準之助暗殺をしとげた小沼正の調書を探し出して笠原君に渡し、これを支柱にして固めろと教えた」

このとき渡邊が探し出した「小沼の調書」とは、『現代史資料　5　国家主義運動2』（六四年）所収の検事宛てに提出された小沼の上申書のことと思われる。『現代史資料』（みすず書房、六二〜八〇年）とは、大正から昭和戦前期にかけて起こった主要事件の史料を収録したもので、全四十五巻（別巻一巻）である。

本作の製作時（六九年）まで、血盟団事件の資料は、この上申書と高橋正衛（まさえ）（前掲の『現代史資料』の編集者）が聞き手となった小沼正の聞き書き「ある国家主義者の半生」が収録された『昭和思想史への証言』（六八年、毎日新聞社）だけだった。血盟団のことが書かれた松本清張の『昭和史発掘』（六四〜七一年、文藝春秋）は、当時まだ「週刊文春」に連載中で（七一年に単行本化）、五・一五事件や二・二六事件の先蹤（せんしょう）をなす血盟団事件の詳細は一般に知られていなかった。

さっそく笠原は中島とともに小沼正（当時五十七歳）に会いに行く。小沼は穏やかな風貌だったが、眼光は鋭く、将棋を指すばかりで笠原と中島の方を見ようともしなかった。二人が本気だと分かった三日目に小沼は初めて口を開き、当時出版されていなかった血盟団の公判記録を見せる。

小沼は井上日召の血盟団に参加。「百姓が食えないといっても野垂れ死にしたことはない。百姓の干物は見たことがない」と放言した元蔵相井上準之助を三二年に暗殺し、無期懲役を求刑されたが、四〇年に恩赦で仮出所。戦後は東京三田で雑誌社「業界公論社」を経営しながら、井上日召の生活を支えた（井上は六七年に死去）。小沼は井上準之助の命日には墓所を掃苔（そうたい）し、『血盟団事件公判速記録』（六七〜六八年、血盟団事件公判速記録刊行会）全四冊を刊行している最中であった。

笠原は脚本の意図を、思想や政治理念を超越した「何かギラギラしたもの」、テロリストだけが持てる「殺人」と「死」の手応え、テロリストがどうして引き金を引けたかという「魔法の光輝」を描きたかったと述懐している（「シナリオ」六九年十一月号）。軍人でもヤクザでもなく、一般人が「歴史の妖気」に吸い寄せられるように、テロリズムにおいていかに殺人に至るのかを笠原は知りたかったのだ。

笠原と中島は小沼に膝を詰めて問い、「ギラギラしたもの」が何だったかを聞き出そうとした。小沼はお題目（南無妙法蓮華経）を唱えることで自らを鼓舞したこと、そして、「井上日召と私は順縁で師弟となって居るが、井上準之助とは逆縁で殺者受者となった。然し如実にこの本体を見つめると、準之助とは私の心の中の準之助だ。私の心？　それは大きな如来の心である」という「自己即他者即絶対」という境地に到達したことを語る。暴力に習熟していない農村青年が殺人者になるためには、宗教的な法悦と認識の支えが必要だったのだ。

天皇を描く難しさ

また、小沼は襲撃時に、演説会場に高級車で乗りつけた井上準之助を見つけたものの、どうやってピストルを撃つのか分からなくなり、背中に体当たりした弾みに引き金を引いたこと、そして殺害したあと、やたらと腹が減って「うどん、うどん、うどん」と警官に頼んだことを二人に物語る。

笠原和夫と中島貞夫は序章で、幕末・明治・大正・昭和のテロリズム――井伊直弼、大久保利通、大隈重信、星亨（とおる）、安田善次郎の暗殺（大隈のみ未遂）とアナキストのテロリズム結社によるギロチン社事件を並べ、暗殺の「ギラギラした瞬間」を描こうと試みる。

ただし笠原は、幸徳秋水ら多数の社会主義者、無政府主義者が明治天皇暗殺計画を理由に逮捕、処刑された「大逆事件」と、難波（なんば）大助が関東大震災時の大杉栄ら社会主義者、無政府主義者の虐殺に憤り、摂政宮（のちの昭和天皇）をステッキ銃で狙撃するも失敗、大逆罪により死刑となった「虎ノ門事件」について、「さすがにその二つは脚本に書けなかったし、書いても映画にできなかった」と語る（『昭和の劇　映画脚本家　笠原和夫』）。

だが序章の最後に、イギリス皇太子と摂政宮暗殺を計画していたギロチン社の古田大次郎（一八年にギロチン社を描いた『菊とギロチン』〔瀬々（ぜぜ）敬久監督〕が公開された）をそっと忍び込ませ、「日本で、一番偉い人」を殺ろう（や）と思う、と古田役の高橋長英（ちょうえい）に言わせて、天皇暗殺を暗に匂わせた。

ここで日本映画における天皇の表徴について書いておきたい。新東宝は『明治天皇と日露大戦争』（五七年、渡辺邦男監督）などで嵐寛寿郎に明治天皇を演じさせたが、他の大手映画会社は、昭和天皇が在位中、天皇を真正面から描くことすら自主規制し、天皇暗殺計画を描くなど論外と考えていた。『拝啓天皇陛下様』（六三年、野村芳太郎監督）や『日本のいちばん長い日』（六七年、岡本喜八監督）では天皇を後ろ姿やロングショットのみで描き、日活の社長、堀久作は『われらの時代』（五九年、蔵原惟繕監督）で大江健三郎の原作にある天皇暗殺計画を脚本の段階から慎重にカットした。この自主規制は『風流夢譚』事件（六一年。天皇皇后らを斬首する深沢七郎による寓話的小説「風流夢譚」を出版した中央公論社の社長宅に右翼テロが加えられ、家政婦が殺され、社長夫人が重傷を負う）以降、いっそう厳格になる。

こうした慣例を破り、桂小五郎（松方弘樹）による孝明天皇（小倉一郎）暗殺を具体的に描写した『徳川一族の崩壊』（八〇年、山下耕作監督）に対して、公開後、右翼団体が「不敬」であると東映本社と東映京都撮影所に街宣車で押しかけ、プロデューサーの日下部五朗は京都泉涌寺（せんにゅうじ）にある孝明天皇陵の前で土下座させられた。東映は巨額の見舞金を右翼団体に支払い、上映プリントから該当部分をカットするなど、大きな代償を支払わされた。

天皇暗殺を描くことが禁忌（タブー）であることは、虹作戦（天皇お召列車爆破計画）を含めて東アジア反日武装戦線「狼」の全貌を描いたドキュメンタリー『狼をさがして』（二〇二一年、キム・ミレ監督）の上映館が右翼団体に脅迫され、神奈川県での上映が中止に追い込まれた現在まで続いている。

ヤクザ映画とテロリズム映画のもっとも大きな違いは、テロリズム映画の多くが天皇を描かざるを得ない点である。恋闕（れんけつ）（天皇に恋焦がれる）の対象として、あるいは銃口を向ける相手として天皇を登場させなければならず、その天皇が禁忌であることが、テロリズム映画の桎梏（しっこく）である。

さて、『日本暗殺秘録』は序幕が終わると血盟団事件の話となる。小沼正（千葉真一）という農村青年がいかに暗殺者になったかに、百四十分の上映時間のうちのおよそ百分が充てられる。『十三人の刺客』に続いて、テロリストの首謀、井上日召を演ずるのはまたしても片岡千恵蔵である。井上は小沼に、腐敗した政治家や財閥のトップを「一人一殺」することを提案する。

井上が「一人一殺」（「一殺多生」とも言っている）の思想に傾いたのは、「テロルの結果、日本がどうなるか」というヴィジョンを一切抱かず、純粋に革命のための捨て石になろうとしていた自分が、当初は一緒に決起する予定だった陸軍の士官が革命後の自身の栄達を空頼みして、酒池肉林に溺れていることを知り、彼らを見限ったからだ。加えて、海軍の同志である藤井斉（ひとし）（田宮二郎）が上海に出征させられ戦死し、集団テロを単独のテロに切り替えざるを得なくなったからでもある。同時に井上が、「警官や兵士はみな農民・労働者の家庭から出た貧しい人たち」だから、「護衛の警官や、まして一般の人たちは傷つけるな」と考えていたことによる（『昭和思想史への証言』の小沼証言による）。「一人一殺」は、六〇年代以降に世界各地で起こり、一般市民を巻き込んだ無差別爆弾テロとは異なる思想だった。付言すれば、十年に及ぶアルジェリアのフランスからの過酷な独立闘争を描いた『アルジェの戦い』（六六年、ジッロ・ポンテコルヴォ監督）において、アルジェリア人がカフェやディスコに時限爆弾を仕掛け、フランス人に無差別テロを加えるように、植民地支配を貫徹する圧倒的な国家暴力に立ち向かうために、そのような選択肢を強いられる場合もあった。

鶴田浩二が磯部浅一の激烈なセリフを

『日本暗殺秘録』は、細民がどんなに汗水垂らして働こうとけっして豊かになれず、自棄になって刹那主義に走る姿を、小沼正が実際に徒弟として働いていたカステラ工場のある東京市本所区北二葉町（現在の墨田区石原）を舞台に描く。一九二一（大正十）年に朝日平吾は、深川区の貧民街に労働者のための宿泊施設「労働ホテル」を建てる運動を行ない、寄付を拒んだ安田財閥の創始者、安田善次郎を暗殺し、難波大助も藤田五郎もそこで暮らした。大正から昭和にかけて、東京市十五区のなかでスラム街がとくに多かった地域が本所区と深川区であり、中島貞夫は二〇年代の本所区を六九年の京都で撮影した。『日本暗殺秘録』は『戒厳令』（七三年、吉田喜重監督）とともに、戦前の昭和の東京を京都で再現した映画として記憶されるべきだろう。

映画の掉尾は二・二六事件だが、それまでの二・二六映画が安藤輝三（森源太郎）を主役にしたのに対して磯部浅一（鶴田浩二）を主役に据えた。笠原和夫が磯部に思い入れたことにはいくつかの要因がある。磯部は二・二六事件の兵士の中でもっとも貧しい階層の出身であり、朝鮮赴任の際、売られてきた娼妓の登美子を妻にしたこと。そして、笠原が南千住回向院（えこういん）の磯部の墓所に詣でた際、「磯部浅一　妻登美子之墓」と二人の名前が形影相伴うように刻まれた墓碑を見て感銘を受けたこと。さらに重要なこととして、磯部の獄中手記を画面にかぶせたかったためである。

磯部浅一の手記は六七年に「文藝」五月号に掲載され、晩年の三島由紀夫にも影響を与えたことで知られるが、七二年の『二・二六事件　獄中手記・遺書』（河野司編、河出書房新社）に収められることで初めて公にされた。笠原は手記のもっとも激烈な箇所、「私は今、陛下を御叱り申し上げるところにまで精神が高まりました。だから毎日朝から晩まで、陛下を御叱り申しております。天皇陛下、なんという御失政でありますか。何というザマです。皇祖皇宗におあやまりなさいませ」を脚本に書き入れ、鶴田浩二はこのセリフを録音した（『遊撃の美学　映画監督中島貞夫』中島貞夫著、河野眞吾編、ワイズ出版）。

しかし、脚本を読んだ自民党幹部の秘書から「ラストが過激すぎる」と大川博に抗議があり、仏心会（二・二六事件に連座した将校の遺族会）の会長河野司からも「こういうのが出たら、遺族がまた反乱軍と言われる」とクレームが付く。岡田茂が間に入って折衝を行ない、その結果、現在、映画やDVDで観られるような穏便な表現にナレーションが改められた（オリジナル版は『笠原和夫傑作選　日本暗殺秘録―昭和史〜戦争映画篇』［一八年、国書刊行会］に収録されている）。

小沼正本人は撮影現場を訪れ、撮影の合間に小沼を演じた千葉真一に「千葉さん、良かったです。本当にあの通りの気持ちでした」と声をかけた（『千葉流サムライへの道』、ぶんか社）。本作の「特報」（予告篇）には「二人の小沼正」という字幕とともに、千葉真一と談笑する小沼の映像が映し出される。本篇の試写を観て小沼は泣いたという（『遊撃の美学』）。

このあと、小沼は自らの生い立ちから暗殺の成功までを冷静に分析し、『一殺多生　血盟団事件・暗殺者の手記』（七四年、読売新聞社）を書き上げた。『日本暗殺秘録』は、存命だったテロ事件の実行者に取材し、それを実名で脚本に書き、全国百館以上の映画館で堂々と封切り、その結果、実行者に詳細な手記までも書かせ、テロリズムが何たるかということを世間に知らしめた唯一無二の日本映画といえる。

「暗殺は是か⁉　否か⁉」の惹句が躍るポスターが製作され、新宿の町が騒然となる「国際反戦デー」（六九年十月二十一日）の六日前に封切られた『日本暗殺秘録』は、この年の興行成績第九位に入るヒットとなった。東映映画の固定客に加え、昭和初期という時代に関心を持って観に来る中年の客層と、「ゲバ的な人種でなく、非常に物静かな、なにか内向的な感じの」若い客層が劇場に足を運んだという（「キネマ旬報」六九年十一月下旬号の「映画館　ヒット・Hit」欄）。

そのなかの一人であり、二〇二三年に死去した新右翼活動家の鈴木邦男はこう書く。

「これは何度も何度も見た。これを見て右翼になった青年は多い。（中略）右翼の集会では何度上映されたか分からない。伝説的な映画だ」（『テロルの系譜　日本暗殺史』解説［〇二年、かわぐちかいじ著、ちくま文庫版」）

任侠は左翼を超える

すでに触れたように、かわぐち自身も本作にインスパイアされ、七五年に『テロルの系譜　日本暗殺史』を「週刊ジャンボ」に連載し、小沼正に一章を割き、来島恒喜（くるしまつねき）（大隈重信暗殺未遂）、管野スガ（大逆事件）、朝日平吾、難波大助といった明治、大正、昭和の男と女を描いた。かわぐちに当時のことを訊いた。

かわぐち　上京して大学に入った六七年は、学生運動の全盛期でした。私はノンポリだったんですが、「とにかく反権力じゃないと駄目だ」とみんなが思ってて、「アメリカと組んで日本を動かして行こうとする自民党政権に異議申し立てをしなければならない」という切羽詰まった怒りと焦りが充満していました。そこで、「暴力の前衛」であるヤクザに反権力の想いを託し、みんなヤクザ映画に熱狂していましたね。私が憧れたのは渡哲也。組織のために戦う高倉健と違って、『無頼』シリーズ（六八～六九年）から『仁義の墓場』（七五年、深作欣二監督）に至る渡は自らの組織にも牙をむき、拠って立つところは自分一人しかない。そんな渡の姿に共感して、新聞の映画欄に渡の出演作を見つけると必ず観に行きました。
『日本暗殺秘録』を観て、「たった一人で日本を変えよう」とする人たちに驚き、「これは学生運動に対するアンチテーゼだ」と思いました。集団で盛り上がった学生運動が終わると、みんなそのうねりから離脱し、髪を切り、家庭を持ち、サラリーマンになっていくなか、「そんなことでいいのか」「それじゃ何にもならないじゃないか」と自問自答しながら描いたのが『テロルの系譜』です。「こういう人間もいるんだ。本当の異議申し立てというのは、こういうもんだ」と。学生運動が退潮したあとの「一人でも社会に石を投げるんだ」という気分をここに出てくる人たちに託したんです。

『テロルの系譜』を連載し終えたかわぐちに、竹中労から声がかかる。二人は、第二次大戦中のタイでの泰緬(たいめん)鉄道建設工事に携わる鳶職を、『戦場にかける橋』(五七年、デヴィッド・リーン監督)とは異なるアジアからの視点で描いた『博徒ブーゲンビリア』(七二年、「漫画アクション」)に続いて、左派月刊誌「現代の眼」で五年にわたって『黒旗水滸伝　大正地獄篇』(七五〜八〇年、皓星社)を連載する。

タイトルに「水滸伝」とあるのは、竹中がこの中国古典に脈打つ「任俠的盟約」を、左翼革命論を超えるものと捉えたからだろう。竹中はまた、歴史のなかで見捨てられた難波大助を主人公に、かわぐちは大正期を駆け抜けた、摂政宮から被差別部落民、アナキスト、映画人、俠客に至る五十余名の登場人物を描破し、東京の下層社会を克明に再現した。それはヤクザ映画も描いたことがない光景だった。A5判で千百頁にも及ぶ長編で、一頁のうち、上から三分の二がかわぐちの画、下の三分の一に竹中の文章が入るという空前絶後の形式だ。

かわぐち　『黒旗水滸伝』では竹中さんと一緒に、東映任俠映画もできないことをやろうとしました。商業映画では、天皇制や被差別部落、在日韓国・朝鮮人問題はタブーで、共産主義や無政府主義などの「思想」も避けられていました。だけど、大正時代、東京の最底辺に蠢いていたのは、ただ貧乏なだけじゃなく、民族的、思想的に虐げられた人々です。竹中さんが思い入れた難波大助は、「最暗黒の東京」と呼ばれた深川富川町のスラム街でこうした差別された人々と一緒に暮らし、社会の矛盾に憤り、その象徴である天皇(摂政宮)に銃口を向けたんです。東映任俠映画ですら届かなかった人々の喜怒哀楽を、『黒旗水滸伝』では描けたと思っています。

ヤクザ映画も描けなかった天皇、被差別民、民族的マイノリティ、社会変革思想を『黒旗水滸伝大正地獄篇』は明確に、存分に描いた。ヤクザ映画はこののち、こうしたヤクザの出自に関わる差別問題にどのように向かい合ったのか——次章はそのことを書く。

第十章

ヤクザとマイノリティ——民族と差別が葛藤する

ヤクザ映画に新境地を拓いた北野武監督

もっとも影の深い在日コリアンヤクザの登場
——北野武『アウトレイジ　最終章』

連続ドラマ『Pachinko パチンコ』（二〇二二年、コゴナダ＋ジャスティン・チョン共同監督、Apple TV+で配信中）が面白い。原作は、オバマ元アメリカ大統領も絶賛し、二〇一七年の「ニューヨーク・タイムズ」紙のベスト10に選ばれた、韓国系アメリカ人作家、ミン・ジン・リーのベストセラー小説である。韓国、アメリカ、カナダ合作の全八話の多くの物語が日本を舞台としており、登場人物の多くが日本語を話す。物語は、日本統治下の一九一〇年代の韓国釜山から始まり、二三年の関東大震災を経て、三〇年代の大阪、八〇年代のニューヨークを流転する四世代にわたる在日コリアンのクロニクルであるからだ。

しかし『パチンコ』は、八〇年代まで韓国で数多く作られた、日本の植民地支配の悪を断罪することばかりに急な映画とは異なる。厳密な時代考証によって韓国併合時代の両国の庶民の生活を再現し、歴史に公正に向き合っている。そして、釜山から大阪に向かうソンジャ（キム・ミンハ）とニューヨークから大阪に帰るその孫のソロモン（ジンハ）の物語が交錯する構成は『ゴッドファーザーPART II』（七四年、フランシス・フォード・コッポラ監督）を思い起こさせる。日韓の歴史の狭間に生きた少数民族の物語が、「難民の時代」である二十一世紀のあらゆる存在にとって切実で普遍的なドラマに昇華され、殊に東アジアの近現代史を知ろうとする日本人にとっては欠くべからざる物語になっているのだ。

韓国映画になぜ負けるのか

しかし、このドラマを日本のほとんどのメディアは黙殺した。思想家の内田樹（たつる）は、韓国映画がこの十年、李氏朝鮮末期から日本の植民地支配の時代という韓国近代史にとっての「暗部」を、『ミスター・サンシャイン』（一八年）や『シカゴ・タイプライター　時を越えてきみを想う』（一七年）、『マ

ルモイ　ことばあつめ』（一九年）といったテレビドラマや映画でエンターテインメントとして描いていることと比較して、映画製作をめぐる日本の現実をこう書く。

〈自民族のトラウマ的経験を物語ることはつらいことである。けれども、その古傷のかさぶたを引き剝がして、血膿がにじむような記憶を語る勇気を隣国のクリエーターたちは示した。さらに驚くべきは、それを「娯楽作品」として発信していることである。それは、歴史を語るときのくちぶりに少しでも「啓蒙」や「教化」や「洗脳」の気配がすると、ブロックバスター的な興行収入が得られないことを彼らは知っているからである。（中略）翻って、これと同じ「力業」を試みている日本のクリエーターがどれほどいるだろうか。近代の日本人がそこから目を背けてきた「歴史の暗部」を白日の下にさらし、かつそれをエンターテインメントとして仕上げようとするクリエーターを見出すことはほとんど不可能に近い。クリエーターに問題意識が足りないからということはないだろう。おそらく、そういう映画やドラマの企画を暖めている人はこれまでもいたし、今もいるはずである。けれども、そんな作品の企画はまず営業会議を通らないだろう。（中略）そうやって時間が経つにつれて、隣国の人たちは自国史についての知識を深め、日本人は自国史の暗部について何も知らないという非対称はますます亢進する。過去について知らない人間、知ろうとしない人間には未来を創り上げることはできない〉（「内田樹が観た、ドラマ『Pachinko　パチンコ』―日本を舞台にしながら、日本で黙殺される理由とは？」『GQ』WEB　二〇二二年七月一日）

韓国の映画やドラマが、日帝支配下のみならず、南北の分断や光州蜂起すらエンターテインメントに仕立てるヴァイタリティがあるのに比べ、日本の映画やドラマが、歴史修正主義者やレイシストからの攻撃を恐れてか、近現代史の暗部を描くことを避けていることは内田が指摘する通りである。

だが日本でも、アナキスト伊藤野枝の生涯を描いたドラマ『風よあらしよ』（二二年、村山由佳原作、吉高由里子主演）において、保守的なNHKで初めて関東大震災時の日本人による朝鮮人虐殺に触れたこと、また同時期に千葉県で起こった被差別部落民十五名が朝鮮人と間違えられて殺害された『福田村事件』（森達也監督）が「関東大震災百周年」に当たる二〇二三年九月一日に公開予定であることは付け加えておきたい。

『風よあらしよ』は大杉栄、伊藤野枝を殺した憲兵とともに、「不逞鮮人が放火し、井戸に毒を入れた」という流言飛語に惑わされ、通行人を止めて歴代天皇の名前を言わせ、朝鮮人かどうかを確かめる庶民の姿を見据えた。『福田村事件』も、十五名の乳児や妊婦も含めた行商人を惨殺した加害者の心象を明らかにし、加害者を免罪し、この事件を歴史の中で消し去ろうとした日本人や日本社会とは何か、を問おうとしている。

ヤクザになることもできなかった

翻ってヤクザ映画は、近現代史において秘匿された被差別部落や在日コリアンにいかに向かい合ったのか——。一般にヤクザの構成比率は、被差別部落民、在日コリアン、市民社会からのドロップアウトがそれぞれ三分の一ずつであると言われている。つまりヤクザ映画を作るうえで、差別問題は避けて通れないのだ。

被差別部落民や在日コリアンがヤクザ社会に入り始めた時期について、ヤクザ研究の先駆者であるジャーナリストの猪野健治はこう語る。

〈被差別部落の人たちがやくざ社会に流入してくるのは、実は明治四年八月、太政官布告で「解放令」が公布されてからなのだ。それまでは部落の人たちは部落の外へ出ることができず、やくざになる自由さえもなかったのである。同じことは在日韓国・朝鮮人についても言える。彼らも昭和二十年八月、日本が敗戦の日を迎えるまではやくざになることもできなかった。自由渡航してきた人を除いては、すべて軍需工場や軍役などの強制労働現場にクギづけにされていたからである〉(「近未来を見据えた画期的なやくざ論」『ちくま』〇七年九月号)

「やくざになる自由さえもなかった」という表現が、昭和の戦前までの日本社会の差別の過酷さを物語る。一九四五年八月二十八日、日本本土に進駐したGHQは炭鉱、軍需工場などで労働を強制されていた朝鮮人、中国人、台湾人らを解放した。「第三国人」と蔑称されながら、大都市の中心部に集まり、焼け残ったビルに事務所を構え、「戦勝国民」を名乗り、「朝鮮人連盟」や「華僑連盟」の看板を掲げる者も現われた。そして彼らの一部は、大都市周辺の倉庫や食料品を積んだトラックを襲撃し、略奪した物資を露店で売り、ヤクザや警察との衝突を繰り返す。このような事態を憂慮したGHQは、四六年二月から彼らに日本の司法権を適用し、四七年五月には外国人登録令を公布することで日本国籍を剝奪し外国人として扱った。こうして「戦勝国民」の特権は二年足らずで取り上げられた。

五〇年代に入って、在日コリアンは住宅を賃借することが容易でないなど生活の根本を脅かす差別が続き、六〇年代になっても医者か弁護士になる以外、たとえ東大を出ても就職先は焼肉屋かサラ金かパチンコ屋が多くを占めた。「レーニン全集を読む在日韓国人ヤクザ」として知られる柳川組二代目谷川康太郎は、自らの境遇をこう語っている。

「小学校のセンセイは、努力する者は必ずむくわれる、と教壇の上でよう言うとった。これほどひどいウソはないわ。差別されとるモンは、ナニかしよう思うても、ナンもでけんやないか。貧乏やから銀行いってもカネ貸してくれへんし、学校もろくに行けんからまともなところには就職でけん。ビルの谷間を這いずるような雑業か日雇いくらいしかないわけや。差別されとるモンが正直に真面目に生きよう思うたら、ひもじいみじめな生活しかでけんいうことや。それに最初に気がついたわけや。そ

れからはすべてに反発した。反発することがすべてやった」（猪野健治著『やくざ親分伝』ちくま文庫）
日本社会から閉め出された在日コリアンにとって、芸能界やスポーツ界とともにヤクザ社会は、最後のアジール（避難場所）であり、夢の容器だったのだ。

深作欣二の階級闘争

戦後の日本映画に登場する在日コリアン像は、『にあんちゃん』（五九年、今村昌平監督）や『キューポラのある街』（六二年、浦山桐郎監督）に代表されるように、貧しく、清く、民族のアイデンティティに思い悩む存在として描かれた。六〇年代の東映任俠映画においても、遠藤太津朗らが善良でお人好しの朝鮮人を訛りのある日本語を使って演じ、日本人と分け隔てなく彼らに接する兄貴分の鶴田浩二や高倉健に庇護された。

こうした温情主義的な作風と訣別し、在日コリアンの集住地区に最初にキャメラを据えたのは深作欣二だった。深作は『仁義なき戦い』（七三年）以前の、東映東京撮影所で撮影したギャング映画やヤクザ映画において、東京の代表的な朝鮮人集住地区――江東区の枝川町にキャメラを持ちこみ、『狼と豚と人間』（六四年）、『解散式』（六七年）、『血染の代紋』（七〇年）を撮った。枝川町集住地区は一九三八年に人為的に作られた町である。四〇年の東京オリンピックと万国博覧会の開催が決定したとき、東京市はこれらの関連施設の建設予定地である江東区塩崎、浜園に住む朝鮮人のバラックを撤去し、沖合の埋め立て地でゴミ焼却場のある枝川に簡易住宅を建てて、千名を超える朝鮮人を強制移住させたのだ。

オリンピックが中止となり、東京大空襲での焼失を免れ、五九年から始まった北朝鮮への帰国事業で人口が減る中、枝川の人々は「どぶろく」の密造販売、養豚とその販売、廃品回収、工場での非正規労働などを生業としながら、東京朝鮮第二初級学校を設立するなど枝川を「民族運動」の拠点とした（この町から有名なJリーガーも生まれた）。深作の映画の中で、枝川は「港湾近くにあるスラム」という架空の町として描かれ、主人公である鶴田浩二や菅原文太や梅宮辰夫はこの町で生まれ、自らの故郷を愛おしむ。しかしながら、暴力団追放運動で窮地に立たされて背に腹は替えられず、スラムの再開発のための立ち退きに手を染める。

『血染の代紋』で、立ち退きを要請しに行った菅原文太が住民から死んだ猫を投げつけられる。この場面には、それまで下層社会の負の仕事を請け負い、彼らとともに生きてきたヤクザが、独占資本や企業に寄生せざるを得ない時代になり、下層社会から搾取することで憎悪される立場に変貌するさまが鮮烈に描かれる。この映画の脚本を書いた映画監督の内藤誠は、深作の意図をこう語る。

内藤　深作さんは「ヤクザ映画に『階級闘争の視点』を入れるんだ」と口を酸っぱくして言っていました。脚本を書くときに二人で参考にした本は、溝口敦の『血と抗争　山口組ドキュメント』（六八年、三一書房）、竹中労の『山谷　都市反乱の原点』（六九年、全国自治研修協会）、エンツェンスベルガーの『政治と犯罪　国家犯罪をめぐる八つの試論』（六六年）でした。ヤクザ映画に「社会性」を加えようと、深作さんは追いつめられてゆくヤクザと過疎化してゆく枝川を重ね合わせたんです。

「階級闘争の視点」とは、『血染の代紋』の作品自体を観ても、また参考書籍からしても、単に下層の民が支配層に反抗する物語ということではなく、民族と差別の葛藤の只中にキャメラを据え、その軋轢を差配する国家の大きな力をも射抜く眼差しということであろう。

『仁義なき戦い』シリーズ（七三〜七四年）はモデルの広島ヤクザが抗争中だったため京都で撮らざ

るを得なかったが、深作欣二は第二部『広島死闘篇』（七三年）で、二日間だけ「原爆スラム」のロケを敢行した。大友勝利（千葉真一）と山中正治（北大路欣也）が殺し合う二つの場面を撮るためである。スラムの全景と原爆スラムとは、原爆投下で家を失った人々が太田川河川敷の国有地に不法バラックを建てて住んでいたが、しだいに係累や血縁のある日本人が離れ、行き場所のない日本人や朝鮮人が残された地域である。『団地と移民　課題最先端「空間」の闘い』（ＫＡＤＯＫＡＷＡ）で原爆スラムの歴史を詳述したジャーナリストの安田浩一は、深作がわざわざ原爆スラムでロケをした理由をこう考える。

安田　原爆スラムは、住んでいたときには「ここを抜け出すことが成功の基準」と思い、そこを離れると、懐かしさと苦い思い出がこみ上げる場所だったようです。一方、行政にとっては官庁街に近いこともあり、「あってはならない」「早く消し去りたい」地域でした。深作さんは、そんなふうに見捨てられた場所で、社会から見捨てられ、消されるべき運命にあるヤクザ同士が殺し合う場面を撮りたかったのではないかと、僕は想像します。原爆スラムは撮影時にはすでに再開発が始まり、まもなく消されようとしていました。七八年には「基町高層アパート」に生まれ変わるわけです。深作さんは枝川朝鮮人集住地区同様、マイノリティの生活の息吹が宿る原爆スラムと、「スラムがあった時代」を映画に残したかったのではないでしょうか。

〽雨のショポショポふる晩に

『仁義なき戦い　頂上作戦』（七四年）では原爆スラムの部屋の内部が描かれる（東映京都撮影所内のセットで撮影）。チンピラの小倉一郎は、顔にケロイドがあり原爆症に苦しめられる母親や兄弟とスラムに住む。小倉は母親に楽をさせ、家族に新しいテレビを買ってやるために松方弘樹を暗殺する。スラムから抜け出そうと足掻くチンピラを深作は抱きしめるように撮った。また、第二章で述べたように白石和彌も『孤狼の血 LEVEL2』（二一年）で鈴木亮平のヤクザの出自を基町高層アパートとし、彼がなぜヤクザにならざるを得なかったかをアパートの風景だけを見せ、指し示した。

実在する京都の侠客、図越利一（会津小鉄会三代目）の若き日々を描いた俊藤浩滋の映画の遺作『残侠 ZANKYO』（九九年）で、監督の関本郁夫は京都最大の被差別部落「崇仁地区」を初めて撮影する。会津小鉄会では、多くの組員がそこに出自を持ち、組の縄張りでもある崇仁地区のロケをいままで誰にも許さなかったが、彼らの親分の伝記映画を撮る関本にだけは許諾したのだ。関本は『残侠』でここを戦後の闇市に見立て、そのあとの『極道の妻たち 死んで貰います』（九九年）では祇園のクラブのママ（東ちづる）が生まれた町として描いた。この傑作については改めて論じることになるだろう。

このように東映ヤクザ映画は、在日コリアンの集住地区や被差別部落をフィルムに収めたが、それぞれの作家はドラマの中で地域の歴史や由来を詳らかにはせず、分かる人には分かるように、登場人物とその土地の関係を仄めかすだけにとどめた。

笠原和夫は『博奕打ち 総長賭博』（六九年、山下耕作監督）の主人公中井信次郎（鶴田浩二）に「大坂西浜組の宇市郎親分から盃を頂いて渡世の道に入った」と名乗らせ、中井の出自が「西濱」という被差別部落（一九二二〈大正十一〉年に「西濱水平社」が開設され、大阪の部落解放運動の拠点となった）であることを暗示した。また、笠原は『仁義なき戦い 広島死闘篇』の取材で、主人公の山中正治（北大路欣也）の親分、村岡常夫（名和宏）と山中が思慕する村岡の姪の靖子（梶芽衣子）が被差別部落出身であることを知り、部落出身の村岡が自分の姪を一般人の山中と結婚させたがっていた事実を突きとめる。しかし、笠原は「差別の問題を一般映画のなかに持ち出すことは不可能」と考え、この設定を描かなかった（笠原和夫『「仁義なき戦い」調査・取材録集成』太田出版）。また、『懲役太郎　まむしの兄弟』（七一年、中島貞夫監督）では、主人公の川地民夫がハーモニカで、軍歌「討匪行」（三二年）の替え歌である「満鉄小唄」のメロディを奏でる。

〽雨のショポショポふる晩に　ガラスの窓から顔だして　満鉄の金ボタンのパカやろう　ああ、たまされた、たまされた　五十銭金貨と思うたのに　ビールびんの栓かよ、たまされた

という朝鮮人慰安婦が客を引く春歌が画面にかぶさる。「その歌、何ちゅう歌や？」と訊く菅原文太に、川地はこう答える。「何や知らん。ガキの頃によう聴いた歌や。この歌聴いとると、女の顔が見えてくる。もしかしてお袋かも知れんな」。映画にはそれ以上の説明はなく、川地民夫が神戸の新開地出身とのみ指定した高田宏治の脚本に、中島貞夫は近辺で生まれた在日コリアンであることを暗示したのだ。

十九歳の在日詩人の批判

中島貞夫は、最終的に山下耕作監督が撮ることになる、部落解放運動家の伝記映画『夜明けの旗　松本治一郎伝』（七六年）の監督を最初に依頼され、解放同盟本部に当時、中央執行委員長だった上杉佐一郎を訪ねた。この映画を社会運動の「英雄伝」にしたがる上杉に対し、中島は「上杉さん、これヤクザものでやらしてくれ」と言った。しかし上杉は「それやんなきゃ本当は駄目だよ。だけど、駄目だ」と釘を刺したという（『遊撃の美学　映画監督中島貞夫』）。上杉は、被差別部落出身者がヤクザと隣接する存在たらざるを得ないことを知りながら、その現実を描かれたくなかったのだ。

「その問題をきちっとやんないと日本のやくざ映画の意味がないというのはどっかにあるわけですね。だけどきっちりは出来ない。匂いを出すっていうんですかね」と中島は前掲書で語っている。中島が

志向したことは、同時期（一九七六年）に竹中労が唱えた「松本治一郎その人を『博多から筑豊炭田の川筋にかけて知らぬ者のない』暴れん坊・侠客・土建業者の大親分として」捉え直す（『竹中労の右翼との対話』、現代評論社）という問題意識と重なるだろう。

東映ヤクザ映画の婉曲な表現に対して、当時十九歳の在日の詩人、帷子耀は批判を加えた。帷子は『仁義なき戦い　広島死闘篇』を観たあと、笠原和夫に鋭い舌鋒を向け、「この作品に戦後史はない。右翼、いうところの第三国人。部落民。さらには公安。これらを不明のままにして、戦後史はありえない」（『映画芸術』七三年十二月号）と論詰したのだ。この若き詩人に対し、笠原は「今度それをやりますから待っていてください」と手紙を送った、と『昭和の劇　映画脚本家　笠原和夫』で語る。

また、日本の敗戦により生まれた「戦勝窮民」（猪野健治は「戦勝国民」をこう呼んだ）は、『女王蜂と大学の竜』（六〇年、石井輝男監督）から『神戸国際ギャング』（七五年、田中登監督）に至るヤクザ映画で、物語に都合が良い、無個性な敵役として描かれた。

戦勝窮民を初めて血の通った人間として描いた映画が『男の顔は履歴書』（六六年、加藤泰監督）である。戦時中、在日コリアンの崔文喜（中谷一郎）は「柴田」という通名を名乗らされ、沖縄戦線で上官である雨宮（安藤昇）とともに戦う。終戦後、マーケットを地上げして娯楽センターを建設しようと目論む戦勝窮民の集まり「九天同盟」に助っ人として招かれた崔は、マーケットの地主であり町医者になった雨宮と再会する。「もう偽物の日本人じゃない」と本名を名乗る崔に対して、「俺にとって、お前は崔じゃなく柴田だ」と言い張る雨宮に、崔の表情は翳る。そして、戦勝窮民に捕らえられた雨宮の弟（伊丹一三）を救出するため、崔は九天同盟に立ち向かい重傷を負う。この映画では崔の気持ちの揺曳が濃やかに描かれ、崔が身に着ける黒いワイシャツと白いネクタイ（黒いワイシャツがトレードマークだった柳川次郎を想起させる）に、日本社会の陰画とされた在日コリアンの矜持が宿る。

敗戦直後の神戸における戦勝窮民と山口組の対決を克明に描いた映画が『三代目襲名』（七四年、小沢茂弘監督）である。中国人、台湾人、朝鮮人からなる戦勝窮民らはピストルや青龍刀を持ち、国鉄湊川駅を襲撃、略奪するが、ＧＨＱに拳銃を取り上げられた警察はなすすべがない。それを見かねた田岡一雄（高倉健）は、神戸市民を守るため「自警団」を結成する。戦勝窮民も田岡の首に一万円の懸賞金をつける。やがて彼らが湊警察署を襲撃するという噂が流れ、神戸市長、県警本部長、湊警察署長が田岡に警備を頼みに来る（史実を描いたこの場面に兵庫県警は激怒したと、脚本を書いた高田宏治は語る）。田岡はこれを引き受け、戦勝窮民と凄まじい銃撃戦を繰り広げる。

当時二十名余だった山口組と戦勝窮民の抗争は四八年まで続くが、「激しい争闘を通じて逆に心を通わせ、そしてあるときにはアメリカ占領軍に弾圧された朝鮮人をかくまったり逃がしたりしながら、在日朝鮮人の戦闘的分子とも交遊を結び、それらを通じて在日朝鮮人を組内に吸収していった」と宮崎学は『近代ヤクザ肯定論　山口組の90年』（ちくま文庫）で書く。

小林旭は義憤から勝負した

柳川組の柳川次郎と谷川康太郎をモデルに、在日コリアンを初めて主人公にしたヤクザ映画が『日本暴力列島　京阪神殺しの軍団』（七五年、山下耕作監督）である。日本人ではない主役をオファーされたあるスター俳優は出演を断り、東映は在日関係者からの反発を恐れた。そうした中、小林旭は何の迷いもなく主役を引き受け、こう言った。

「同じ体つき、同じ目の色、髪の毛の東洋人が国が違うだけでなぜ敵視され、差別され、虫ケラ同然に扱われるのか。イメージダウンになるという理由で出演辞退したスターもいるけど、オレは義憤を感じたね。そんな怒りを暴力という行動に移しかえてみたい。メシよりも好きなゴルフを断って勝負

する」（『シナリオ』七五年七月号）

柳川次郎がモデルの花木（小林旭）と谷川康太郎がモデルの金光（梅宮辰夫）が初めて気持ちを通い合わせる場面を、脚本家の野波静雄と松本功はこう描いた。金光が花木を襲い、逆に花木が包丁で金光の腹を刺す。花木は自分の部屋で重傷を負った金光の傷の手当てをし、自らの血を提供して点滴で輸血する。ベッドで目覚めた金光はそれに気付き、「おんどれの……おんどれの血がもらえるかッ。豚の血イの方がましやーッ……！」と日本人からの輸血を拒もうとする。花木は金光を諫め、こう言う。「安心せえ……われと俺とは同じ血イや」。それを聞き、花木を眺める金光の目がとたんに和み、眠りに落ちる――このシーンを松本功は、四日市で一緒に鉄屑を拾った幼馴染みの在日コリアンを思い浮かべながら書いた。

その後、花木と金光は山口組がモデルの「天誠会」の尖兵として、全国制覇を成し遂げる。その発端となった、柳川組が明友会（在日コリアンの愚連隊）を殲滅した「明友会事件」（六〇年）も点描されるが、実際の柳川次郎が感じたであろう「同じ民族を殺すことへの躊躇や後ろめたさ」や、事件のあと柳川組が在日社会から受けた非難を描かなかったことは脚本の瑕疵だ。

史実では、柳川組は警察の徹底的な弾圧によって六九年に解散を表明し、それが三代目山口組の逆鱗に触れて絶縁処分にされるが、映画では「花木組」は「天誠会」に使い捨てにされ、堪忍袋の緒を切った花木が天誠会の幹部（成田三樹夫）を殺す。その場面に「花木は即座に天誠会から破門された。だが、彼はすべてから破門されていたのだ」というナレーションが流れ、映画は幕を閉じる。日本のヤクザ社会からも見捨てられた花木の孤影に、日本軍の朝鮮人軍属が辿った軌跡や、一九五〇年代前半に日本共産党が主導した武装闘争路線を最前衛で担いながら、その後切り捨てられた在日コリアンの非合法組織「祖国防衛隊」の命運が二重写しになる。

東映実録ヤクザ映画はドライで殺伐とした作品が多いが、『京阪神殺しの軍団』には濃と艶がある。フジカラー独特の青緑の画面に赤がくっきりと浮き立ち、凄惨な殺害場面の背景に満開の桜が震えるように咲き誇る。

越境する民の物語

『実録外伝　大阪電撃作戦』（七六年、中島貞夫監督）は、明友会事件を山口組―柳川組側からではなく殲滅させられる明友会側から描き、チンピラが巨大組織に立ち向かうドラマにした。実録ヤクザ映画は『仁義なき戦い』が名高いが、『京阪神殺しの軍団』と『大阪電撃作戦』の「大阪在日コリアン二部作」の方がヤクザにならざるを得なかった者の哀しみが惻々と伝わる。

『やくざの墓場　くちなしの花』（七六年、深作欣二監督）で笠原和夫は帷子耀に応えた。刑事の黒岩（渡哲也）を「満州からの引き揚げ者」に、ヤクザの岩田（梅宮辰夫）を「在日朝鮮人」に、ともに戦後の繁栄に違和感を持ち、歴史から弾き出された存在として描き、その二人が意気投合し、何と盃を交わすのだ。刑事とヤクザが、日本人とコリアンが兄弟分になるヤクザ映画など前代未聞だろう。

多くの東映ヤクザ映画や韓国映画において、在日コリアンがヤクザとして描かれる紋切型を覆したのが、高田宏治の脚本による『新・仁義なき戦い。』（〇〇年、阪本順治監督）である。韓国人（布袋寅泰）が堅気の実業家になり、日本人（豊川悦司）が極道になるのだ。

日本映画でもっとも影の深い在日コリアンヤクザが登場する作品が『アウトレイジ　最終章』（一七年、北野武監督）である。日韓の政財界に影響力を持つフィクサー、張大成を、『統一日報』（在日コリアン向けの新聞）の会長を務めた実業家の金田時男が演じた。張は、修行僧のような佇まいと哀しみと含羞を湛え、画面から麝香が漂う。アジアの大人的風格を持つ張は、北野武が描いたもっとも魅力的なヤクザといっていいだろう。

このように日本の映画作家たちは表現の限界を押し広げ、近現代史の闇に迫ろうとしてきた。しかし、こうしたヤクザ映画以上に在日コリアンをピカレスクに、胡散臭く、しかし魅力的な存在として描いたのが、『タクシー狂躁曲』(八一年、筑摩書房。のちに『月はどっちに出ている』〔九三年、崔洋一監督〕として映画化)や『夜の河を渡れ』(九〇年、筑摩書房)、『夜を賭けて』(九四年、日本放送出版協会)、『夜に目醒めよ』(〇八年、毎日新聞社)といった梁石日(ヤンソギル)の小説群だった。

大阪砲兵工廠(こうしょう)の跡地で鉄屑を盗掘して生計を立てていた在日コリアンの「アパッチ族」を取材した開高健が『日本三文オペラ』(文藝春秋新社)を書いた三十五年後に、アパッチ族の当事者だった梁石日は『夜を賭けて』で闇の内実を描いた。同様に、未来の日本映画においても「コリアンによるコリアンが主人公のアウトロー映画」が撮られるべきだろう。

映画監督の崔洋一は、明友会事件が織り込まれた、黄民基(ファンミンギ)の自伝的小説『奴らが哭くまえに　猪飼野少年愚連隊』(九三年、筑摩書房)の映画化を企画してきた。

崔　『京阪神殺しの軍団』では明友会事件が描かれてはいるものの、山下耕作をもってしても、在日という存在は実際にはあり得ない輸血のシーンで、情緒的、暗示的にしか描かれていない。では僕はどうやるか。『奴らが哭くまえに』という魅力的な作品を書いた黄民基、彼のペンネームにはアジアの血を濃縮するようなイメージがあるんだけど、僕は逆にこの原作を、コッポラが『ゴッドファーザー』でニューヨークにおけるシチリアの血を描いたように、またレオーネが『ワンス・アポン・ア・タイム・イン・アメリカ』でユダヤ人街のギャングを捉えたように、世界観を広げた、越境する民の物語としてハードボイルドに描きたい。それによって、民族的なものが消し去られようとしている時代に、何らかの痕跡を残せるんじゃないかと思うんだ。

崔はいま闘病中だが、戦後日本史に刻まれることがなかった在日コリアンのはぐれ者たちの青春が、世界に開示されるときを待ちたい。

――この回が掲載された「文藝春秋」が病室に届いてまもなく、崔洋一は逝去した。七十三歳だった。退院したら、一緒に猪飼野を歩き、崔の人生の聞き書きを始める予定だった。

深作欣二監督『仁義なき戦い』(1973 年) ©東映

フランシス・フォード・コッポラ監督『ゴッドファーザー』(1972 年)
PARAMOUNT PICTURES／Album／共同通信イメージズ

『ゴッドファーザー』と『仁義なき戦い』の「痛恨」

二〇二二年は『ゴッドファーザー』（フランシス・フォード・コッポラ監督）が、二三年は『仁義なき戦い』（深作欣二監督）が公開されてから五十周年となった。

それを機に、『ゴッドファーザー』を製作したパラマウントグループの「Paramount＋」（ビデオ・オン・デマンドサービス会社）は、『ゴッドファーザー』の製作裏舞台を描いた連続ドラマ『ジ・オファー／ゴッドファーザーに賭けた男』（二二年）を製作、日本でもU-nextで配信された。『ジ・オファー』という題名は、映画本編に登場する「けっして断れない申し出」というセリフに由来する。主人公は実際の映画のプロデューサー、アルバート・S・ラディ（マイルズ・テーラー）。彼がパラマウント社、その親会社であるガルフ&ウエスタン社、さらにはマフィアと闘いながら映画をヒットさせるまでの物語だ。コッポラ、アル・パチーノ、マーロン・ブランドのみならず、映画に関与したマフィアのジョー・コロンボまでがすべて実名で、本人に似せた姿で俳優が演じる。パラマウントが当時の自社とマフィアの繋がりを隠さず、エンターテインメントにしたことに驚かされる。

この『ジ・オファー』に対抗し、二二年、東映の若手プロデューサーたちが、『仁義なき戦い』を始めとする実録ヤクザ映画路線の歴史を脚本家高田宏治の視点で辿る連続ドラマをNetFlixとの提携で企画し、私の著作『映画の奈落　北陸代理戦争事件』（一四年、国書刊行会）が原作に選ばれ、プロットが書かれた。

『ゴッドファーザー』と『仁義なき戦い』は、ともに反社会的なマフィアやヤクザが主人公でありながら、『ゴッドファーザー』はAFI（アメリカン・フィルム・インスティテュート）や英国ゴッドファーザー映画協会が選んだ世界映画のベストテンにランクインし、『仁義なき戦い』は「キネマ旬報」の「オールタイム・ベスト映画遺産200（日本映画篇）」（〇九年）で五位に選ばれた。

二本の特異なジャンル映画が、なぜこれほどまで広範に高い評価を得ているのか。そもそも『ゴッドファーザー』と『仁義なき戦い』が七二〜七三年に立て続けに製作されたのは偶然なのか、はたまた時代の必然なのか。半世紀を遡り、それを明らかにしたい。

『ゴッドファーザー』の企画は、一九六九年に作家マリオ・プーヅォの同名小説（当初の題名は『マフィア』）がベストセラーになったことから始まった。

そもそも「マフィア」とは何者なのか——『シチリア・マフィアの世界』（中央公論社）などの著作があるイタリア近現代史の専門家、藤澤房俊に訊いた。

「シチリアでのマフィアの呼称である『マフィオーゾ』の起源は、十九世紀にシチリアの大土地所有者が小作人を管理・監視するために雇った武装集団『ガベロット』です。ガベロットは暴力と脅迫によって小作人だけでなく地主も脅し、富を蓄え、しだいにマフィオーゾと呼ばれ、政治家と癒着し、中央政府とも緊密な関係を作り上げます。彼らはムッソリーニのファシズム政権下では徹底的に弾圧されましたが、第二次大戦末期の連合軍のシチリア上陸・統治に協力することで、様々な利権を得て力を盛り返し、麻薬の輸出などで勢力を拡大していきました」

ギャング映画百年史

十九世紀末から二十世紀にかけて、多くのシチリア人が一攫千金を夢見てアメリカに渡った。その中にはマフィオーゾも含まれた。二〇年代の禁酒法（ヴォルステッド法）時代に、密造酒の製造・輸出、闇酒場（スピークイージー）や賭博場の経営、麻薬の密輸・販売などで巨万の富を蓄え、伸し上がったマフィアの中には、『ゴッドファーザー』に「モー・グリーン」として登場する、ラスベガスを作った男ベンジャミン・バグジー・シーゲルや、『PARTⅡ』の「ハイマン・ロス」のモデルであるロシア系ユダヤ人マフィアのマイヤー・ランスキーがいた。ランスキーに闇ビジネスを教えた同じくユダヤ系マフィア、アーノルド・ロススタインは、スコット・フィッツジェラルドの小説『グレート・ギャツビー』（二五年）の「マイアー・ウルフスハイム」のモデルである。ロススタインは顧問弁護士や金融ブローカーを抱えるシンジケートタイプの近代マフィアの祖と言われ、二〇年代に起きた様々な企業の労使紛争にも介入し、企業と組合の双方から金を取った。また、一九一九年のメジャーリーグベースボールのワールドシリーズでシカゴ・ホワイトソックスの主要メンバーを買収し、故意に負けるように仕組んだ「ブラックソックス事件」の黒幕としても知られる。この八百長事件については、『PARTⅡ』でハイマン・ロスがテレビの野球を見ながら懐かしそうに思い返す場面がある。

日本のヤクザとアメリカのマフィアの違いは、ヤクザが擬制の家族制度に基づく厳しい上下関係で組織を統御しているのに対し、マフィアの組織には上下関係がなく、構成員が対等であることである。そしてヤクザが一九九二年の暴対法施行までの長い間、合法的な存在として、自治体や民衆と共存してきたのに対し、マフィアはその発生当初からアメリカにおいて非合法な存在であることも挙げられる。永らく市民社会や政財界から甘い汁を吸ったあと急に社会の敵とされたヤクザに対して、その始原から徹底的に弾圧され続けて来たマフィアの組織や絆はより強固である。

マフィアは非合法組織でありながら、タブロイド紙から映画に至るアメリカ大衆文化の中で、大きな役割を演じてきた。そして、日本のヤクザ映画同様、マフィアを含めたアメリカの「ギャング映画（Gangstar movies）」は西部劇と並ぶもっとも人気が高い映画のジャンルとなった。

「アメリカ犯罪・暗黒映画の系譜」（双葉十三郎、『世界の映画作家18　犯罪・暗黒映画の名手たち』キネマ旬報社）によれば、二一年、ニューヨークのアル・カポネがシカゴに来て、またたく間に大親分になるのと軌を一にして、ギャング映画が隆盛した。ブームに火を点けたのは、血で血を洗う場面が続出する『暗黒街』（二七年、ジョセフ・フォン・スタンバーグ監督）。この映画に登場する「フェザース」と呼ばれる情婦役イヴリン・ブレントの白い羽根のストールを肩にかけたファッションや、三〇年代のジョージ・ラフトの白い皮の手袋とスパッツを身に着け、ソフト帽を目深に引き下ろしてかぶるスタイルは、当時のファッションのトレンドになった。また、ギャング自身もギャング映画を愛好し、ナルシズムを満足させ、映画のファッションに影響された。一方、ジョージ・ラフトのようにギャングと深く交際し、彼らの姿と匂いを芝居に取り込む俳優も現われた。ギャングが服装に格別に執着した理由を「ダンディズムは孤独な彼らの魂にとって一種の防御的な自己確認手段」であり、「マシンガンで自分の肉体を保護したように、高価なスーツを甲冑（かっちゅう）として自分の魂を保護したのである」と渡辺武信は書く（「虚構の暗黒街　暗黒映画の魅力」、『世界の映画作家18　犯罪・暗黒映画の名手たち』）。この指摘は日本のヤクザにも通じる。

　二九年、アル・カポネが抗争相手のバッグズ・モラン一家六名をマシンガンの掃射で皆殺しにした「聖ヴァレンタイン祭日の虐殺」あたりから、映画はトーキーの時代に差しかかる。拳銃やマシンガンの凄まじい音響が映画館に響き渡り、観客はその迫力に魅了され、ギャング映画はさらに流行した。また、ギャングの犯罪は連日新聞を賑わせて、それが映画の恰好の宣伝材料になる。ジェームズ・キャグニーやエドワード・G・ロビンスンが「ギャング俳優」と呼ばれ、ロビンスン主演の『犯罪王リコ』（三〇年、マーヴィン・ルロイ監督、原題は「リトル・シーザー」）の、「シーザー」になるというイタリア系移民の夢を抱く主人公のモデルは明らかにカポネで、「スカーフェイス」というカポネの仇名そのものを原題にした『暗黒街の顔役』（三二年、ハワード・ホークス監督）は、聖ヴァレンタイン祭日の虐殺を連想させる場面も登場し、この映画の前年に十一年の懲役を求刑されたカポネの半生をなぞった。このようにギャング映画は、ＦＢＩによって「民衆の敵（パブリック・エネミー）」として名指されたギャングや彼らが起こした事件を陸続と映画化し、そして、『暴力団』(二七年、リュイス・マイルストン監督)のように、ギャング映画は二〇年代の作品においてすでに、ギャングと警察、市政、有力な政治家との癒着にまで踏み込んでいた。

しかし、三二年にギャングのヴィンセント・コールがマシンガンで虐殺され、チャールズ・リンドバーグ(飛行士)の子供が誘拐され殺害されるなど、全米で凶悪事件が続出するに及んで、実在のマフィアをモデルにし、彼らを英雄視するギャング映画に対する世論はとたんに厳しくなる。そうした時代に対応し、各映画会社のギャング映画は、主人公が暗黒街で伸し上がるものの、最後は弾丸で蜂の巣にされるなど哀れな末路を辿る「勧善懲悪」の教訓で映画を締めくくったり、『汚れた顔の天使』(三八年、マイケル・カーチス監督)のように、幼馴染みの神父とともに非行少年の救護活動に携わるギャング(ジェームズ・キャグニー)を描くなど、ギャングを残忍ではなく、ヒューマンなキャラクターに改めるようになった。

このようにギャング映画は、歴代のギャングやマフィア——ジョン・ディリンジャー、プリティ・ボーイ・フロイド、ベビー・フェイス・ネルソン、マシンガン・ケリー、フランク・コステロなどをモデルにしつつ、時折の検閲(三〇年代にはディリンジャーら凶悪犯を映画で扱ってはいけないことになった)をくぐり抜けるために、FBI、警察、地方検事、新聞記者などを主人公にし、ギャングを敵役にするなど工夫を凝らした。

五〇年代後半から六〇年代にかけて、ベビー・フェイス・ネルソンをミッキー・ルーニーが演じる『殺し屋ネルソン』(五七年、ドン・シーゲル監督)を嚆矢とし、『機関銃ケリー』(五八年)、『悪の実力者』(六〇年)などの「実名ギャング映画」が登場したが、六〇年代のテレビの普及により、『アンタッチャブル』や『FBI物語』などのテレビシリーズの一ジャンルとなり、映画としてのギャングものはしだいに作られなくなっていく――これがアメリカのギャング映画百年史のあらましで、『ゴッドファーザー』の前史だ。

マフィアからの猛抗議

『ゴッドファーザー』の原作者、マリオ・プーヅォは一九二〇年、イタリア系移民の子供としてニューヨークのヘルズ・キッチンで生まれた。ヘルズ・キッチンは現在は瀟洒(しょうしゃ)な住宅街として知られるが、二〇年代はスラム街だった。といっても、プーヅォはマフィア出身の作家ではない。

イタリア系アメリカ人の一家を描いた『The Fortunate Pilgrim』(六五年)を読んだ出版社側から、『マフィア』が登場していたらもっと面白い本になったのに」と示唆を受け、プーヅォは徹底した調査を元に『マフィア』を書き始める。そして彼は、完成前にパラマウント映画に売り込むことに成功した。

だが、この頃、日本映画と同様、アメリカ映画も斜陽期だった。六三年にアメリカの映画館入場者数は史上最低を記録し、六〇年代後半、アメリカの大手映画会社、ユニバーサル、ユナイト、ワーナー・ブラザースは軒並み、映画の製作・配給だけでは経営を維持できず、金融、不動産、TV製作会社などを複合的に営む巨大企業の傘下に入っていった。パラマウントも危機的な経営状況にあり、六六年にガルフ&ウエスタン社(工業製品、自動車部品、製紙などを手がける多角的企業)に吸収合併され、製作本数を削減し、撮影所の一部を売却するなど合理化を図りつつあった。そうした厳しい状況下でも、重役のピーター・バートと製作部長のロバート・エヴァンズは、ヒット作を作るには優れた原作を手に入れなければならないと考え、『マフィア』にその可能性を見出し、プーヅォがこの本を書き上げるまでの足かけ三年、小切手を送り続けたのだ。このように映画を原作の企画開発から手がけるパラマウント社のやり方は、日本の角川春樹に影響を与え、七六年から始まる「角川映画」の祖型となった。

バートとエヴァンズによるサポートが実を結び、六九年、『ゴッドファーザー（名付け親）』と改題された『マフィア』はパットナム社から出版されるやハードカヴァーで五百万部、フォーセット社から出たペーパーバックでは九百万部を超える北米出版史上空前の売り上げを記録した。しかし、小説がベストセラーになった頃、パラマウントは映画製作に対する熱意を失っていた。シチリアからアメリカへ移住したマフィアの兄弟愛を描いた『暗殺』（六九年、マーティン・リット監督）がまったく当たらず、莫大な借金が残り、マフィア映画の興行価値を疑問視せざるを得なかったからだ。パラマウントはベストセラーの知名度だけを利用し、原作の舞台である四〇年代を現代に移して低予算で作ろうと考え、低予算映画の実績がある、アルバート・E・ラディに製作を、フランシス・フォード・コッポラに監督を委ねる。

複数の人物が並行して描かれた原作に対し、コッポラとプーゾォ（原作のみならず脚本も担当した）は、『ゴッドファーザー』を、マイケル（アル・パチーノ）の視点から、彼が父親のヴィトー（マーロン・ブランド）が作った組織を継承し、名実ともにマフィアの二代目になってゆく「三幕劇」として構成した。また、マフィアに買収されたニューヨーク市警の汚職警官やマフィアが歌手の興行権を握っていることなど、マフィアと警察、政財界、芸能界の結びつきを歯に衣を着せずに描いた。ここには、映画にまつわるモデルとの交渉や法的な問題をすべてチェックしクリアにしていくアメリカ映画界の実践力が窺える。

しかし、企画が発表されるや、マフィアからの猛抗議が巻き起こった。当時、アメリカにはマフィアの「五大ファミリー」があったが、そのひとつでニューヨーク・ブルックリンのボス、ジョーゼフ・コロンボが「映画化がイタリア移民への侮蔑と差別を助長する」として、「イタリア系アメリカ人公民権連盟」を組織、「映画化即時中止」を求めてきたのだ。同時に、パラマウントの親会社のオフィスに爆弾を仕掛けたという脅迫があり、プロデューサーのアル・ラディの秘書の車がマシンガンで穴だらけにされるなど威嚇行為が続いた。そうした中、ラディはコロンボの前に連れて行かれ、映画化は許さないと断言される。しかし、ラディは、自らもユダヤ系移民であり、イタリア系移民の尊厳を損なう意図はない、と主張。コロンボと粘り強く交渉し、「マフィア」と「コーザ・ノストラ」の文字を脚本から削除し、五大ファミリーについても明示は避けることを提案。加えて、コロンボの息子の親友であるラスベガスのナイトクラブの司会者を、ドン・コルレオーネ（マーロン・ブランド）の女婿（カルロ・リッチ）役に抜擢することでコロンボを懐柔した。以降、コロンボはラディを信頼し、ラディが、コルレオーネ家として使いたいロケ先の所有者が貸し渋っているとコロンボに言うと、コロンボはただちにその所有者を脅迫して、映画に使わせた。しかし、イタリア系アメリカ人公民権連盟の総会にコロンボがラディを招き、壇上で二人が写真を撮られ、それがマスコミに流布したことからラディの立場が危うくなる。撮影初日、上場会社のガルフ&ウエスタンとマフィアとの関係が報道されて大問題となり、ガルフ&ウエスタン社のオーナー、チャールズ・ブルードーンはラディを解雇する。その知らせを聞いたコロンボは撮影を妨害し、コッポラは慌ててラディを現場に戻すよう親会社に請願した。

その間、撮影監督のゴードン・ウィリスは、「四〇年代のニューヨークの空気感」をゴールデン・アンバー（琥珀色）の諧調で表現し、コッポラは、コルレオーネ家をあたかもメディチ家のように、マフィアの抗争をオペラのように撮る。『ゴッドファーザー』の魅力は、ヨーロッパ映画的格調と、外連味たっぷりの泥臭い演出が共存しているところだ。

そして、クランク・アップ間際にジョーゼフ・コロンボが狙撃されたことが映画のパブリシティに功を奏した。

七二年三月十五日、『ゴッドファーザー』の初日、どしゃぶりの雨の中、朝八時からニューヨークの上映館の前にはブロックを一周する列ができていた。公開後に、コロンボ狙撃の報復として、コロンボの抗争相手のマフィアのボス、ジョセフ・ジョーイ・ギャロが暗殺される。マフィアの抗争は激化し、やがて一般市民に飛び火し、八月には二人の市民が誤射され、二人が重傷を負ったことから、ニューヨーク市警は三万人の警官を動員し、ニューヨーク市からマフィアを一掃しようと立ち上がった。

抗争のたびに、新聞、雑誌、テレビは『ゴッドファーザー』を引き合いに出した。マフィアの抗争と映画のヒットが併走したのだ。「私は彼らが断り切れない申し出をするつもりだ」という劇中のセリフは何百万というバッジ、マグカップに印刷され、『ゴッドファーザー』はアメリカの興行収入記録を塗り替えた。

オーストラリア、ヨーロッパに先駆け、日本では七二年七月十五日に公開された（『人生劇場　青春篇　愛慾篇　残俠篇』〔加藤泰監督〕と同日公開だった）。日本でも『ゴッドファーザー』が社会現象に、「マイケル、殺っちまいな」が流行語になり、七週間で百万人の動員を記録した。ただし、日本の映画批評家はアメリカの映画監督では、コッポラよりサム・ペキンパーを高く評価した（七二年度「キネマ旬報」ベスト・テンでは、『ゴッドファーザー』〔八位〕より、ペキンパーの『わらの犬』〔五位〕や『ジュニア・ボナー　華麗なる挑戦』〔七位〕の評価が高かった）。

「多民族統合」アメリカの国民映画

『ゴッドファーザーPARTⅡ』（七四年）は、マイケル（アル・パチーノ）がライバルを斃し、マフィア社会の頂点に上りつめるとともに家族を失う物語と、若き日の父親・ヴィトー（ロバート・デ・ニーロ）がシチリアからアメリカに移民し、マフィアとして名を成してゆく物語を一章ごとに交錯させた。アメリカの商業映画では類例がない斬新な構成だった。老若男女のどんな観客にも物語が分かるように、物語を複雑にする回想シーンと二行以上のセリフを脚本家に禁じた岡田茂社長時代の東映では、おそらくこの構成は許されなかったろう。しかし、当時のアメリカにおいても、『PARTⅡ』のテスト試写の際、観客は二つの筋が並行して進む構成に混乱し、公開直前まで編集作業が重ねられることとなる。

『PARTⅡ』は、五〇年代にマフィアがアメリカの司直の捜査が及ばないキューバで、バティスタ政権に賄賂を贈り、賭博とホテルビジネスで巨額の利益を得るが、五八年のキューバ革命でその資産がすべて接収される様子を、マフィアや事業家のモデルが特定できるように描いた。

この映画の白眉は、革命直前のハバナでの、マイケルと「陰謀と駆け引きの天才」といわれたユダヤ人マフィア、ハイマン・ロスとの立て引きである。ロスを演じるのは、ブランド、パチーノ、ポール・ニューマンなどを育てたアクターズ・スタジオの主宰者リー・ストラスバーグ（当時七十四歳）。ロスは、前作で親友のモー・グリーンをマイケルに殺された恨みから、マイケル宅にマシンガンを乱射し、幹部の命を狙う。しかし、マイケルからキューバの事業への出資を引き出したい思惑もあり、ハバナを訪ねたマイケルを「君がわしの後継者だ」と歓待する。にこやかに振る舞いつつ、眼裏に底知れない冷たさを湛えたストラスバーグの芝居が本作の見どころである。

「部下を殺したのは誰だ？」とマイケルに詰問され、ロスは、マイケルに親友を殺されたときの自らの心境を打ち明ける。「（グリーン殺害の）話を聞いたとき、わしは怒らなかった。そして自分に言い聞かせた。これが自分で選んだビジネスなんだ。誰が命じたかは聞くまいと。なぜなら、そんなことはビジネスとは関係がないからだ」。このセリフには、ひとつの稼業を選び、その稼業に生きる者の覚悟が宿る。そう言いながらも、マイケルの命を狙ったところに、ロスの癒やしがたい哀しみとマフィアの冷酷さが垣間見える。マイケルはロスから「治者」になるためのマキャベリズムと孤高を学び、やがては目の上のたん瘤であるロスを殺す。アル・パチーノは、実父であるマーロン・ブランドを失い、もうひとりの父であるリー・ストラスバーグに手をかける。『ゴッドファーザー』二部作は、マフィア社会における皇位継承劇なのだ。

しかし、そうしたマフィア社会の物語であることを超えて、『PARTⅡ』が描いたイタリア系移民の苦闘の歴史はマイノリティたちの共感をも集め、一九七六年の建国二百年祭（バイセンテニアル）に向けて「多民族統合」に向かおうとするアメリカで、『ゴッドファーザー』二部作はいわば「国民映画」になる。

バチカン法王庁の闇に斬り込む

前作から十六年後に製作された『ゴッドファーザーPARTⅢ』（九〇年）は、六十五歳になったマイケルがビジネスの合法化を目指し、これまでの罪を懺悔（ざんげ）し、壊れた家族との絆を取り戻そうとする物語に、バチカン法王庁のスキャンダルが絡む。コッポラは、七八年に実際に起きた、在位期間がわずか三十三日での法王の急死を、バチカン内の守旧派による「毒殺」と設定し、八二年のバチカン銀行の資金運用を担当していたアンブロシアーノ銀行頭取の自殺を、マイケルが大司教に支払った資金を彼が持ち逃げしたために「処刑」されたとし、人物や企業のモデルがすべて特定できるように描いた。

天皇、四大銀行、宗教などタブーが多い日本で、ヤクザ映画が差別問題や政財界との関わりを描くとき、否応なく暗示的な表現となるのとは対照的だ。

『PARTⅢ』は、前二作に比べて脚本が練られておらず、人物描写も物足りない。しかし、脚本の弱さを補って余りあるのが、マフィアとバチカンの血で血を洗う闘争で、闘争場面になるとたんに映画のボルテージが上がる。とりわけラストシークエンスには息を呑む。三角関係の縺れから決闘と殺人が起こる、ピエトロ・マスカーニのオペラ『カヴァレリア・ルスティカーナ』の上演と、バチカン関係者やコルレオーネに敵対するマフィアの殺戮のクロス・カッティングの美しさ。

そして、血のオペラのフィナーレの幕を下ろすのが、イタリアの鬼才監督、ピエル・パオロ・パゾリーニの『アッカトーネ』（六一年）の主演男優フランコ・チッティである。チッティは第一作ではシチリアにおけるマイケルの護衛を演じたが、『PARTⅢ』ではその十八年後の姿として、親分を殺されたシチリア・マフィアを演じ、復讐のために銀行家の首をかき切る。フランコ・チッティはもともとプロの俳優ではない。一九五〇年代初頭、社会からもさらに共産党からも放逐されてはぐれ者となったパゾリーニがローマのスラム街に沈潜していた時期に知り合った、前科持ちの、まさにアッカトーネ的、ラッツァローネ的な友人であった。

現代史の闇に斬り込んだ果敢さとオペラ的な構成の見事さにおいて、『PARTⅢ』は三部作の見事な完結篇であると思えるが、批評も興行成績も前二作に遠く及ばず、コッポラは二〇二〇年に『PARTⅢ』を再編集し、弱点を補って再公開した。

第三部が前二作に比べ観客の支持を得られなかったのは、「冷酷非情なマイケル」に魅せられた観客が「報いを受け、罪の意識に苦しめられるマイケル」の姿を見たくなかったこと、そして、マイケルの家父長的な男性優位主義は九〇年代にはすでに時代遅れで抑圧的なものと感じられたからだろう。

七二年春、東映京都撮影所で『ゴッドファーザー』をアメリカで観てきた高倉健がプロデューサーの俊藤浩滋に「凄い映画だ」と興奮してしゃべっていた、と脚本家の高田宏治は証言する。日本でもっとも『ゴッドファーザー』に衝撃を受け、これを超える日本映画を作ろうと考えた映画人が俊藤浩滋だった。

一方、深作欣二は『映画監督　深作欣二』（深作欣二、山根貞男共著、ワイズ出版）の中で、『仁義なき戦い』への『ゴッドファーザー』の影響を山根に訊かれ、「『ゴッドファーザー』には痛恨という感覚はあまりなかった」「『仁義なき戦い』を撮るとき、そこがいちばん違うところだろうなと思ってました」と答えている。

『仁義なき戦い』における「痛恨」とは果たして何なのか。その意味を探りながら、『仁義なき戦い』五部作の軌跡を辿ってみよう。

『仁義なき戦い』は、戦後の広島を舞台に起きた苛烈な暴力団抗争「広島抗争」の当事者の一人であった美能組組長、美能(みの)幸三が、六五～七〇年に網走刑務所に服役中、原稿用紙七百枚に及ぶ手記を書いたことから始まった。

美能が獄中手記を書き始めたきっかけは、「文藝春秋」一九六五年四月号に掲載された、中国新聞報道部記者の今中亙による記事「暴力と戦った中国新聞」を獄中で読んで、事実と異なる内容だと腸(はらわた)が煮えくり返り、口惜しさを感じたからだ。

丸裸の存在としてのチンピラ

六年の歳月をかけて美能が書いた手記を入手した「週刊サンケイ」編集部は、作家飯干晃一に手記の整理と当時の状況の加筆を依頼し、七二年五月十九日号から飯干によるノンフィクション『広島や

くざ　流血20年の記録　仁義なき戦い』を四十六回にわたって連載した。編集部が付けた『仁義なき戦い』という題名に対し、「ワシは一貫して『仁義ある戦い』をやってきた」と美能はクランクイン寸前まで抵抗し続けた。

東映関係者は連載開始前に美能の原手記を読んでいた。脚本家の笠原和夫とプロデューサーの日下部五朗が原作者の飯干のところへ「麻薬Gメン」映画の企画で相談に行った際に、飯干に「これは面白いよ」と美能の原手記の複写を読まされ、日下部が広島出身の岡田茂社長の了解を取り付けたのだ。七二年十月。東映東京撮影所で『人斬り与太　狂犬三兄弟』の録音を終えたばかりの深作欣二は、俊藤浩滋から『仁義なき戦い』をやる気はないか、と打診される。それまで深作は『日本暴力団　組長』（七〇年）しかヒット作がない監督だったが、『現代やくざ　人斬り与太』『人斬り与太　狂犬三兄弟』（ともに七二年）を観た俊藤は、いままでの任侠映画とは真逆の、おのれの欲望のままに生き、堅気を脅し、女性を犯し、弾丸が当たると「医者だ、医者だ！」と絶叫する丸裸の存在としてのチンピラ（菅原文太）を造形した深作に瞠目した。そして、撮影中に起きた連合赤軍事件に触発されて、『現代やくざ　人斬り与太』のラストをすかさず文太の「籠城」シーンに変えた深作に「現代的」なヤクザ映画の可能性を見出したのだ。

笠原和夫が第一作の執筆依頼を受けたのは七二年九月である。七二年はアメリカ映画同様、日本映画においても転形期にあたり、前年に大映が倒産、日活が経営不振により一般映画の製作をやめ「ロマンポルノ」路線に方向転換、東宝も本体での製作を中止し、興行収入がトップの東映も十年続いた着流し任侠映画がしだいに当たらなくなって次のヒットシリーズを探し求めていた。笠原自身も『純子引退記念映画　関東緋桜一家』（七二年、マキノ雅弘監督）のあと企画が実現せず、鬱々とする中、『仁義なき戦い』の脚本を書いてみないかという俊藤からの注文を、渡りに船と引き受けた。

しかし、オファーされたとき、原作はまだ連載中で未完。広島では抗争が燻ってており、モデルになったヤクザの反撥が予想された。「広島やくざがうるさいから、当事者に取材なんかせず、パッとホンを纏めて、チャッと撮って、正月第二週あたりの添え物で、ノン・スター、一時間十分くらいの尺の白黒映画でやりたい」（笠原和夫著『映画はやくざなり』新潮社）と当初、東映は考えていたが、「それじゃ、いいものは書けない」と、つねに徹底した取材を行なう笠原は日下部を伴って広島県呉市に赴き、美能幸三に会う。

「弾はまだ残っとるがよう」

当初は「映画人は信用ならない」と取材に応じなかった美能だが、笠原が大竹海兵団の後輩だと知って心を開き、事件の真相を打ち明けた。笠原は「広島抗争」の発端となった「呉の事件」（山村組長に造反した佐々木哲彦組長が射殺された事件）だけならまとめられると考えた。

後世の語り草になる、「あんた、初めからわしらが担いどる神輿じゃないの。組がここまでなるのに、誰が血流しとるの。神輿が勝手に歩けるいうんなら歩いてみいや、のう！」「狙われるもんより狙うもんの方が強いんじゃ」「山守さん……弾はまだ残っとるがよう」といった名台詞は原作になく、すべて笠原が取材で拾い、磨き上げたものだ。第一部は、美能幸三をモデルとした広能昌三（菅原文太）を狂言回しに、佐々木哲彦をモデルとする坂井鉄也（松方弘樹）、大西政寛（「悪魔のキューピー」）をモデルとする若杉寛（梅宮辰夫）が等分の比重で描かれる青春群像劇となった。この第一部に、殺伐とした第三部、第四部にはないリリシズムが漂うのは、悪辣な親分と袂を分かち、仲間を設立発起人にし、「したいことが自由にできる組を作り直す」夢を坂井鉄也が抱き、それが潰えるまでが描かれているからだ。

登場人物のなかで出色なのは、金子信雄が怪演した山村辰雄がモデルの山守義雄である。山守は『ゴッドファーザー』のヴィトー・コルレオーネの対極にある狡猾卑劣な親分で、恫喝、泣き落とし、奸計を自在に駆使して、対立するヤクザのみならず子分を次々殺してゆく。山守の人物像のもっとも重要な点は、彼が「やくざではなかったこと」と笠原は『「仁義なき戦い」調査・取材録集成』で書く。

『仁義なき戦い』は親分とか仁義に幻想を抱く純粋な若者たちが、親心などつゆほどもなく平然とウソをつく「やくざですらない親分」に翻弄され、続々と犬死してゆく悲喜劇である。戦中派の笠原は、第二次大戦中の無責任な戦争指導者と山守を重ね合わせていた。

深作欣二は大部屋俳優の一人一人の名前を覚え、セリフのない脇役にも「とにかく前に出ろ!」と指示し、主役も脇役も関係なく互いの存在感を競わせた。

『仁義なき戦い』シリーズは関係者がいる広島ではロケができず、タイトルバックの原爆ドームや第二部の「原爆スラム」のシーンを除いて、大半を京都市内で撮影した。警察の許可が下りない場所も多く、撮影所で芝居をリハーサルしたあと、現場でぶっつけ本番でゲリラ撮影し、時には通行人に本物のヤクザが凶器を振り回し暴れていると思われて一一〇番通報され、進行主任が逮捕されたこともあった。

七三年一月十三日、『仁義なき戦い』は『女番長(スケバン)』(鈴木則文監督)との二本立てで封切られる。東映最大の直営館、梅田東映には遅い回になればなるほど客が詰めかけ、深夜興行に入ると立ち見客が出て、「床にスポーツ新聞を敷いて座ったホステスとバーテンのカップルが肩を揺すってスクリーンに見入っていた」(当時の梅田東映の支配人の証言)。縦、横、斜めに揺れ動く手持ちキャメラ、衣裳も生きざまも極彩色のヤクザたち、闇の戦後史に響き渡る津島利章の音楽が、観客をしたたかにグルーヴさせたのだ。

一月二十二日、それまで東映任俠映画を「ヤクザ礼賛」と批判的に捉え、取り上げることがなかった「朝日新聞」が夕刊に珍しく『仁義なき戦い』の映画評を載せた。「古い〝ヤクザ物〟脱皮　面白さは一級の娯楽作」と題された堀英三の映画評は「アメリカ映画の〝実録〟ヤクザ映画『バラキ』よりはるかにおもしろい」「旧来のヤクザ映画にキッチリと引導をわたした」と絶賛した。『仁義なき戦い』は東映ヤクザ映画で初めて、批評家が支持する映画になったのだ。しかし深作欣二は、批評家よりも、鬱屈して生きる自分の映画の観客たちの方が大事で、彼らと共感を分かち合いたい、と『野良犬の怨念　菅原文太』（田山力哉責任編集、芳賀書店）で語った。

七二年十二月二十一日、『仁義なき戦い』の撮影中、笠原和夫は日下部五朗から『仁義なき戦い　広島死闘篇』の執筆依頼を受ける。東映は第二部をゴールデンウィーク初日の四月二十八日に封切りたいという。『仁義なき戦い』は劇場主たちの期待値が高く、会社は第一部の興行成績が出ないうちに早々と続篇の製作を決めたのだ。

犬死にの群像劇

会社は「広島抗争」を描けと言うが、笠原はそれを拒む。プログラムピクチャーを永年書き続けてきた経験からこう考えたからだ。複雑怪奇な「広島抗争」を描くには、取材も時間も足りない。第二部はいったん、第一部のラストより前の時期を扱い、東映固有のお客さんに向けて、第一部のような集団・群像劇ではなくひとりの主人公の情念を描き、前作では薄かった人情面での突っ込みを深くしたい――。かくして『広島死闘篇』は原作『仁義なき戦い』の第二章「岡組対村上組」に少しだけ記述のある山上光治（映画のなかでは山中正治）という二十四歳で自殺したヤクザを主人公にした、シリーズの「番外篇」となった。

広能（菅原文太）を完全に狂言回しにし、山中正治（北大路欣也）の敵役として呉のテキ屋、村上正明がモデルの大友勝利（千葉真一）が登場する。

戦争をひきずる山中と対照的に大友はアプレゲール（戦後派）だ。「わし等うまいもん喰ってよ。マブいスケ抱く為に生まれてきとるんじゃないの。それも銭がなけりゃアできやせんので。ほうじゃけん、銭に体張ろう云うんが、どこが悪いの⁉」と捲し立てる千葉真一の大友勝利は、シリーズで一、二を争う人気の役柄となった。

『広島死闘篇』に笠原の四部作のなかで例外的なロマンティシズムが漂うのは、ヤクザ映画には稀な、「戦争に行き遅れた軍国少年」山中と、「特攻隊員の未亡人」靖子（梶芽衣子）との「恋情」が描かれているからだ。

第二部は七三年四月二十八日に封切られるが（併映は『狂走セックス族』〔皆川隆之監督〕）、「都内の各映画館はドアが閉め切れず、半開きのまま。あふれた観客はロビーのテレビで競馬を見ながら入れ替えを待っている。かつての昭和三十三年当時の映画全盛時代を思わせる」（『日刊スポーツ』七三年四月二十九日）ほどの大ヒットとなり、東映は日本各地の暴力団抗争を描く「実録ヤクザ映画路線」へと舵を切った。

笠原和夫は当初、第三部を「完結篇＝最終作」と考えていたが、七三年五月、『仁義なき戦い』のシリーズ化を目論む東映社長岡田茂は、「広島抗争」を第三部、第四部に分けて描いてくれと笠原に命じ、九月二十九日に第三部『代理戦争』を『番格ロック』（内藤誠監督）を併映に、翌七四年の一月十五日には正月第二弾として第四部『頂上作戦』を『女番長　タイマン勝負』（関本郁夫監督）を併映に封切ることを決める。

笠原は第三部を「抗争に至るまでの内紛劇」、第四部を「抗争の顚末」に分け、いよいよ「広島抗争」に足を踏み入れざるを得なくなる。

七三年五月、笠原は広島に再取材に行くが、「広能昌三」のモデルである美能幸三と「武田明」のモデルである服部武（映画では小林旭）の間で抗争に関する見解がまったく異なった。当時敵同士だった二人はそれぞれの視点で抗争を語り、真実は「藪の中」の様相を呈したのである。加えて自分のために犠牲になった子分のことに質問が及ぶと、二人は貝のように口を閉ざした。

笠原は抗争の実態を知るために何度も広島取材を重ねるが、納得できる真相に行き着かず、「矛盾」や「相違」をはらんだままの情報を年譜と人脈の系図にまとめ上げる。しかも、第三部の「広島村岡組の跡目をめぐる打本組と山守組の神戸明石組（モデルは山口組）を巻き込んでの争い」には、第一部や第二部のような情感がなかった。権謀術数が渦巻く政治ドラマとしか言いようがなく、爽快なアクションを期待して観に来る東映の男性客の溜飲が下がる要素も見当たらず、笠原は九十日をかけて不安なままに擱筆した。

しかし、その脚本をもとに、加藤武が、その優柔不断さのために抗争を激化させる親分打本昇を演じ、日活映画のスター小林旭も新規参入し、川谷拓三、渡瀬恒彦らの脇役も文太や旭に食らいついた。彼らのエネルギーを余さず深作欣二は画面に叩き込み、その結果、『代理戦争』は前二作を上回るヒットとなった。

第四部は第三部に続いて、かつての「野良犬たち」が権謀術数に長けた大幹部に成長し、腹の探り合い、電話でのかけ引きをしているうち、かつての自分たちのような若者たちが跳ね上がり犬死するという諧謔的な群像劇である。主役の広能昌三らはいずれも組長クラスに昇格していて抗争の現場には出て来ず、若者たちが血なまぐさい抗争を繰り広げる。

第四部のラストは屈指の名シーンと言える。死者十七人、負傷者二十余人を出した二十年にわたる広島抗争の末、広能は山守を倒せず、武田は抗争のために全財産を失い、二人は雪の降り込む極寒の広島の裁判所で語り合う。「間尺に合わん仕事したのう」「わしらの時代は終いで」。この余韻嫋々たる幕切れが『仁義なき戦い』四部作のフィナーレとなる。

東映社長・岡田茂の商魂

しかし、七三年十一月、『頂上作戦』の封切り前、東映本社での企画会議の席上、商魂たくましい社長の岡田茂は「まだ『完結篇』が出てないやろ」と日下部五朗に第五部の「研究」を指示し、笠原は日下部から続篇を打診される。だが「四部作でもう過去の広島抗争事件はすべて描き尽くした。あとは現在に繋がるので書けないことが多い」と執筆を断る。

この時点で『跡目争い』と仮題されていた企画は、八〇年代に『鬼龍院花子の生涯』（八二年、五社英雄監督）や『極道の妻たち』シリーズ（八六年〜）で女性が主人公のヤクザ路線を切り拓くことになる高田宏治が引き継いだ。高田は、群像劇である笠原四部作に対し、「群像劇にはカタルシスがない。一人の主人公を追うドラマの方が客受けし、大衆娯楽映画の王道や」と臍を固め、「一人の個人を主役にして、上昇志向と意地があり、ド根性を見せる奴を徹底して共感をもって書こう」と矛先を定める。

こうして『完結篇』は、北大路欣也が演ずる政治結社「天政会」の若頭、松村保が、天政会の内部紛争により瀕死の重傷を負いながら、命を賭して襲名披露を行なう主筋に、近代的なヤクザである松村を面白く思わない昔気質の武闘派ヤクザ、市岡輝吉（シリーズ三度目登場の松方弘樹が怪演）と大友勝利（宍戸錠が負けずに熱演）が刃を向ける脇筋が絡み、ラストは松村の決死の姿を見て、広能昌三、武田明の旧世代が引退を決意する。その新旧ヤクザの交代劇が『仁義なき戦い』五部作のフィナーレとなる。

しかし、この『完結篇』は「笠原和夫四部作」に見劣りすると酷評され、高田宏治に対する「笠原信者」からの容赦ない批判が続いた。しかし、批評とは裏腹に、『仁義なき戦い 完結篇』は七四年六月二十九日に公開されるや（併映は『極悪拳法』〔小沢茂弘監督〕）前四作を超えるヒットとなる。

批評家には叩かれたものの笠原四部作より客が入り、高田は溜飲を下げた。だが、しだいに「自分の手柄やない。客が拍手喝采したのは深作さんと笠原さんが造形した四部作の残影や」と苦々しさが込み上げてくる。

「笠原さんがまだやってない、自分にできることはいったい何なんだ」と高田はさらに自らに問い、観客が心情を仮託できる一匹狼を冷徹な筆致で追いつめようとしてゆく。

強き者に恭順する「自発的隷従」

『ゴッドファーザー』と『仁義なき戦い』はともに一九七二～七三年に作られた。それは六八年に始まる世界的な反乱の季節が終わり、熱狂から閉塞に向かう時代だった。この二作品は、大衆の鬱屈や潜在的な欲望を暴力描写によって解き放ち、大ヒットしたことでパラマウントと東映を経営危機から救った。ともに第一級のエンターテインメントであり、反社会的勢力の側からもうひとつの日米の近代史を描いたことが批評家に高く評価された。

しかし、二作品が示す内実は真逆と言っていい。『ゴッドファーザー』は新たなクラシックとなり、ハリウッド映画再生の端緒を開いた。一方、『仁義なき戦い』は、従来の任俠映画のスター・システムや脚本や演出をぶち壊したが、この作品から始まる「実録ヤクザ映画路線」はほどなく大衆に飽きられ、短命に終わった。

さらに重要なこととして、『ゴッドファーザー』が偉大な父親を継承する息子の物語であるのに対し、『仁義なき戦い』はろくでもない父（親分）を殺そうとしながら果たせない息子（子分）の、失敗した造反劇である。息子はしだいに父親に似てゆき、かつての父親のように自分の息子（若衆）たちを見殺しにする。

深作欣二が口にした「痛恨」とは、憎むべき父親への対峙と屈服のことであり、延いては、権力者は「仁政」を施してくれると信じて強き者に恭順する、日本人の「自発的隷従」を痛苦とともに認識することではなかったか。

『仁義なき戦い』シリーズを超えようと、高田宏治は「造反し続ける」男を描く。『新仁義なき戦い』シリーズの最終作、『組長最後の日』（七六年）において瀕死の組長（小沢栄太郎）に銃弾を撃ち込むヤクザ（菅原文太）を、続く『北陸代理戦争』（七七年）では不可侵の存在である親分に対して宣戦布告する舎弟（松方弘樹）を描いた。


さて、東映が企画した、脚本家高田宏治を主役とする実録ヤクザ映画史を描く連続ドラマの企画は、ネットフリックスの担当者が乗り気になり、最終プレゼンに進む直前に、当時の東映社長の鶴の一声で中止となった。「かつての東映の黒い歴史をよみがえらせることは、私が社長のうちは許さない」。

高田宏治はその社長の言葉を伝え聞き、その晩、一睡もできなかった。笠原和夫や深作欣二や自らが命を削って作ってきたヤクザ映画を、「黒い歴史」とひと言のもとに否定されたことが口惜しかったわけではない。情けなかったのだ。マフィアと取引したことも自社の歴史と認め、それをエンターテインメントに昇華したパラマウントと、ヤクザとべったりだった過去をひたすら隠蔽したい東映では、考え方が百八十度異なる。それは二社の経営方針の違いを超え、アメリカ映画と日本映画のヴァイタリティ、そしてアメリカと日本の過去への態度を図らずも象徴していた。

山下耕作監督『山口組三代目』（1973 年）©東映

日本最大の任侠組織を描いた映画
——山下耕作『山口組三代目』

本章のテーマは、東映実録ヤクザ映画にとって欠かすことができない「山口組映画」である。

一九七三年八月十一日。全国の東映系封切館で、日本最大のヤクザ組織の組長、田岡一雄の自叙伝を映画化した『山口組三代目』（山下耕作監督）が公開された（併映作は『夜の歌謡シリーズ なみだ恋』［斎藤武市監督］）。当時小学生だった私は、通学路にあった劇場の看板の前を通るたび、見てはならないものを見た気がした。小学生でも知っている「山菱の代紋」とあの高倉健が並んでいたのだ。暴力団排除条例が施行された現在では考えられないこの大胆不敵な映画は、七三年の時点でもマスコミに叩かれたが、この年の一月と四月に公開された『仁義なき戦い』『仁義なき戦い 広島死闘篇』（ともに深作欣二監督）を上回る観客動員を記録した。

『山口組三代目』の続編『三代目襲名』（七四年、小沢茂弘監督）から、『山口組外伝 九州進攻作戦』（七四年、山下耕作監督）、『実録外伝 大阪電撃作戦』（七六年、中島貞夫監督）、『北陸代理戦争』（七七年、深作欣二監督）といった「外伝」を経て、山口組映画の集大成『日本の首領（ドン）』三部作（七七〜七八年、中島貞夫監督）に至る東映の「山口組映画」をもっとも多く書いた脚本家の高田宏治は当時、「ヤクザ」や「ヤクザ映画」をどのように考えていたのか——現在八十八歳の高田に改めて訊いた。

高田 尾崎士郎の『人生劇場 残侠篇』（一九三六年）で飛車角がこう言うんや。「私は人を斬るときには必ず斬られることを覚悟しています。闘争の結果が殺人になっても、制裁の刃が人を傷つけることがあっても、殺す必要のない相手を殺したことは一遍だってありません。刃の林の中で斬り死にをすることが、私の本望です」。これこそがヤクザの本質やと僕は思う。誰もが自分の心に正義を持っている。けれど現実の社会では、我慢ならない、制裁されて当然という相手がいたとしても、法の力に頼るしかなく、法には逃げ道があるから泣き寝入りせんならんことがままある。飛車角が言うように、自分の法に従い、死を覚悟で正義を貫くのが真のヤクザや。

そんなヤクザが人間本来の野性や怒りを刃にのせて闘う姿を見せ、日頃窮屈な法に縛られ鬱屈して映画館に来る観客に快哉を叫ばせ、刃の林の中で斬り死にする快感を体験させるのがヤクザ映画やねん。

東映任侠映画は人殺しをした者が自らの美しい死を願う劇でもある。それが十年近く続いて、お客さんに飽きられた頃、任侠映画を全否定して、「任侠ものに出てくるヤクザなんているはずないやろ。そこらにゴロゴロおるヤクザを映画にせなおもろないで」とコペルニクス的転回を図ったのが『仁義なき戦い』から始まる実録ヤクザ映画やねん。そこらにいる利己的で打算的なヤクザを描いて何が面白いんや、わざわざお客さんに金を払わせ、劇場まで足を運んでもらうこともないやろ、と当初は思ったが、実録ヤクザ映画にも美味しい劇のネタはいっぱいあった。

条件は仮名ではなく実名で

東映は極めて変わり身が早い映画会社である。実録ヤクザ映画が思わぬ大当たりを取ったことから、社長の岡田茂は、任侠映画の製作と鶴田浩二や高倉健の起用を即座に止める。戦前の神戸の名侠客、大野福次郎に可愛がられ、任侠映画の一時代を築いたプロデューサーの俊藤浩滋は『仁義なき戦い』の企画に名を連ねながら、任侠映画の衰退と岡田茂の決断には我慢ならなかった。そこで俊藤は『仁義なき戦い』を超える企画として、日本最大のヤクザ組織を作り上げた男、山口組三代目田岡一雄の自伝に白羽の矢を立てる。俊藤は三代目をこんなふうに捉えていた。

「当時、山口組三代目という親分に対しては、たとえていうなら、一般の人にとって一種のカリスマ的存在——普通の主婦でも、幻みたいな感覚で興味持っとったわけ。山口組の記事は、もうずっと週刊誌から何から毎日のように出るくらいやったですからね。三代目の映画をやれば、興行的には絶対成功すると思ってた。そこで僕は高倉健を連れて、三代目のところへ映画化のお願いに行ったわけです」（山平重樹『実録ヤクザ映画で学ぶ抗争史』ちくま文庫）

俊藤が言う「山口組の記事」を他社に先がけて掲載したのが徳間書店である。六五年の「アサヒ芸能」の大特集「異色ルポ〝戦後最大の実力者〟田岡親分の入院」に続いて、六七年にカルチャー・マガジン「月刊タウン」に、栗原裕、溝口敦を始めとする特別取材班が一年かけて関係者に取材を行なった「日本一山口組の政治と犯罪」を掲載。この記事に加筆した溝口敦の『血と抗争　山口組ドキュメント』（六八年、三一書房）が山口組関連書籍の嚆矢となる。この本を参照し深作欣二が『血染の代紋』（七〇年）を撮ったことは第十章ですでに述べた。

さらに「アサヒ芸能」は、七〇年五月に元読売新聞社会部の記者、飯干晃一を抜擢し「山口組三代目」の連載を開始。それをまとめた『山口組三代目　野望篇』（七〇年）、『同　怒濤篇』（七一年、ともに徳間書店）がベストセラーになったことから、東映が映画化しようと動くが、広域暴力団一掃の世論に押されて取り止める（七二年五月に「週刊サンケイ」で連載が始まった「広島やくざ・流血20年の記録　仁義なき戦い」〔飯干晃一著〕を東映は映画化した）。そんな折、警察の内部資料に基づいて書かれた飯干の『山口組三代目』を田岡一雄は「事実誤認が多い」と気に入らず、それを聞いた徳間書店はさっそく田岡自身に自伝の執筆を持ちかけた。

七二年十月。「アサヒ芸能」で「山口組三代目　田岡一雄自伝」の連載が始まる。担当編集者だった松園光雄によれば、松園は足繁く神戸市灘区の田岡邸を訪問し、一日三時間、一週間ぶっ通しで田岡に喋ってもらい、それをテープに録（と）った。田岡の記憶が曖昧な部分はフミ子夫人が補足し、さらに不明な点は田岡が若頭を次々に呼んで確認するという手順で聞き書きは進められた。

『徳間書店の30年　１９５４－１９８３』（八四年）によれば、田岡は話が一段落すると、防弾ガラスのキャデラックに松園らを乗せ、三宮まで田岡の大好物のフグ料理を食べに行った。「肝は三切れ以上食べるとしびれる」と言いながら、田岡は夫人の目を盗んでは五切れ、六切れと食べたという。

七三年、俊藤浩滋と高倉健を前にし、田岡一雄は自伝の映画化を承諾する。ただしひとつだけ、「自分も家内も幹部も全部、仮名ではなく実名で出してくれ」と条件を付けた。同じ頃、岡田茂も田岡の長男の田岡満（芸能事務所経営者）を通じて三代目の映画化を打診しており、俊藤と岡田は、互いのわだかまりを解き、共同で『山口組三代目』の製作に当たった。

岡田茂はまた、徳間書店社長徳間康快（やすよし）に呼びかけ、「アサヒ芸能」に連載中だった「田岡一雄自伝」と映画『山口組三代目』を連動させた。

田岡一雄のシビアな感想

同じ頃、大阪ローオンレコード（浪曲・河内音頭・歌謡曲のインディーズ・レーベル）社長加藤精一も「田岡一雄自伝」の浪曲化を企画し、初代京山幸枝若に「三代目に許諾をとってほしい」と頼む。「俠客もの」が十八番（おはこ）の幸枝若は毎年、田岡邸で行なわれる山口組の盆踊りに招かれ、三代目とは懇意だった。田岡は幸枝若からの申し出に「自分の汚いところも包み隠さず描く」ことを条件に了承し、ローオンレコードが手配した脚本家が田岡から聞いた話をまとめ、幸枝若が浪曲を唸って録音。七四年、浪花節LP『田岡一雄自伝　山口組三代目』が発売された、と二代目幸枝若は語る。「一雄少年期」「二代目山口登との出会い」の二席からなる約一時間のLPを聴いてみると、社会の最底辺から生まれ、下層の人々によって担われた浪花節が、その持てる力で最下層から這い上がった田岡一雄の半生を謳い上げた名盤である。なかでも広沢虎造の節と幸枝若の啖呵（台詞）が掛け合いになる、神戸新開地の「大正座」での虎造公演のくだりが白眉だった。

映画『山口組三代目』は「実録ヤクザ映画」と銘打たれているが、印象は京山幸枝若の浪花節に近い、古典的な任侠映画である。高倉健が情誼に厚い理想的なヤクザを演じ、任侠映画の主軸を担った監督山下耕作が高倉健の立ち回りを美しく様式的に撮った。俊藤浩滋は、田岡や山口組を少しでも悪く描けば、田岡の周囲から必ず文句が付くことを想定し、細心の注意を払ったのだ。

山口組関係者から広沢虎造まですべて実名で登場するというセンセーショナリズムと、山口組におもねったと思われても仕方がないほど三代目を立派なヤクザとして描く内容の「塩梅」のほどに、名プロデューサー俊藤浩滋の優れたバランス感覚の反映が見られるが、それはまた、羊頭（実録映画風の印象）を掲げ、狗肉（ヤクザの美談）を売るこの映画の限界でもある。

映画『山口組三代目』は、赤貧の少年時代を送った田岡一雄（高倉健）が、「クマ」と呼ばれた喧嘩の強いクスボリから、一九三〇年代に神戸港の下層労働者になり、港湾労働者の供給業者にまで伸し上がった山口組二代目の山口登（丹波哲郎）に拾われ、労働者の派遣業と浪曲の興行を生業とする一家の三下として厳しい修業に耐える。そして登を襲撃しようとした大長八郎（菅原文太）を斬殺し、服役する場面で映画は幕を閉じる――。

村尾昭の脚本はこのように三十五歳までの田岡を過不足なく描くが、脚本には山口組が神戸の下層社会から生まれた理由や、山口組と底辺労働者の関係が描かれていない。山口組の結成（一九一五年）の三年後に起こった米騒動では、山口組が民衆とともに決起し大きな役割を担い、昭和初期の労働争議では組合潰しには回ることなく、末端労働者の側に身を置き労使の仲介役を果たしたと猪野健治は『山口組概論――最強組織はなぜ成立したのか』（ちくま新書）で書いている。

田岡一雄は映画についてシビアな鑑賞眼の持ち主で、娘の由伎とともに町の映画館で『山口組三代目』を観た際、こう感想を漏らしたという。「きれいすぎるなぁ。事実を、いくら事実通りに描いても、きれい過ぎると信じがたくなるかもしれんなぁ」「ヤクザがきれいに、人間的に描いてあると、あれは作り話やと、思われるのやろうなァ」（田岡由伎『お父さんの石けん箱』ちくま文庫）

しかし、『山口組三代目』は『仁義なき戦い』を超える大ヒットとなり、東映は以降、「山口組映画」を陸続と作り続ける。

高田宏治は『山口組外伝　九州進攻作戦』で初めて実録ヤクザ映画路線に参入した。

山口組とマイノリティ

この映画は倫理的な『山口組三代目』とは対極の、一匹狼の九州ヤクザ、夜桜銀次（菅原文太）の底冷えがするような虚無と衝動的な暴力を描いた異形のヤクザ映画である。『九州進攻作戦』は国内でヒットしたのみならず、北米では千葉真一の空手映画と並ぶヒット作となる。しかし、九州の石井組（山口組系）に挨拶に行ったプロデューサーの日下部五朗が、「夜桜銀次いうたら、うちの組じゃ三下以下じゃ！　あいつを何で映画にするんや」と脅されて二日間軟禁されるなど、モデルとなったヤクザへの取材や挨拶が不可欠な実録ヤクザ映画の難しさを身をもって思い知らされることになった。

高田は『九州進攻作戦』に続いて、『仁義なき戦い　完結篇』（七四年、深作欣二監督）を任され、五部作の中でもっとも当たったものの、笠原和夫が書いた前四作との比較のうえで批評家から酷評され、高田の笠原への敵愾心（てきがいしん）が燃え盛ったことはすでに記した。そんな折、高田は俊藤浩滋から『山口組三代目』の続篇『三代目襲名』の脚本を依頼される。高田はさっそくプロデューサーの日下部五朗とともに山口組幹部の取材に赴く。

高田 最初に会ったのは、ボンノさん（菅谷政雄の綽名）やった。ボンノさんは画家の藤田嗣治に似た、物静かな人やけど、開口一番こう言うた。「極道はかたぎの倍、気が短いんや。だけどそれだけやない、かたぎの倍以上の哀しみと喜びを抱えてるのが極道や。ヤクザを書くときにはそのこと忘れんとき」と僕の目を見据え、ヤクザ映画を書くときの心構えを諄々と説いたんや。

『三代目襲名』で高田宏治は、前作が切り捨てた、田岡一雄（高倉健）と国家権力や民衆との関係を描いた。前作のラストで殺人を犯し、懲役刑を受けた田岡は公民権を剝奪されたために徴兵を免れ、お国のために役立てないことが歯がゆい。敗戦後、戦勝窮民たちが日本女性を強姦し、略奪を働き、路上で賭場を開いて日本人から金を巻き上げ、神戸の警察署を占拠する姿を見た田岡が、警察からの依頼もあり、命懸けで彼らと闘うのはその贖罪の表われである。

一方、高田は、田岡が服役中に、「こいつらは豚じゃ！」と虐待される朝鮮人（遠藤太津朗）を「朝鮮人だって同じ人間じゃ」と助けるシーンを描くことで、敗戦後、戦勝窮民たちに向けられた田岡の怒りが民族差別に根差したものではないことを強調する。また、田岡が救った遠藤太津朗が戦後、日本人女性を強姦し、恩を仇で返すように田岡に刃を向ける一方、田岡が所内で助けたもうひとりの朝鮮人（田中邦衛）は、田岡から受けた恩に報いるべく、遠藤の襲撃に対し、身を挺して田岡を守り、命を落とす。高田は対照的な二人の朝鮮人を登場させることで、人間は民族、出自ではなく、「義」があるかどうかだ、と書く。しかし、ここで抜け落ちているのは遠藤太津朗の朝鮮人の日本人に対する怨嗟の源である。遠藤は「恩義を知らない朝鮮人」としてだけ描かれ、遠藤の日本人に対する怨念がどのように降り積もったか、そして戦前戦中の日本人による朝鮮人徴用、民族差別などの罪科はここでは問われない。また、山口組が警察に代わる治安部隊となって戦勝窮民を鎮圧したあと、アメリカ第八軍司令官アイケルバーガー中将が神戸に到着し、「GHQの治安を妨げる朝鮮人を全部朝鮮に送り返せ」と大号令をかけ、たちまち特権を剝奪されたあとの戦勝窮民の命運もまた描かれない。そして、映画のラスト、戦勝窮民に捕らえられた田岡の絶体絶命のピンチを、突如姿を現わした菅谷政雄（安藤昇）が救うという展開はいかにも唐突すぎる。

劇中で菅谷は「朝鮮人連盟の顧問」を務め、彼らとともに「国際ギャング団」を結成したことが語られるものの、なぜ菅谷が戦勝窮民の朝鮮人、中国人たちに信頼を置かれ、いかに彼らを束ねることができたのかがこの映画では描かれていない。山口組は設立当初から、民族差別を受けた者たちを受け入れた。また、対立した戦勝窮民の中にも、その後山口組に入る者が少なからずいた。山口組とマイノリティの問題は見据えなければならない問題だ。

しかし、七四年の夏休みに公開された『三代目襲名』（併映は『直撃！地獄拳』〔石井輝男監督〕）は『山口組三代目』に続く大ヒットとなり、ただちに東映は、七五年の正月映画としてシリーズ第三作『山口組三代目　激突篇』の製作を発表する。だが、その直後に警察が動き始めた。前二作品のプロデューサーである三代目の長男、田岡満を通じ巨額の裏金が東映から山口組に流れているのではないかと疑った警視庁は、七四年十一月、商品券取締法違反容疑で東映本社と俊藤プロデューサーの自宅を家宅捜索する。

菊の代紋には負けへん

取り調べを受けた俊藤は兵庫県警から「お前は現役のヤクザ者やろ」と組員扱いされ、締め上げられた。社長の岡田茂や京都撮影所長の高岩淡（たん）も連日、兵庫県警に呼び出され、『激突篇』は製作中止の憂き目を見た。その翌七五年、田岡満夫人の女優中村英子（えいこ）は夫の会社が廃業を余儀なくされた心労がもとでガス自殺を遂げる。

高田　朝鮮人や中国人の暴動を鎮圧するために警察が山口組の力を借りたのは紛れもない事実や。だけど、僕が三代目を引き立たせるため、警察署長が直に三代目に頭を下げる芝居を書いたことが、兵庫県警をカンカンに怒らせてしもうた。それが三作目が流れた遠因やねん。『激突篇』は飯干晃一さんからネタをもらい、「山口組の内部に潜入する県警のスパイと、それを暴き出す山口組の暗闘」というプロットまでできていた。もしこれが映画になったら一級のサスペンスになったはずや。必要なときにはヤクザにへいこらし、不必要になったら虫ケラのように殺す「菊の代紋」（国家権力）に、東映株式会社は屈服しても、オレは絶対負けへん。徹底的に仕返ししようと思っていたのに、まったくもって残念至極や。

もし『激突篇』が作られていたら、そこには山口組の明暗や功罪も描かれていたはずだ。『激突篇』は四六年から六〇年代末までを背景としていた、と高田は語る。猪野健治の『戦後水滸伝　仁侠史の研究』（現代評論社）、『ヤクザと日本人』、宮崎学の『近代ヤクザ肯定論　山口組の90年』にみられる、次のような山口組の戦後史が定めし『激突篇』では描かれたはずだ。

官僚と警察の力の前で

一九四六年に三代目として山口組を継いだ田岡一雄は賭博と麻薬を禁止し、各組員に職業を持たせ、賭場を収入源としないヤクザ組織を作ろうとした。田岡の経営手腕とリーダーシップにより、五〇年代に山口組は港湾荷役の下請けと芸能会社（神戸芸能社）の経営を生業として急成長を遂げる。田岡は港湾労働者の待遇改善のために、労働省に足を運び、港湾労働者が一泊八十円で泊まれる宿泊所を神戸港に建設させた。これは労働者への濃やかな心配りという福祉的側面と、労働力の確保という搾取の側面を併せ持ち、山口組の「民衆性」の内実を物語る。田岡はまた、県と市に陳情し労災病院を設立させ、その功績により五九年には「一日水上署長」を命じられた。さらに、六三年には田中清玄らとともに「麻薬追放国土浄化同盟」を結成し、行政、警察、市民から一目置かれる存在となる。一方で田岡は左翼的な労働者による権利獲得運動とは対立した。

しかし、田岡は六〇年安保闘争後に、児玉誉士夫が反共の防波堤としてヤクザを組織しようとした「東亜同友会」には参加しなかった。六〇年代半ばになり、それまで田岡の後ろ盾になっていた大野伴睦（ばんぼく）や河野一郎ら「党人派」の政治家が死去し、池田勇人や佐藤栄作ら「官僚派」が主流となり、警察もヤクザの力を借りる必要がないほど治安力を増強させたことから、官僚と警察は山口組を市民社会から閉め出しにかかる。田岡は経済派の岡精義に港湾、芸能、タクシー会社、工務店などの経営を任せ、武闘派の地道行雄に抗争の指揮を委ね、「事業と抗争」「経済と暴力」の二本立てで山口組を運営していた。横浜港の港湾荷役を仕切り、全国港湾荷役振興協会の会長だった藤木幸太郎は副会長の田岡に、ヤクザはやめて事業に専念するよう意見した。しかし、田岡は「私のために懲役に行っている百数十人が戻ってくるまでは堅気になれない」と断った（藤木幸夫の証言。『ハマのドン』二三年、松原文枝監督）。結果的に、田岡がやめなかった「抗争と暴力」が山口組の名を落とす。

田岡が各組の利権獲得のための抗争を黙認したため、全国各地で流血事件が相次ぎ、一般市民は山口組への恐怖と嫌悪をつのらせたのだ。それは六四年から始まった警察の「第一次頂上作戦」に口実を与え、六六年から本格化する「山口組撲滅計画」に繋がってゆく。組員の家族や関連企業に対する徹底した弾圧により、岡精義や柳川次郎は自らの組を解散せざるを得ず、地道行雄は山口組をいったん偽装解散し、再編成することを三代目に進言するものの若頭を解任され、六九年に失意のうちに病死する。

田岡は六五年に心筋梗塞のために倒れ、療養を余儀なくされながら、「山口組は生まれや環境のために、あらかじめ可能性を断ち切られた者たちの、出口を失った情念や夢の結集点や」とけっして組を解散しなかった——。このように、山口組が日本の高度経済成長と警察の弾圧により、下層生活者とともに生きる任侠集団から、広域企業や独占資本に依存する暴力団に変貌する歴史が『激突篇』では描かれたはずだ。

日本版「ゴッドファーザー」の夢

日本で山口組三代目シリーズが作られていた頃、韓国でもヤクザ映画が作られ始め、金斗漢の映画がヒットしていた、と韓国・北朝鮮映画研究家の門間(もんま)貴志（明治学院大学教授）は語る。金斗漢とは、日本の植民地時代に、日本軍の武器庫を爆破し日本人ヤクザと抗争を繰り広げた「抗日ヤクザ」として名を馳せ、解放後の韓国では反共右翼の政治家として左翼運動家を弾圧し、やがて国会議員にまで上りつめた実在のヤクザである。日本でも吉田磯吉が国会議員を務めたが、金斗漢は日帝と共産主義という韓国人にとっての二つの脅威と戦った勇士であり、金の名は韓国人に知れ渡り、ヤクザでありながら国家的英雄になっていた。

金斗漢映画は都合五本作られ、第一部と第二部は日帝支配下の京城(ソウル)で、金斗漢（李康助(イ・カンジョ)）が玄洋社の頭山満の傘下の日本人ヤクザを相手に大暴れする。第三部は日本の敗戦により朝鮮半島が解放された直後の京城。第四部と第五部の舞台は五〇年代の李承晩政権下で、金斗漢が「反共英雄」として活躍する。このようにこの五部作は、大韓民国政府の樹立、朝鮮共産党の活躍、国連の信託統治への反対運動といった二〇年代から五〇年代にかけての韓国の社会情勢を背景とし、いずれの作品もラストで金が大乱闘を繰り広げ、警察に逮捕されるという、東映任侠映画のドラマツルギーを踏襲していた。なぜなら、これらの映画の監督たちは日帝支配下で育ったために日本語が堪能で、しばしば日本を訪れ、東映任侠映画を観たり、「キネマ旬報」などの映画雑誌で脚本を読むなど、任侠映画のフォーマットを研究していたからだ、と門間は語る。

七〇年代半ば、日韓の「ヤクザ映画」は互いの近現代史を合わせ鏡のように映し出していたのだ。東映映画が、田岡一雄という国家権力ともっとも接近戦を演じたヤクザを主人公に、田岡の視点から見た日本の政財界史を娯楽映画の形で作れていたなら、『山口組三代目』シリーズは『仁義なき戦い』シリーズよりスケールが大きく、『ゴッドファーザー』や金斗漢映画と優に張り合える「アウトロー対国家」の物語になる可能性を秘めていた。

それが警察の圧力により潰えたあと、『三代目襲名』のプロデューサー日下部五朗により、大島渚監督による田岡一雄のドキュメンタリー映画が企画された。しかし、残念なことに、八一年の田岡の死去によってこれは実現しなかった、と日下部は著作『シネマの極道　映画プロデューサー一代』（新潮社）で語る。

一方、社長の岡田茂は、「三代目襲名事件」で連日警察に締め上げられた私怨と、週刊誌、スポーツ新聞各紙が書き立ててくれた東映の醜聞（スキャンダル）を興行に結びつけようという「商魂」から『県警対組織暴力』（七五年、深作欣二監督）を企画する。さらに岡田は、三代目の伝記が駄目なら今度は山口組の全国制覇を描こうと、『日本暴力列島　京阪神殺しの軍団』（七五年、山下耕作監督）、『沖縄やくざ戦争』（七六年、中島貞夫監督）など「全国制覇する山口組×地方の弱小の組」の対立を描いた「山口組外伝」

を作り、この路線は『北陸代理戦争』に帰結する。

岡田茂に対抗し、俊藤浩滋は菅谷政雄の若き日を描いた『神戸国際ギャング』（七五年、田中登監督）を企画する。俊藤と菅谷は幼馴染みで、「喰いもんでも女でも、ひとつのもんをみんなふたつに分け合った」と菅谷は高田宏治が所蔵する取材テープの中で語る。新川スラムで辛酸を嘗めた菅谷と、神戸のもうひとつの貧困地区、番町スラムに隣接した長田区西代大谷で生まれ、神戸新聞の記者だった父親が早世したため社会の底辺を彷徨った俊藤という、国際都市神戸の闇を知り尽くした二人が、ヤクザとヤクザ映画のプロデューサーになったのは運命の必然であろう。『神戸国際ギャング』は俊藤にとっては『山口組三代目　激突篇』の復讐戦（リターンマッチ）であり、高倉健にとっても実録ヤクザ映画への初挑戦であった。

「国際ギャング」の革命性

菅谷政雄が自らの自伝的映画の製作をどう受け止めていたか、彼の証言は残されていない。しかし、菅谷に取材した正延哲士（まさのぶてつし）による伝記小説『伝説のやくざ　ボンノ』（三一書房）によれば、六〇年、十八年服役した高松刑務所を出所したその足で、『十戒』（五六年、セシル・B・デミル監督）のロードショーを観にいくほど菅谷は映画好きだった。プロデューサーになった俊藤から紹介されたスターの映画が道頓堀の映画館にかかっていると知ったなら、何をおいても駆けつけ、煎餅をボリボリ齧（かじ）りながら観ていたという。

また、『任俠映画伝』（俊藤浩滋、山根貞男共著）には、菅谷が「オレ、映画を一本つくりたいのやがなあ」と顔を輝かせ、俊藤に『笠の台』というタイトルのヤクザの話を提案したとある。幼馴染みの俊藤の製作で、東映のトップスター高倉健が自分自身となる『神戸国際ギャング』がいかに菅谷政雄を昂揚させたかは想像に難くない。

『神戸国際ギャング』のテーマこそ、『三代目襲名』が描けなかった、菅谷政雄と朝鮮人や中国人ら戦勝窮民との連帯と共闘であり、猪野健治が「国際ギャングこそは、飢えのなかから起ちあがって、警察部隊を打ち破り、憲兵隊、軍隊と果敢にたたかった〝秩父困民党〟の延長線上に位置する『国際困民党』となり得る集団ではなかったか」と『ヤクザと日本人』の中で高く評価した「国際ギャング」の革命性があぶり出されるはずだった。しかし映画はそれを微塵も描けなかった。

俊藤が抜擢した田中登（日活ロマンポルノの鬼才）は東映京都のスタッフを統御できず、高倉健は菅谷政雄の早口の神戸弁を皮相的に真似るだけで彼の本質には一向に迫れない。映画は興行的にも作品的にも惨敗し（併映作の『好色元禄㊙物語』〔関本郁夫監督〕の方は様々な賞に輝いた）、加えて、不得手なベッドシーンをやらされたり、撮影中に負傷したりした高倉健は、この作品のあと東映を退社し、俊藤との蜜月に終わりを告げることになる。

翌七六年、東映は『新仁義なき戦い』シリーズを、ヤクザとの煩わしい付き合いを避けるため、モデルとなるヤクザがいない架空の物語として作り続けた。シリーズの最終作『新仁義なき戦い　組長最後の日』（七六年、深作欣二監督）は高田宏治の最高傑作の一本である。この映画は女性が脇役としてしか描かれなかった笠原和夫の『仁義なき戦い』四部作と異なり、女性によって抗争の火ぶたが切られ、女性によって復讐が成就する。加えて、菅原文太が演ずる一匹狼のヤクザが、見ようによっては山口組三代目とも思える「不可侵の親分」（小沢栄太郎）を執拗に付け狙い、ラストで親分に銃弾を撃ち込む。

この映画は、親分を殺そうとしながら殺せない『仁義なき戦い』と笠原和夫へのアンチテーゼになっている。『組長最後の日』はヒットし（併映は『キンキンのルンペン大将』〔七六年、石井輝男監督〕）、日下部五朗はさらなる『新仁義なき戦い』を企画する。

同じ頃、俊藤浩滋は『山口組三代目　激突篇』で描きたかった「山口組撲滅作戦」の渦中での山口組対警察の闘いを、オールスターによる超大作『やくざ戦争　日本の首領（ドン）』でとうとう実現した。映画は飯干晃一による山口組をモデルにしたフィクションを原作とするのだが、高田宏治は地道行雄をモデルに若頭の辰巳周平を描く。鶴田浩二は心臓を患う辰巳の役を、口を半開きにしたり首を前に突き出したりして、彼の疲労と頽廃を表現する。親分（佐分利信）を守るため、病床で心臓発作に見舞われながら「字がわからへん、字イがわからへんがなっ」と便箋に鉛筆で自らの組の解散声明を書こうとする鶴田の芝居は鬼気迫り、鶴田はこの役をもって東映任俠映画で演じ続けた「辛抱立役（たちやく）」に自らの手で幕を引いた。

奈落の底へ

この映画では無教養な武闘派ヤクザを演ずる千葉真一が出色で、「かしら、わしはもう、あほらして、やってられんわ」と遺言を残して獄中で自殺する場面は何とも哀切極まりない。一方、佐分利信の家族役の役者の演技といい、義理の息子の医師役、高橋悦史のそれといい、まったく精彩を欠くもので、ヤクザ以外の堅気や政財界を描くととたんに陳腐化する東映映画の視野の狭さをこの映画はあらわに見せた。

七六年秋、『新仁義なき戦い』最新作のオファーを受けた高田宏治はさっそくモデル探しを始める。前二作でモデルがない抗争劇を書いてしんどい思いをした高田は、最新作においては取っかかりになる実在の人物や事件が欲しかったのだ。「自分の持っている力はたかが知れている。実際に会った人の記憶や、拾い上げたことからいろんなものが出てくる。だから、物語を構成するためのネタが欲しいんです」（『高田宏治　東映のアルチザン』高田宏治、西谷拓哉共著、カタログハウス）と思い悩む高田に、撮影所の進行主任である並河正夫が耳寄りな話をした。「すごいヤクザがひとりいてるで。昔、世話になったことがある三国（福井県）の親分や」。

人の好い並河のひと言が、東映実録ヤクザ映画路線のみならず、モデルとなる川内弘や菅谷政雄を「奈落の底」に突き落とすことになろうとは、このとき高田宏治は知る由もなかった——。

第十三章

フィクションを模倣した銃撃

深作欣二監督『北陸代理戦争』（1977年）©東映

『北陸代理戦争』事件とヤクザ映画の奈落

一九七七年四月十三日。日本海側の鄙びた町に四発の銃声が轟いた。

東尋坊に近い福井県三国町の「喫茶ハワイ」で、「北陸の帝王」と呼ばれた武闘派ヤクザ、川内弘(五十三歳)が四名の男により射殺されたのだ。この事件は北陸の片隅で起きたこともあり、全国紙では「毎日新聞」(東京版)以外では報じられなかった。しかし、事件の全貌が明らかになるにつれ、ヤクザ社会と映画界に大きな衝撃が走った。親分が子分を殺すことが恥ずべきこととされるヤクザ社会において、川内に刺客を向けたのが川内の親にあたる山口組若頭補佐、菅谷政雄の舎弟分であり、事件の二日後、山口組幹部会は菅谷を絶縁処分(ヤクザ社会から放逐する、もっとも重い処分)にしたからだ。

また、川内が「喫茶ハワイ」で襲撃された状況が、高田宏治が脚本を書き、深作欣二が演出した東映実録ヤクザ映画『北陸代理戦争』(一九七七年)のワンシーン——川内をモデルにした川田(松方弘樹)が撮影所内にセットで作った「ハワイ」で四名の刺客に襲撃される場面に酷似し、まるで現実が映画を模倣したかのように思われたからだ。映画関係者は震撼し、深作欣二は二度とヤクザ映画を撮ることはなかった。

『北陸代理戦争』は、映画と現実が連動し、フィクションが進行中のヤクザの抗争に影響を与え、モデルである組長が射殺される事件を誘発した希有の映画である。なぜ山口組幹部の菅谷政雄が道を踏み外し、現実が映画と重なり合ったのか——。

かつて私はこの事件について『映画の奈落　北陸代理戦争事件』(二〇一四年)という一冊を書いたが、今回は別の視点から、現実と映画のスパークを辿り直してみたい。

私がこの事件を知ったのは、九六年に刊行された高田宏治のインタビュー本『高田宏治　東映のアルチザン』を読んだときだ。高田はこう語っている。「私としゃべっていた同じ椅子で！　有名な事件です。撃たれてほんとに殺された。もうこの話を聞いたときは……なんというか……戦慄なんてものじゃなかった。なんともいえない気持ちになりましたね。狙われていたとは思うけど、あんな映画作りやがってということが一つの引き金になった気がします」

二〇一二年に高田宏治にインタビューした際、私はこの事件のことを改めて訊いたが、高田は「思い出したくもない」と言ったきり口を噤んだ。私はこの事件が偶然なのか、それとも必然だったのかをどうしても知りたくなった。高田の紹介で『北陸代理戦争』のスタッフを訪ね歩くうち、プロデューサーの奈村協がこんな話をしてくれた。映画の撮影中、ロケハンや雪かきを手伝った川内組の若頭補佐、馬中忠男から奈村に、川内が殺されて半年経ったある日、ふいに電話がかかってきた。受話器の向こうで馬中は「あんときは寒かったなあ」と繰り返すばかりだったので、仕事中だった奈村は「後からかけ直してくれる?」と電話を切った。それからまもない七七年十一月十六日、奈村が撮影所の食堂で昼食を食べていると、テレビに「暗殺隊指名手配」というタイトルとともに馬中の顔写真が映った。国鉄大阪駅で菅谷政雄を待ち伏せていた馬中を隊長とする暗殺部隊が逮捕されたというニュースだった。

奈村は、あの電話で馬中は奈村に「さよなら」を言いたかったのだなと気付く。菅谷暗殺に成功するか、失敗するか、どっちに転んだとしてももう奈村には会えない。最後の電話を川内組の幹部や家族ではなく、極寒の福井で労苦をともにした自分にかけてくれたのだ、と。「馬中さんは服役し、出所してまもなく堅気になったと聞きました。とにかく人柄のいい人物でした」と奈村が遠い目をして語るのを聞き、私は無性に馬中に会いたくなった。馬中に訊けば、事件の真相が明らかになるかも知れないと心が逸ったのだ。しかし、馬中から奈村への音信が途絶えてから、すでに三十五年の歳月が流れていた。

矢も楯もたまらなくなった私は翌月、北陸本線に乗って、川内組がある福井の芦原温泉に向かった。現役のヤクザに会うのは恐い。しかし馬中は堅気になった「元ヤクザ」で「人柄がいい」と奈村も言っていたではないか、と自らに言い聞かせる。私は「北陸代理戦争事件」の真相を解き明かす書物を書かねばならないとすでに思い定めていた。これまでも映画人に取材した実録ヤクザ映画の本はあるにはあった。しかし、映画人とヤクザの双方にともに聞き書きしたものはなく、映画の影響を受けて親分を殺されたヤクザが、その映画のことをどう思っているのか聞き出すことができれば、実録ヤクザ映画の真髄に迫れると思ったからだ。

手放さなかった取材テープ

芦原温泉駅の駅舎を出た私は、すぐさま駅前のタクシー会社に行き、一番古手の運転手に町の案内を頼んだ。読売新聞記者の黒田清が「見知らぬ土地に行って何かを見つけようと思ったら、古くてぼろい飲み屋に入れ。タクシー会社の古い運転手から話を聞け」と書いていたからだ。

黒田の言葉は正しかった。ベテランの伊藤運転手は、三十五年前に川内弘に挨拶に行く深作欣二と松方弘樹を乗せていた。彼は暗殺隊の一員だった山岸欣也の従弟、清水一信と高校の同級生だった。私を清水の家に連れて行った。だが、清水は険しい表情で、「あの映画のことはこの町ではやたらに聞かんどき。あんなもんを作ったから親分は命を早めた」とにべもない。しかし私は性懲りもなく、その晩、芦原温泉街の古そうなスナックを回ってみた。三国の人々は川内弘のことを「一般のもんをいぶる（いじめる）ことなど全然ない、ヤクザとは思えんようないかつさのない紳士やった」と思いを新たにし、山の上に住居があった川内を「山のおやっさん」と親しみを込めて呼んだのだ。三国で川内の評判が良いのは、川内組が競艇場の警備や予想屋の仕事、芦原温泉郷の治安維持や夜の遊興の斡旋など、競艇と温泉の町に不可欠な「負のサービス」を一手に引き受け、三国町と川内組が持ちつ持たれつの関係を——他の自治体が警察の圧力や市民団体の反対でヤクザとの関係を絶ったあとも——なおも続けたからだろう。また、川内は「地元で間違いやったらあかん。可愛がられんと」と「お客さん」である堅気衆への気遣いをつねに怠らなかった。馬中忠男に会うことができたのはそれから半年後のことだ。福井市内でスナックを営む馬中は、暗殺隊逮捕にまつわる驚くべき真相を話してくれた。

私は原稿がまとまると高田宏治宅を訪れた。高田はその頃、三十五歳年下の妻とともに山梨、滋賀、東京を転々としていた。数億円の債務を抱え、ヤクザに追い回されていたのだ。一九九二年、高田との名コンビで『鬼龍院花子の生涯』（八二年）や『極道の妻たち』（八六年）などのヒット作をつくった監督五社英雄が死去し、九六年には盟友であるプロデューサーの日下部五朗が引退し、高田は虚脱した。そんな折、高田は人に誘われ、当時流行していたビデオシネマの製作会社の社長を引き受ける。高田はまもなく会社のオーナーが裏社会の人間だと気付くが、若い妻に財産を残すために会社を続けた。ほどなく高田は私文書を偽造され、そのあげく、ヤクザはある日忽然と姿を消す。数億円の債務を背負った高田は、二〇一二年に勝訴する日まで莫大な裁判費用をかけて、係争を続けた。

『北陸代理戦争』でヤクザを「奈落」に落とした高田は、そののちヤクザに嵌められ、自らもまた奈落に落ちたのだ。にもかかわらず、高田は自分の息子より年下の女性のために奈落に落ちることをむしろ悠々と享受していた。あまつさえ、生来人間好きな高田は行く先々で地元のヤクザと親しくなっては、「先生」と崇め奉られ、落魄しつつ人間の愚かさと愛おしさを凝視し続けた。日々流れてゆくそんな高田に私はとことん付いていった。毎朝、高田は看護師の妻を送り出しては、ライフワークと言うべきシーボルトの愛人を主人公にした小説『ひどらんげあおたくさ』を書き続けた（その後、二〇一六年刊、アスペクト）。私は机を並べて「北陸代理戦争事件」の顚末を書き、高田はそれを読んで朱を入れる。

高田は引っ越すたびにエミール・ガレの花瓶も日本アカデミー賞のトロフィーも売り払ったが、二十数本あるヤクザの取材テープだけは手放さなかった。その中に七六年に取材した川内弘の肉声が残されていた。

七六年十一月十一日。川内弘は国鉄北陸本線の加賀温泉駅で東映一行が到着するのを待ち侘びていた、と川内の長男で実業家の享は語った。川内は若い頃から映画が好きだった。福井放送会館でディーン・マーチンの映画がかかると、享を誘っては観に行った。並河正夫（製作進行）に案内され、家族連れで東映京都撮影所を見学してからはいっそう映画への関心がつのった。

「その人を倒さんと男になれん」

特急雷鳥が加賀温泉駅に到着し、駅の改札を通り抜けた高田宏治、橋本慶一（プロデューサー）、奈村協、並河正夫らは思わず立ちすくんだ。ロータリーには黒塗りのアメリカ車が数台停まり、縁石に沿って十人余りの黒いスーツの男たちがずらりと居並び、女物のエメラルドとダイヤのブローチを襟元に付け、マキシのコートを羽織った川内がにこやかに歩み寄って来たからだ。

「とってもハンサムだし、白髪をオールバックにしてて、フランス文学者みたいな雰囲気でしたね」と奈村協は回想する。『『武闘派の田舎ヤクザ』という会う前のイメージがまったく覆ったね。人を五、六人殺しているヤクザにはとうてい見えない柔和な目やった」と高田は思い返す。川内は「お疲れやないですか」と高田を労い、荷物を馬中忠男に持たせ、一行は広壮な川内組の事務所に連れて行かれて二日間の取材が始まる。

取材テープの冒頭で、川内弘は「その人を倒さんと男になれん。それが北陸ヤクザいうもんでね。わたしはその人を倒いて男になった」と凄みを利かせ、二度繰り返した。改めてテープを聴くと、川内が取材前に考えておいた決め台詞と思える。高田宏治はこの言葉を聞き、総毛立ったという。橋本慶一も「いけるで、これは」と高田の耳元で囁いた。

橋本はこの映画に賭けていた。当初、『新仁義なき戦い』の最新作として企画された『北陸代理戦争』が菅原文太の降板により流れかけたとき、「高田が頑張ってええホン書いたんや。役者の降板とかで映画は揉めれば揉めるほど当たるいうやないか、これ絶対当たるで！」と日下部五朗に言い張ったのも橋本だ。

一時間の録音テープには、川内組が福井に侵攻してきた「殺しの軍団」柳川組をいかに蹴散らし、柳川組が解散（六九年）後、山口組でナンバー1となった菅谷組の二次団体として全国制覇に貢献したかが、血なまぐさいエピソードとともに語られている。川内弘は自らが起こした事件の新聞記事をスクラップしており、「全国で事件をやってますからね。おそらく（映画は）当たりますよ」と嘯く。そして、いかに川内が菅谷政雄のために体を張って戦ったか、にもかかわらずどれだけ菅谷が自分を蔑ろにしてきたかを憤懣やるかたなく語る。その頃、川内は菅谷と不仲だった山口組若頭、山本健一の力添えを得て、直接三代目田岡一雄の盃をもらおうとしていた。しかし菅谷がそれを許すはずなどなかった。

川内は取材最終日に「喫茶ハワイ」で高田にこう言う。「ほんとうのいい極道の任侠の話、そんなきれいな話は駄目や。極道いうのは汚いとこもある。それをあからさまに出いてやね、僕が亡きあと、こういう者が福井におったというもんを先生に描き残してもらいたい」と。ヤクザというものはきれいごとばかりを書かせたがる、と思い込んでいた高田は驚き、「オレは笠原（和夫）さんの『仁義なき戦い』の美能幸三以上の玉を摑んだ」と雀躍（こおどり）した。

銀幕は汚してはならない聖地

二〇一二年に私が取材した川内組関係者でもっとも印象に残ったのが、川内弘のボディガードを務めた矢部博だった。身長百六十五センチ強、角刈りで職人風、動作が敏捷で少年のように目が澄んでいた。

矢部は漁師の家に生まれた。次男だったために舟をもらえず、チンピラ稼業に入る。縁あって川内組の部屋住みとなり、朝四時から深夜十二時まで川内の世話をした。ある晩、息抜きのために深夜に大酒を飲んだあげく車の事故を起こし、同乗していた女性に瀕死の重傷を負わせた。矢部は親分に顔向けできないと、指を落とした。それを見た川内は矢部を怒鳴りつける。「お前の体はお前のもんやない、親からの預かりもんやぞ。指ちぎって、体を不自由にして、おれはお前の親に会（お）うたとき、どう詫びればいいんや」。矢部は号泣した。そして、川内が抗争で死んだ子分の墓を「川内の礎（いしずえ）や」と川内家の墓の隣に立て、懇ろに供養している姿を見て、一本気な矢部は「この人のために死んでいけるなら本望や」と思う。「体を賭けて、好きな親分の近くにいよう」とボディガードを志願し、危険な抗争の際には進んで鉄砲玉になった。

東映の一行が取材で三国を訪れていた頃、矢部博は金沢刑務所に服役中だった。親分が映画になると聞き、矢部の心は弾んだ。矢部にとって東映任俠映画は憧れの的であり、福井東映のオールナイトで高倉健の任俠映画に出会わなければヤクザになることはなかったからだ。

七七年一月、高田宏治は脚本を書き上げた。従来の実録ヤクザ映画は過去の事件に取材したが、高田は現在進行中の菅谷組と川内組の抗争を脚本に描き込んだ。ラストでは川内役の松方弘樹をして菅谷役の遠藤太津朗に対し「勝てないまでも、刺し違えることはできます」と強烈な啖呵を切らせる。そうして高田は映画の中で、川内をして菅谷に後戻りができない「宣戦布告」をさせたのだ。

「こりゃあかん。川内さんに見せられへん」とこの脚本を読んだあと、並河正夫は吐き捨てるように言った。ヤクザ社会に通暁した並河にそう言われては、橋本と奈村は不安に駆られる。二人は福井に飛ぶや、川内が自室で台本を読み終わるまで隣室で固唾を呑んで待つ。ガウンを羽織った川内が上気した顔で台本を片手に現われ、こう言う。「わしはいままで、大勢力に押し潰されていった弱小組織の悲劇をようけ見てきた。ほやから福井に出張ってきた神戸や名古屋や東京の奴らと徹底抗戦した。わしのきれいごとやない反骨の生きざまがよう描けとる」。川内は高田の脚本を絶賛したのだ。

その頃、菅谷政雄は、自分のために『神戸国際ギャング』（七五年、田中登監督）を作った東映が、今度は自分と反目する川内弘をモデルに映画を作ると聞き、幼馴染みの俊藤浩滋に憤懣をぶつけていた。自分にとってたかだか「枝」に過ぎない子分を主役にするという東映の企画は、菅谷政雄の神経を逆撫でした。

他のヤクザなら、たかだか映画ごときで目くじらを立てるのはヤクザの沽券に関わると思っただろう。しかし、菅谷にとって映画は特別に輝かしいもので、銀幕は汚してはならない聖地であった。また高倉健が自分の役を演じたという過去の痺れるような経験も胸をよぎった。ただちに菅谷は福井に使者を向かわせ、「そんなこと（映画製作）はせんどけ」と川内に最後通牒を伝える。

それを聞いた川内は、「なんじゃ、われ、なんぼのもんじゃ！　わしが作るゆうのにお前ら関係ないやろ！」と使者を怒鳴りつけた。それを聞いた菅谷は「田舎ヤクザなんか弾一発あったらええんや！　そう言うとけッ！」と吐き捨てた。川内はすでに賽を投げ、退路を断ち、『北陸代理戦争』に体を張る覚悟を決めていた。のちに川内殺害を教唆する菅谷の一番の子分、浅野二郎はその様子をかたわらでじっと見ていた。

七七年一月二十四日。『北陸代理戦争』のクランクイン当日、菅谷政雄は川内弘を破門する。破門状が回ったのを機に浅野二郎は暗殺隊を組織した。風雲急を告げる中、初日の東映京都撮影所では、ステージ内に「喫茶ハワイ」が再現され、松方弘樹が襲撃されるシーンが撮影されていた。その最中、ドアが軋み、ミンクのマキシコートを着た川内弘が数名の取り巻きとともに慰問に現われる。川内はよもや目の前のシーンが二カ月半後に現実のものになるとはつゆほども思わず、自分がモデルである松方弘樹がヒットマンに銃撃される場面をニコニコ笑って見ていた。

その冬、福井は記録的な豪雪で撮影は大幅に遅延した。渡瀬恒彦がジープの横転事故を起こし、伊吹吾郎が代役となったり、福井県警が三国と芦原でのロケを不許可とするなど、『北陸代理戦争』はトラブル続きだった。そうした中、馬中忠男ら川内組組員はロケ地の除雪をし、スタッフ、キャストの送り迎えをし、ロケが終わると夜は夜で川内邸の護衛を務め、寝る暇もなかった。川内組組員は『北陸代理戦争』を「わしらの映画や」と思っていたのだ。

深作欣二は粘りに粘り、中島貞夫が応援監督に駆けつけて、映画は公開日の前日にようやく完成する。ところが、福井県警が公開自粛要請したのを東映が受け入れてしまい、『北陸代理戦争』は福井県内では公開されなかった。川内弘は激怒したが、福井東映での試写を観て、「さすが深作欣二、ようできとる！」と映画の出来映えにいたく満足した。

七七年四月三日。映画の公開が終わったあと、川内弘は深作欣二に御礼の手紙をしたためた。封書が深作の東京成城の自宅に到着した直後、福井で惨劇が起こる。暗殺隊の供述によれば、彼らが喫茶ハワイを襲撃場所に選んだのは、映画を観たからではなく、川内がここでコーヒーを飲むときが、もっとも警護が手薄だったからだという。とはいうものの、深作欣二と高田宏治がリアルタイムの抗争に題材を取って、川内弘という実在のヤクザを、大組織の侵略に対して知力を尽くして立ち向かうヒーローとして描いたことにより、抗争がいっそう激化し、川内が殺されたという事実には疑いの余地がない。

『北陸代理戦争』は、スキャンダラスな事件をライブ感覚で摑み、モデルを作品へと食い散らかしつつ、客に強い興奮を与えた。現実を危険で反社会的な見世物に仕立てるほど観客が飛びついてくるという東映実録ヤクザ映画の「原罪」がそこにはあった。そのかたわらには果ての知れない「奈落」が口を開けて待ち構えていることを教えてくれたのだ。

高田宏治は映画と事件の関連について、こう語る。

「エンターテインメントには踏み越えちゃいかん領域があることをこの映画で知った。しかし、あのときは、『奈落に墜ちる覚悟でつくらなければ、観客は来えへん。見物がのぞきたがるような奈落に突き進み、それを見せなければ映画は当たらへん。奈落の縁に足をかけた映画だけが現実社会の常識や道義を吹っ飛ばすんや』――そう思うてたんや」

ソープでどんちゃん騒ぎ

だが、『北陸代理戦争』は案に相違して記録的な不入りだった。その原因は、ネームバリューのある『新仁義なき戦い』のタイトルが外れたことや、興行力のある菅原文太が出演しなかったことだけでなく、この映画に漂う、実録ヤクザ路線末期を覆う暗鬱さが客を遠ざけたのではないか。大局的には、七〇年代後半、不況と港湾労働や土木工事の機械化により、いままで東映ヤクザ映画を支え続けてきたブルーカラー人口が激減し、団塊の世代も二十代半ばに差しかかって映画館から遠ざかっていった。八〇年代にかけて社会が保守化してゆく中で、若者がアウトロー映画を観なくなったことにも原因があるだろう。

映画は当たらなかったが、高田の脚本は高く評価され、第一回日本アカデミー賞の脚本賞にノミネートされた。実録ヤクザ映画の名 脇 役(バイプレイヤー) 川谷拓三も助演男優賞候補となる。帝国ホテルでの授賞式で高田と川谷は胸を高鳴らせて受賞を待ち侘びた。だが、『幸福の黄色いハンカチ』(七七年、高倉健主演、山田洋次監督)の山田洋次と朝間義隆が最優秀脚本賞を、武田鉄矢が最優秀助演男優賞を攫(さら)ってゆく。

式のあと高田が肩をすくめ帰りかけると、川谷が大声で高田を呼び止めた。「あんなド素人に賞を持ってかれて、けったくそ悪うてこのまま帰れるかッ! 付いて来てえな!」。川谷は高田をタクシーに押し込め、新宿のソープランドに連れて行く。店を借り切り、室田日出男、岩尾正隆らピラニア軍団を呼んでどんちゃん騒ぎ。全員で裸踊りをしているうちに夜が明けたと高田は語る。

高田はそののち『極道の妻たち』シリーズなどの女性アウトロー映画路線を切り拓き、ヒットメーカーになった。一方、親分を殺された川内組の状況は切迫していた。

矢部博は復讐のために結成された川内組の暗殺部隊「広進会」に真っ先に志願した。矢部は川内の遺骨を齧って復讐を誓い、菅谷政雄が滞在する大阪へと向かう。半年もの間、七人の暗殺隊員とともにワンルームマンションに暮らし、敵情を窺ったが、菅谷の住居は報復を警戒した大阪府警が厳重警備し、菅谷の外出時には護衛のヤクザが囲繞(いじょう)して、近づくこともできない。菅谷が海外旅行に行ったと聞き、矢部は作業員を装い何日も伊丹空港で待ち伏せたが、菅谷は到着地を変えて帰国した。

福井からの軍資金は途絶え、矢部は福井に帰って女性から金を借りた。七七年九月、菅谷を殺害する絶好の機会が訪れる。矢部がボディガードとして川内組二代目(根本辰男)の東京出張に同行し、一行が東京駅丸の内改札口からコンコースに出たとたん、「辰男!」と背後から聞き覚えのある声がした。矢部が振り返ると、何と菅谷政雄が数名のボディガードとともに立っていたのだ。
矢部はとっさに上着の中の拳銃に手をかけた。菅谷は根本に「おれ、絶対この件に関しとらんでな。それだけは信じろ」と言い切る。「何を白々しいことを……ヤクザやっとる以上知らんでは通らんやろ」と矢部は腸が煮えくり返る思いで、根本の「殺れ」という指示を待った。だが、根本はかすかに首を振って、指示を出すことはしなかった。銃撃戦になれば通行人を巻き添えにしてしまう恐れがあるからだ。菅谷は「辰男、これ以上おれにつらい思いをさせるな」と吐き捨て、人ごみの中に消えた。千載一遇のチャンスを逃して以降、このような機会は二度と訪れず、ひとりまたひとりと暗殺隊のメンバーは欠けていった。

最後まで意志を棄てなかったのは矢部と布川皓二（のちに六代目山口組若中、二代目中西組組長）だけだった。矢部はある日、通りがかった大阪の新世界東映でたまたま上映されていた『北陸代理戦争』を観る。川内が好きだった「星影のワルツ」が画面に流れたとき、矢部は号泣しそうになり、他の観客に気付かれないよう慌てて嗚咽を噛み殺した。

七七年十一月四日、菅谷が大阪駅に到着するという情報を得た矢部と布川らが拳銃を懐にコンコースに着くと、待ち伏せていた警官に一網打尽に逮捕された。それから三十五年後、馬中忠男は私に打ち明けた。矢部や布川の身を慮ったがゆえに、彼らの襲撃をあらかじめ大阪府警に通報したのだと。馬中が奈村協に電話したのは、自らの死ではなく、密告を決意したあとだったのだ――。

逮捕された矢部博は誰も信じることができず、川内組が派遣した弁護士にさえも会わなかった。ある日、矢部に差し入れがあるという。同じ署内で取り調べを受けていた菅谷政雄が「オレを殺りに来た奴に、せめて差し入れをさせてくれ」と申し出たのだ。菅谷の言葉は矢部の身に染みたが、彼はそれを断り「出所したら今度は必ず殺ってやるから」という菅谷への伝言を頼んだ。

八〇年に矢部博が出所したとき、菅谷政雄は出資法違反で逮捕され、府中刑務所に収監されていた。菅谷は服役中に肝臓がんに冒され、出所したのち田岡三代目に詫びを入れた。その後、引退してほどなく、八一年に死去する。菅谷は川内暗殺により人生を暗転させたのだ。一方、矢部は敵を取ることができなかった悔しさを忘れまいと、背中に川内の戒名を彫ったうえで、堅気になる。親分の戒名を背負った元ヤクザなどいままで聞いたことがない。その後、矢部は九歳下の看護師にめぐり会う。駆け落ち同然で結婚した。二人は、広島のゴム会社に勤めた。

日野原院長からの感謝状

ある日、矢部は妻と喧嘩し、「お前みたいなもん出てけ！」と怒鳴った。彼女は「親も友達も故郷も捨ててあんたと一緒になったんや、出てけ言うてどこへ行けいうの？」と泣きながら怒鳴り返した。それ以来、矢部は彼女と片時も離れずにいた。矢部が会社の行事でゴルフや海水浴やボウリング大会に行くときも、彼女は必ずついてきた。ある日、彼女が背中が痛いと訴えたので、「雪かきで痛めたんやろ」と矢部がなんの気なしに病院へ連れて行くと、末期のすい臓がんだと診断された。職業柄、人の死をたくさん見てきた彼女は「受け入れます」と静かに微笑み、痛いともつらいともひと言も言わずに、四十六歳の若さで逝った。

矢部は妻を亡くしてから、『がんになった子供を守る会』の活動を始めた。「女房が死んでこんだけ悲しいんや。子供が亡くなったらどれだけつらいやろ」と思い、福井で土建業を営みながら、小児がんになった子供や親を励ます会に寄付し続けた。その後、土建屋が潰れたあとも、日雇い労働をしながら活動を続けた。川内弘の祥月命日には三十八年間、欠かさず掃苔に行っていた矢部は、二〇一七年に肺がんのため六十七歳で急逝した。彼の部屋には、川内弘が揮毫した「仁」の書と、聖路加国際病院日野原重明名誉院長からの感謝状が並んで架かっていた。

「北陸代理戦争事件」は様々な人々の人生を変えた。川内享は、司法解剖された父親の遺体の傷痕が縫合されることなく、無造作にガムテープで貼り合わされただけの状態で自宅に戻ってきた様子をいまでもありありと覚えている。そして、何度か私と一緒に『北陸代理戦争』を観たが、享は途中でいつも胸が苦しくなり、映画館を飛び出してしまった。

『北陸代理戦争』はヤクザと芸能の相互感応の極致であった。国定忠治は自らの死（磔刑）をスペクタクル化することで語り物や大衆芸能の中に生き続け、清水次郎長は講談師や文学者に自伝を書かせることで自らの伝説化に成功した。川内弘は自らの名を東映実録ヤクザ映画の中に遺そうとして、家族と川内組組員を奈落にさまよわせた。『北陸代理戦争』が川内の魂を安んじる縁（よすが）になったかどうか、それは誰にも分からない。

第十四章

ヤクザが殺した二人の映画監督

佐藤満夫＋山岡強一監督『山谷　やられたらやりかえせ』（1986 年）
　写真・大島俊一

『山谷　やられたらやりかえせ』をめぐる山谷争議団とヤクザの激突

『北陸代理戦争』（七七年、深作欣二監督）とは別に、映画製作に関わって人の命が奪われた作品がもう一本ある。『山谷（やま）　やられたらやりかえせ』（八六年、佐藤満夫、山岡強一（きょういち）監督）だ。この映画は、山谷（さんや）における日雇い労働者の闘いを描いたドキュメンタリーだが、この映画に携わった二名の監督がともにヤクザに殺された。堅気には手を出さないことが原則のヤクザが、なぜ堅気である二人に手をかけたのか――。この事件の背景にある、八〇年代の山谷を舞台にした、ヤクザ（日本国粋会金町一家）と山谷争議団（左翼系の労働者、運動家グループ）の闘争（「金町戦」）は、近年、闘争に関与した活動家や住民に取材したノンフィクション『ヤクザと過激派が棲む街』（二〇二〇年、牧村康正著）でも描かれた。この事件の深層を探るべく、「山谷」制作上映委員会のメンバーだった平井玄に訊いた。

　平井玄は一九五二年生まれ。『山谷　やられたらやりかえせ』の製作のほか、先鋭的な音楽雑誌「同時代音楽」に関わり、ジャズを中心とする音楽のプロデュースや様々な社会運動に携わる。彼はこれらの活動とともに、新宿二丁目で家業であるクリーニング店を営み、仕事上、その町を縄張りとするテキヤ系組織の組員たちとも付き合いがあった、と著作で書いている。新宿と山谷のヤクザをともに知る男は、三十五年前の映画と事件を現在、どう考えているのか――。

平井　新宿と山谷のヤクザはまるっきり違うけれど（笑）、その違いを説明する前に、ヤクザと労働者の闘争史から話しましょう。その発端は、一九七二年に大阪釜ヶ崎で起こった「鈴木組事件」だった。

　鈴木組は釜ヶ崎の日雇い労働者を労働現場に調達していた手配師。ある日、何人かの労働者たちが、最初に鈴木組が提示した条件と実際の労働現場の条件が違うことに気付いて、現場から逃げたんです。翌朝、鈴木組はそのなかの一人を捕まえて、組事務所に連れ込み、殴る蹴るの暴行を加えた。その次の朝、別の労働者が組事務所に拉致されようとしていたところ、近くにいた百人以上の労働者が押し寄せ、鈴木組の組員の車を追い返した。翌日、そのことに怒った鈴木組長が木刀を片手に、十数人の組員を従えて、労働者を支援する活動家に襲いかかった。それを見ていた労働者たちが逆に組員たちを袋叩きにして、組長を捕まえて、釜ヶ崎の真ん中で土下座させて、労働者に謝罪をさせたんです。

このことがあって、釜ヶ崎では労働者が集まる「連れ」の集団ができ、「釜共闘」（暴力手配師追放釜ヶ崎共闘会議）が結成された。それが釜ヶ崎の運動の源泉だった。

六一年八月に釜ヶ崎で最初の暴動（交通事故死した労働者の扱いに抗議して、二千人の労働者が交番に投石し、機動隊が出動する）が起きたとき、安保闘争、三井三池闘争の直後だったこともあり、左翼で釜ヶ崎に注目する者はいなかった。

山谷を支援する柔軟な組織

しかし、映画監督の大島渚は、暴動の前年に釜ヶ崎にロケセットを組み、『太陽の墓場』（六〇年）を撮った。「金嬉老事件」の前年に『絞死刑』（六八年）を、「七〇年安保闘争」に先駆けて『帰ってきたヨッパライ』（六八年）を撮った大島は釜ヶ崎に暴動を予感したのだ。小沢栄太郎の演ずる「動乱屋」が「もう一度、日本を焼け跡闇市に戻したい」と打ち壊しを煽動する。

平井　大島さんは状況を先取りして映画を撮ってたよね。ルポライターの竹中労やジャズ評論家の平岡正明も釜ヶ崎の暴動の意味に敏感だった。

六〇年半ばになって、やっと左翼が寄せ場に入ってくる。そこで、日頃ヤクザや警察にひどい目に遭っている労働者の反権力感情に火を点けなければならないと思うようになるわけです。

鈴木組事件をきっかけに集まった釜共闘のリーダーが船本洲治（労働運動家）。船本さんは流れ職人のような人でした。ふだんは将棋を指していて、何か事があると闘う構えになる。そんな船本さんは生後すぐ大陸から引き揚げて広島県呉市で育つ。まさに『仁義なき戦い』（七三年、深作欣二監督）の舞台。「洲」が名前に入っているけれど、満洲国警察官だった親父は八路軍に処刑されている。そういう人間が広島大学から釜ヶ崎に流れていくのは下層労働者の必然とも思えてくる。

七五年に警察に指名手配されて潜伏中だった船本さんは追い詰められて、皇太子（現上皇）の沖縄訪問に抗議して焼身自殺をする。これも「帝国」の歴史にまつわる因縁と思えてくる。やがて他の活動家たちも逮捕され、起訴されて、七〇年代半ばに寄せ場の運動は衰退するんですよ。

一九六九年、平井は山谷闘争に関心を持ち始める。ブラックパンサー党員が山谷を訪問し、『あしたのジョー』の連載が始まり、矢吹丈が泪橋を渡ってドヤ街に入り、丹下段平が泪橋の下にボクシングジムを開いた翌年のことである。全共闘のあと、しばらく実家でクリーニング店をしていた平井は山谷に行き、何を見たのか。

平井　山谷を外側から支援するグループを作ろうと思った。七〇年代の初めはいわゆる「現場主義」で、活動家も労働者にならなきゃダメ、本物の労働者になるべきだという風潮が強い時代だった。それに対して僕は、もうちょっと柔軟に参加できる運動をやりたい。「山谷を支援する有志の会」を作ろうよ、と提案した。

手始めに、山谷の夏祭りや越冬闘争にミュージシャンを呼んだ。ギャラもなければ、身の危険もある、冬は寒くてギターを弾く手も凍えちゃうようなところへ、ミュージシャンとしてA-MUSIKを率い音楽評論家でもある竹田賢一らを中心に、ふだんは中央線沿線のライブハウスで演奏している連中や、「花」や「ハイサイおじさん」で知られる喜納昌吉まで来てくれました。

当時、山谷には「山谷争議団」のほかに、元赤軍系がやっている「山谷統一労働組合」があった。赤軍系といっても、その頃は連合赤軍事件を反省して大衆運動にシフトして、代表を区議会に出そうとか、完全に合法的な運動をやっていた。彼らはなぜか高橋悠治の水牛楽団を呼ぶわけ。対してこっちは、労働者に殴られようが蹴られようがやりたいことをやろうと、荒っぽいロックやパンク音楽を新宿や渋谷のライブハウスそのままにガンガンやっていた。

もちろん労働者の反発はありましたよ。つまんないとステージに罵声やビール瓶が飛んでくる。「お前らうるさい」「気持ちよく寝てんのに、いい加減にしろ」なんて、錆びたナイフまで飛んできた。そこでどう踏んばるかを考えて、山谷で演奏することで、ジャズミュージシャンの篠田昌已（サックス奏者）なんかは音楽の方向性が変わっていった。篠田もメンバーだったJAGATARAの江戸アケミも、彼の場合は横浜の寿町だけど、寄せ場でのライブで受けた示唆についてよく語っていたよね。

そういう僕らの音楽に対して、「もっと労働者に受ける音楽をやれ」「場違いな奴らを山谷に呼ぶな」と抗議する活動家もいた。けれど、山谷争議団（八一年発足）のリーダーの一人だった山岡強一さんは、「労働者とケンカしてでも何かをやるってことが大事なんだよ」と励ましてくれた。山岡さん自身がジャズファンだったこともあるけど、とにかく頭が柔らかい人だった。その上、頭でっかちな活動家と違って、山谷の現実を見ながら闘っていた。山岡さんは国内屈指の炭鉱だった北海道雨竜郡沼田町の昭和炭鉱の生まれで、かつて炭鉱には強制労働させられている朝鮮人がたくさんいた。彼らは日本が敗けたときに、昭和炭鉱の日本人を襲撃したんだけれど、ずっと朝鮮人を日本人同等に扱ってきた山岡さんの一家だけは襲わなかった、と聞いた。そんなふうに、生まれ故郷と山谷が地続きになっている人が山岡さんだったんです。山岡さんは山谷で船本さんに出会い、彼の思想を継承しようとしていました。

ヤクザの暴力は恐い

山谷は戦前から日雇い労働者の街。日雇い労働者がその日の仕事を得るには、早朝、泪橋の交差点付近で待ち受けるヤクザの息がかかった「手配師」に上前をはねられながら仕事をもらうしかなかった。職業安定所や労働センターなどの公共機関だけでは、労働者に充分仕事を供給できなかったのだ。加えて、労働災害や賃金未払いがあったときにはヤクザに頼むしかなかった。そうした中、山谷争議団は、ピンハネ率の少ない手配師と付き合い、労働者の生命と安全確保のためのパトロールを行ない、行政や建設会社に対して労働者の待遇改善を求めるなど、山谷の労働者を搾取から守ろうとした。

平井　当時（八〇年代前半）、山谷の寄せ場を仕切ろうと出張ってきたのが金町一家西戸組だった。金町一家は山谷が縄張りの博徒で、浅草の旦那衆が相手の賭場の上がり、ノミ屋、債権回収が収入源でした。それが細って八〇年代から新たなシノギとして山谷の労働者の「人夫出し（日雇い労働者の派遣）」を始めたんですよ。

長い間、神戸で港湾労働者を仕切っていた山口組なら、良い悪いは別にして、労働者をもっと巧妙に管理し搾取するノウハウを持ってたと思うけど、金町一家は労働者を剝き出しの暴力で脅し、安くコキ使っていた。ゼネコンや警察は台頭する争議団に危険を感じていた。金町一家はこれに飛びついて、彼らを潰す尖兵になろうとしたわけです。じつは金町の組長は在日コリアンでした。山谷の労働者のなかには在日の人も多いんだけれど、金町一家は容赦しなかった。

金町一家の事務所は、山谷争議団の事務所と明治通りを挟んだ反対側にあった。

僕が生まれ育った新宿のヤクザは極東会関口一家で「テキヤ」系だった。それに対して金町一家は「博徒系」なんだよ。博徒系の組は、賭場の縄張りが命より大事で、縄張り意識が強いんですよ。だから、新左翼を中心とした「山谷争議団」が寄せ場で存在感を増すのを見て、「カスリ（用心棒代、ショバ代）」を取っていやがる、といきり立った。争議団を自分らの縄張内（しまうち）に土足で踏み込み、利権を奪いに来た「縄張荒らし」だと思ったんだね。ヤクザは取られた縄張は体を張って取り返しに来る。

ヤクザの暴力は恐いですよ。争議団なんて、中心メンバーがせいぜい二十人くらい。争議団の味方になってくれる労働者でも数百人、支援者だって百人か二百人でしょう。ヤクザが本気になって暴力を使い出したら、とても敵わないですよ。

しかし、八三年十一月、山谷の街を威嚇に来た西戸組の街宣車を千人の労働者が引っ繰り返して火を点ける。争議団と金町一家との緒戦は争議団が勝ったといえる。

平井 そう。山谷争議団に南さんっていう人がいてね。南さんは元大阪府警の警官。柔道で国体に行った腕に覚えのある猛者（もさ）だった。その人が争議団の言ってみれば行動隊長でね。南さんはあるとき、金町一家の上のヤツに浅草に呼び出されたんだ。そのとき、向こうは拳銃を持ってきてね。南さんはマル暴の警官やってた人だから「お前、ハジキ持ってんだろ」と一目で見抜いた。けれど、脅しに屈しないで、一切妥協せずに帰って来た。

やがて、争議団が金町一家の事務所を攻撃するようになり、向こうも国粋会系のヤクザを総動員して反撃に出た。けれど争議団に攻め込まれて、ヤクザは事務所の二階から屋根へ飛び降り、逃げた。

それを労働者たちが下から投石し、暴動状態になった。争議団は金町一家に正面切って向かい合ったんです。

直情径行に山谷を撮り始めた佐藤満夫

八四年十二月五日、『山谷　やられたらやりかえせ』の最初の監督、佐藤満夫がキャメラを回し始める。佐藤は高校三年のときに新潟から上京。全共闘運動に参加し東大闘争で逮捕された。そののち映画評論家斎藤龍鳳（りゅうほう）の影響を受け、映画界へ進む。八三年に山谷に入り、一年間支援活動に参加したあと、山谷の映画を撮ろうと思い立った。

平井　撮り始める二週間くらい前かな、旧知の佐藤満夫がふらりと僕を訪ねて来たんです。彼は東大（列品館（れっぴんかん））闘争でパクられてね。血気盛んなヤツで、腕っぷしも強くて、映画の助監督をやっていた。ショーケンが主演した『祭ばやしが聞こえる』（七七〜七八年）という味のあるテレビドラマの助監を務めたこともあります。十一月の寒い晩、新宿の地下酒場で飲みながら、「玄ちゃん、一緒にやろうよ。金が必要になったり上映運動のときは頼むよ」と話をされたところから、僕は映画に関わり合うようになった。彼は直情径行の男でね。争議団とどういう映画を作るかを丁寧に議論するより、突っ走るように映画を撮り始めたんです。

撮影初日は映画の導入部。車にキャメラを乗せて、まだガードがあった頃の南千住駅から山谷に入ってゆく風景を移動しながら撮った。夕方に焼き鳥を食いながらゴロリと寝そべっている労働者とか、明治通り沿いの泪橋交差点の喧騒とかを映して、叙情的な良い画（え）が撮れた。ただ、僕は洗濯屋をやっていたし、映画の領域の人間じゃないから、撮影とは距離を置いて上映運動や金集めをやろうと思っていたんです。

佐藤は「映画で腹はふくれないが敵への憎悪をかきたてることができる」と書いたチラシを労働者に配り、自らとキャメラマンに生命保険をかけ、それから二週間、四十時間分のフィルムを回す。佐藤が撮った映像の中に、佐藤にとって「敵」の手先である手配師を活動家たちが吊し上げるシーンがある。言い返せず、責められるばかりの手配師と、左翼的な言辞で容赦なく追いつめてゆく活動家たちが映されるその場面には、教育を受けず、言葉を持たず、暴力だけを事とするヤクザと、言葉による闘争を積み重ねてきた新左翼があざやかに対比される。こうした私の感じ方は、おそらく製作者の意図とは異なるだろう。だが、労働者の実情に丁寧に寄り添う姿勢に欠ける佐藤の性急さが、山谷闘争に詳しくない観客にこうした印象を与えてしまうことも事実だと思う。

撮影の間、金町一家の脅迫や妨害はなかったのか。

平井 数え切れないほどありましたよ。連中にとっちゃ、シノギをやっている現場を撮られれば、犯罪の動かぬ証拠になっちゃう。それに対する反発はすごく強くて、争議団への威嚇が続いた。だから、僕らは朝の四時に何十人もの仲間を撮影現場に集めて、キャメラを取り巻く「防衛隊」を作ったんだ。でも、学生運動みたいにヘルメットをかぶって角材を持ったりしたら、労働者たちにバカにされ、心が離れてしまうからね。情けない話だけど、ビニール傘を武器に撮影隊を取り囲んでた(笑)。

その頃公安は、自分たちが持ってる争議団の情報をまだ金町一家にすべては伝えていなかった。ヤクザにとって、誰が争議団のトップで、誰が映画の人間なのか、音楽の人間なのかが分からなかった。そんななかで、平気で組員も殴っちゃうし、思い余って職安のバリケードをバーンと蹴飛ばす、一番目立って戦闘的な佐藤のことをリーダーだと思ったのかも知れない。アナーキーな佐藤はいまひとつ活動家たちとしっくり行かなかった。佐藤からすれば、「もっと協力的になってくれ」と争議団に不満をつのらせていたんだ。

佐藤監督が刺殺された

横浜の寄せ場に四人のスタッフが十カ月住み込んで撮影した『どっこい！ 人間節 寿・自由労働者の街』（七五年、小川紳介、湯本希生監督）は何事もなく撮影が終わった。同じ寄せ場にキャメラを向けながら、『どっこい！ 人間節』と『山谷 やられたらやりかえせ』はどこが違うのか。

平井 『どっこい！ 人間節』の寿町と『山谷 やられたらやりかえせ』の山谷の、二つの街のあり方は違うんです。寿は日雇い労働者たちが家族で住んでいる街で、山谷っていうのはほとんどが単身者の街だから。山谷は首都建設のための「使い捨ての労働力のプール」と言ってもいいほど、最底辺にいる人々が集められ、そこをヤクザに暴力支配させて、それを警察が操っていた。そういう資本主義社会の仕組み自体を撮ることをテーマにした『山谷 やられたらやりかえせ』と、寿に生きる人間たちと街の表情をテーマにした『どっこい！ 人間節』は、警察やヤクザにとって捉え方が違ったと思う。『山谷 やられたらやりかえせ』の方が過激で先鋭的にならざるを得なかったんですよ。

一九八四年十二月二十二日早朝、佐藤満夫がキャメラマンと二人で朝食のパンを買うために店に入り、出て来たところを、背後から金町一家西戸組筒井栄一に柳刃包丁で刺される。刃は佐藤の肺を貫通し、即死状態だった。かたわらにいたキャメラマンが路上に横たわった佐藤の姿と、病院へ運び込まれて死亡が確認されるまでをとっさに撮影し、その映像が映画の冒頭で使われる。

平井　まさか、金町一家があそこまでやるとは僕らも思ってもみなかった。

筒井は、佐藤を刺したその足で交番に飛び込み、自首したんです。その後、筒井は「佐藤をリーダーだと間違えて殺した」と自供している。これは半分ホントで、半分ウソだと僕は思う。その頃、公安は、Mさんという慶應大でブント系だった活動家がリーダーだと考えていた。彼はアジ演説が上手く、運動に慣れているからそう思われていただけで、本当は山岡さんとか釜ヶ崎から来た労働者たちが争議団の主体だった。

筒井は「佐藤をMと勘違いして刺した」と言うけれど、僕は、金町一家は争議団のリーダーじゃなく、明らかに映画の監督を狙ったんだと思う。金町一家は佐藤にキャメラを向けられ、映画の目というものの恐ろしさを知った。映画の黎明期にキャメラは「映画眼」といわれて「銃口」にたとえられた。見られること、闇の部分に光を当てられることに怯え、堅気に手を出さないという禁を破って、キャメラの目を潰すために佐藤を刺したんだ。僕は、金町一家が狙うべき人間を狙ったんだと思っている。

キャメラが本来的に持つ「暴力性」が、ヤクザに道を踏み外させ、堅気である佐藤に刃を向けさせた、と平井は言う。

佐藤が殺された夜、労働者がヤクザへの怒りを爆発させ、車が引っ繰り返され、火が点けられ、煌々（こうこう）と燃え上がる光景が映画には映し出されている。

山谷から筑豊へ、玄界灘へ

平井　正直に言って、労働者のなかに佐藤が誰だったのかを知っている人間がどれほどいたかは分からない。だけど、彼らの警官やヤクザに対する憎しみは強いんだよ。日常的に金をむしり取られるだけでなく、殴られたり、暴力的な扱いを受けているからね。警察は暴動を抑え込むため、活動家たちを逮捕したんです。

八五年初頭、争議団と映画スタッフは、これから撮影を継続するかどうかを思いあぐねた。その間も、映画のプロであるキャメラマンは山谷の光景を撮り続けたが、争議団は「映画は映画人にしか撮れない」と主張するそのキャメラマンを退け、映画の経験がまったくない山岡強一に監督になることを要請する。この映画に登場する山岡は爽やかで精悍。『花と龍』の玉井金五郎を思わせる。

平井　プロのテクニックとか技術的な問題より、山谷の問題をどういうふうに考えるか、その姿勢が一番大事なんだ、と僕らは思ったんです。山岡さんは、炭鉱も知っていれば寄せ場闘争のことも熟知していた。当時、四十五歳で、二十、三十代の活動家ばっかりだった争議団の中では重鎮だった。山岡さんの経験と時代を見る目、歴史を見る目には深いものがありました。

撮影が再開されて、僕らは手拭いで顔を隠して、また百円のビニール傘を持って、キャメラの周りを取り囲んだ。僕らの周りには何千人もの労働者がいたんだけど、山谷が普通の労働運動と違うのは、僕ら活動家と労働者の間に様々なタイプの活動家たちがたくさん入って来て、グラデーションがあったことです。

佐藤が殺されたあと、完全に公安はヤクザを指導していました。「あいつがアタマだ」「あいつが一番の頭脳だ」と情報を提供していた。

ある日、公安は山岡さんと金町一家の行動隊長を引っ張ってきて、二人を玉姫公園のベンチに座らせた。「お前ら手打ちしろ」と「ボス交」をさせたんだね。当然、山岡さんはするわけがなくて、物別れに終わった。

山岡さんはそれまで、このまま金町一家との全面対決をエスカレートさせてゆくより、争議団が本来やるべき建設現場での争議闘争に向かうために、戦いの潮目を見計らっていた。けれど、公安によって金町一家と引き合わされた段階で、彼らとの妥協はもはやあり得なくなった。

竹中労から争議団の一部に対して、ヤクザ組織との間で落着点を見出した方がいいという助言もあったと聞きますが、やはり争議団はそれを受け入れるわけにはいかなかった。竹中さんは、在日を含む極道たちとこれ以上事を構えるのは建設資本を利するだけ、と考えたらしい。


山岡が監督になり、映画は山谷から旅立つ。戦時中に徴用された台湾人が日本軍の蛮行を語り、山谷以外の全国の寄せ場が点描され、キャメラは筑豊の炭鉱に飛び、炭鉱で犠牲になった朝鮮人労働者の墓石を描写し、玄界灘を見せ、映画はふたたび山谷に戻る。これらのシーンが次々と飛躍しながら現われる。それをどう捉えるかが、観客に問われているかのようだ。

平井　山岡さんがいきなり「筑豊に行こう」と言い出した。自分も炭鉱の出身だし、山谷の労働者は元炭鉱労働者だった人が多いこともあって、山岡さんは「筑豊を描かないと山谷のことは分からない」と言い張ったんです。日本の寄せ場の人々をアジアの窮民たちと出会わせよう、寄せ場を通して日本資本主義論争や天皇制も含めた日本帝国主義論をやろう――と山岡さんは考えたんです。ここには船本洲治の思想が残影している。
完成した映画を最初に観たとき、「乱暴な映画だなあ」と正直思ったよ。説明もなく描写がぽんぽん飛んで、放り出すような感じで終わるから。共産党や既成の新左翼が作ってたらもっと教条主義的な映画になったと思う。けれど、ナマで投げ出し、問題提起をしようというのが山岡さんの思想だったんですよ。

山岡強一が銃殺される

映画の完成間際、争議団と金町一家との間で決定的な事件が起こる。

平井　争議団と労働者たちが何十人かで金町一家の事務所を襲撃して、部屋を破壊し、組の代紋が描かれた看板を叩き割るんです。そこまでやるべきだったのか。メンツが命より大事な人間たちにとって、代紋をぶち壊されるのは耐えがたいことでしょう。彼らを「命に代えてでもやるしかない」というところへ追い込んでしまった。これは下層社会の政治的判断としてはどうだったのか。
ゴールデン街の酒場に『山谷　やられたらやりかえせ』のチラシを貼らしてもらっているとき、たまたまルポライターの朝倉喬司さんに会ったことがある。ヤクザと労働者が睨み合う映画のスチール写真を見て朝倉さんはこう言ったんだよ。「君たちのやっていることは面白いな。どちらがヤクザなのか労働者なのか、ポスターじゃ分からない、それが面白い」って。朝倉さんは、都市の下層社会で日雇い労働者とヤクザが地続きで暮らしている光景を、彼独特の眼で見ていたと思う。でもね、本当は分かるんですよ。労働で食ってる奴と、人の血を絞り取ってカスミで食ってる奴は決定的に違う。笑う顔とか、目の配り方とか、よく見るとその違いは分かるんです。

八五年十二月、佐藤の一周忌を前に映画は完成した。翌八六年一月三日には玉姫公園で四百名以上の労働者が集まる中、上映会が行なわれる。しかし、一月十三日早朝、山岡強一が当時住んでいた新宿区の都営住宅から明治通りに出たとき、金町一家金竜組幹部、保科勉に射殺された。

争議団の顧問弁護士であった安田好弘に、山谷闘争と山岡強一をどう見てきたかを訊いてみた。

安田　一九八〇年に山谷で、最上(もがみ)鉄筋という前田建設の下請け業者が、労災事故を暴力でもみ消そうとしたのを告発する闘争があって、その団体交渉が警察によって脅迫とすり替えられて、山さんたちが私服警官と機動隊にパクられる事件があった。そのとき僕を含む新人弁護士十人ぐらいが一緒に動いたんです。そのチームが山谷弁護団として弁護に当たるようになるんですが、それが山さんとの出会いでした。山さんは運動のリーダーであるとともに思想的な支柱のような存在でしたね。付き合いは、山さんが殺されるまで続きました。

山さんの死には、大きな衝撃は受けなかった。あり得ることだと思っていたから。それまでも、ヤクザが山谷で好き勝手なことをやっても警察は放置して、見て見ぬふりをしてきた。それに対して争議団が反撃しようとすると、パクるとか弾圧してきた。だから衝撃と言うよりも、「警察が黙認しやがった」という怒りを感じましたね。

ただ、当時の争議団も、僕も、ヤクザの本当の怖さを知らなかったとは言えると思います。当時の認識では、ヤクザは権力から一定の利用をされる存在で、山谷で激しい闘争になったときに、ヤクザは警察の治安部隊の補完物として登場してくる、と。だから争議団側はヤクザと対峙するというより、むしろその背後に警察と国家権力を見ていた、というのかな。

安田の言うヤクザの本当の姿とは何か。いま安田は社会運動とヤクザの関係をどう振り返るのだろうか。

ヤクザへの視線が転換された

安田　その後、僕はヤクザを多少は知るようになり、ヤクザには怖い面も怖くない面もあって、ヤクザは多様だと思うようになりました。彼らの生い立ち、組織内部における徹底した搾取構造、上下関係など、ヤクザそのもののなかに様々な問題がある。しかし、山さんも含めて当時の山谷の活動家は、そういうことへの理解はほとんどなかったんじゃないか。活動家はインテリや地方出身の労働者や農民が中心で、ヤクザ出身の人は一人もいなかった。ヤクザから社会運動に関わるような人がいたら、対権力という意味で、もしかしたら統一戦線的なものもあり得たのかも知れない。でもその繋がりを維持するのは難しいだろうとも思います。

ヤクザのなかには、清水次郎長のように地域の開拓をして地元の親分になる人たちがいたり、他方で国定忠治のように民のために磔になって殉死する人たちがいたりする。けれど、両者はほとんど紙一重というか、「選択」ではなく「流れ」のなかでそうなってしまう。偶然、反権力的になったり、博奕打ちそのものになったりするわけで、それは環境があまりにも脆いからです。意を貫く場面で、ヤクザの掟とか、ヤクザの矜持が機能しているかというと、そんなものはないのかも知れない。

僕がヤクザで見上げている部分は、世襲制ではないことですね。最終的に強い奴が勝つ。「強い」と「要領が良い」の両方がないとダメ。さらに「運」がツイてないと、大親分にはなれない。頑張れば報われるわけでもないし、時間が経てば年功序列的に偉くなれるわけでもない。親分のためなら身代わりにもなる。そんな、どう進んでも得することの少ない存在。サイコロの目のような人生だけれども、そこにいるとそれ以外の生き方が年が経つにつれてできなくなる。そういう人生を送っている人たちと、社会運動あるいは革命という世界は、かけ離れている気がして、その人たちと一緒に何ができるかとなると、ものすごく複雑で難しい感じはします。

第二章で触れた、「弱者としてのヤクザ」を描いた『ヤクザと憲法』で、安田は法律監修を務めている。山谷において「国家権力の下支えとしてのヤクザ」と対峙した安田からすると、それはヤクザの二面性ということなのか、それとも時代の推移のなかでのヤクザの変質なのか。

安田　二面性もあるけれど、やはり暴対法、暴排条例以降、どこかでヤクザへの視点が転換されたと思うんですね。「秩序社会にとってヤクザは不要である」と。警察にとっても、政治家にとっても、「反社会勢力」と手を繋ぐことはいまの自分たちにとって不利益になる、となった。なおかつ、それを叩くことが称賛される時代へと変わったんだと思うんです。

その前提としては、社会全体が暴力に対して極めて厳しい見方になってきたことがあると思います。昔は「造反有理」じゃないですが、「暴力による抵抗にも、それなりの理由があるんだ」という一定の価値観があったけれども、いまは完全に、暴力＝悪となった。暴力的なるものが駆逐されるのと同時に、ヤクザも駆逐されていったのではないか。

新たな窮民たちの「義」

安田は、寄せ場労働者とヤクザの統一戦線という、あるかなきかの展望を口にし、しかし、それは現実的には難しいだろうと語った。しかし、時の流れのなかで、ヤクザはさらに社会の外へと放逐され、基本的人権すら奪われた存在になりつつある。いま、底辺労働者とヤクザは、かつてとは異なる位相で、ふたたび交錯しているのではないか。改めて、平井玄に訊いた。

平井　山岡さんが殺されて以降、争議団はヤクザを「帝国主義者」「ファシスト」と決まり文句で語るしかなかった。しかし、それで果たしてあいつらの本当の生命力みたいなものが捉えられるのか。本当の意味での下層の生命力を、山口組を含めてヤクザには搾り取ることはできなかったと僕は思う。労働者たちを深く、それもヤクザ的な部分も含めての下層の人々の力を結集することに挑むのが、寄せ場の戦いであるべきだったのではないか。

七〇年代の初めくらいから、建設現場の経営者は在日コリアンが少なからずいたでしょう。そうすると、労働者にとっては在日が敵に映るんですよ。そこで、「朝鮮人野郎！」みたいな言葉がつい出てきちゃう。それを理屈で抑えるんじゃなくて、どうやって労働者と在日たちの間に「回路」を作るのか。「日雇全協」や山谷と各地の寄せ場を連帯させようとしていた山岡さんならそれができたかも知れないと、僕は思う。

かつてブラックパンサー党のシカゴ支部長、二十一歳のフレッド・ハンプトンは、スラムの黒人たちとプエルトリカンや先住民、そしてギャングとさえ繋ぐ大きな戦線を作ろうとしていた。けれどその途上で、そのことを真に危険だと思ったＦＢＩによって殺された。

歴史ではつねに、アウトローとマイノリティ、窮民同士を結びつけようとする奴は殺されるんだよ。

彼らの連帯こそが国家を脅かすことを権力側は知っているから。

　では暴対法以降のいま、法の外に追放されたヤクザたちをどう見るのか。新宿歌舞伎町の「トー横」（行き場のない十代が集まるTOHOシネマズ横の路地）で起きている事態を見ると、彼らは相変わらず少年少女の血を吸っている。僕としては、ヤクザになる手前の「私怨」に手を伸ばす以外にないなと思います。山上徹也なんかは絶対に極道にならない。ある種の「義心」を孤独な「技術」で実現せざるを得なかった。組織に向かわない。こういう窮民たちが現われていると思います。この怨みを低く深くそのまま「義」として立ち上げられないかな。

『山谷　やられたらやりかえせ』のキャメラは、金町一家の構成員や手配師の顔を舐め回すように映す。と同時に、「面が割れる」と知りながら争議団は自らの素顔をさらす。『山谷　やられたらやりかえせ』のスタッフには、キャメラを向けることと向けられることへの二重の覚悟がある。しかし、肖像権の問題や、上映会で議論しながら観てもらうことにこだわる姿勢から、この映画は一般公開やビデオソフト化がなされず、三十五年間、自主上映され、国内外で多くの観客を集め続けている。それが山岡や佐藤の遺言であるかのように。

第十五章

義は時代も国境も超える

アジア的スケールで存在感を発揮してきた小林旭

孤高のヒーロー・小林旭インタビュー

『北陸代理戦争』、『山谷　やられたらやりかえせ』と来て、次は小林旭に話を聞こうと思った。
小林旭はヤクザ映画の虚と実をともに知る最後の映画俳優だからだ。田岡一雄山口組三代目と親交があり、日活映画のスターとして鈴木清順監督『関東無宿』（六三年）、松尾昭典監督『関東遊侠伝』（六三年）、長谷部安春監督『縄張はもらった』（六八年）といった日活ヤクザ映画に主演したあと、東映に招かれ「仁義なき戦い」シリーズなど実録ヤクザ映画の中軸を担い、和泉聖治監督『民暴の帝王』（九三年）に至るまで名立たるヤクザを演じ続けた。また、小林旭はアジアでも絶大なる人気を誇り、旭をリスペクトするジョン・ウー監督の『男たちの挽歌』（八六年）から「香港ノワール」が始まった。二〇二一年に芸能生活六十五年をすぎた小林旭に、出演作のDVDを見てもらいながら、「ヤクザと義と映画」について聞いた。

一揆をやって民を助けた親分もいた

――旭さんは美空ひばりさんとお付き合いされていた時代に、山口組三代目田岡一雄組長と親交を深められ、神戸芸能社に参加されます。三代目と神戸芸能社時代のことをお聞かせください。

旭　昭和三十年代中頃かな、ひばりと付き合い始めたとき、ひばりの紹介で親分（田岡三代目）に出会い、それから三年弱、ご一緒させていただきました。親分が面倒みてくださって、神戸芸能社の地方巡業で歌ったんです。
あるとき、地方公演の会場の楽屋にいると、その土地のヤクザ者からサインを頼まれたらしく、俺の楽屋にどっさり色紙の山が届いたんだ。俺が色紙全部にサインをしていると、歌謡ショーの幕が上がらないから、俺の付き人に代筆してもらった。そこへ運の悪いことに、サインを頼んだ側の組のヤクザ者が来て、代筆する付き人を見て、「こらァ、何しとんじゃ！」と蹴飛ばした。そのあと、ステージで歌っていると、「何しとんじゃ！」と絡んだヤクザ者が客席にいて、血のにじんだ包帯を小指に巻いて、俺の方をじっと睨んでいるんだね。親分の若い衆に詰め腹を切らされたんだ。まいったなァ……と思いながら、俺は見て見ぬ振りをして歌い続けました。

別の巡業のとき、親分がその地方のヤクザと抗争になったことがあった。俺は後から知ったんだけど、二階の部屋で休んでいる俺たちに気どられないように、若い衆たちがそっと出入りの準備をして、夜のうちに神戸から援軍が宿屋に駆けつけた。親分は一晩中、宿屋の玄関であぐらをかいて腕組みしてじっと座っていたらしい。子分衆が俺に「部屋から出ないでゆっくりお休みくださいね」と言うから、俺はピンと来たんだ。その晩のうちに親分は相手方の親分とケリを付けた。どうケリを付けたかは聞かされなかったけど、争いを収めたときの親分には凄まじい妖気が漂っていたと聞きました。翌朝、俺が親分に会うと、親分はいつもの普通のオジサンの顔に戻っていて、ニコニコしながら俺と世間話をするんです。

親分のことを人間的に素晴らしいと思ったのは、どんなに凍り付くような出来事があろうとつねに冷静に構えていること。それに、われわれ素人には一切迷惑がかからないようにするという一線を必ず引いていたことですね。われわれの前に現われるときには、絶対修羅場の話はしない。匂わせもしない。この徹底したけじめの付け方にはほとほと頭が下がった。

あるとき、親分から「わしらはヤクザや、ヤクザは極道や。極道は道を極めると書くんや。分かるか」と言われて、何も答えられなかったことがあった。ヤクザという言葉を使いながら、道を極めるとはどういうことなんだ。これをどうやって成り立たせるのか。そこにはやはり、途方もない生き方があるんだろうなあと思って、三年間、ずっと親分を見ていました。

親分だけでなく、ヤクザ社会のトップに立つ人は、けっして大きな声を出さない。あるとき、俺がたまたま、足を怪我されているヤクザのトップの人の前に立っていて、うっかり後ろに下がって、その人のギプスの足の甲を踏んづけたことがあった。普通だったら、「痛えな、この野郎！」と怒鳴られて当然だよね。けれど、俺が気付いて「あっ、すみません」と謝ると、その人は抑えた声で「イテテテテっ」とひと言。険悪な感じを一切出さないようにされた。もしその人が怒鳴ったら、たちまち若い衆が飛んできて、おそらく俺は袋叩きにされていたと思う。田岡さんに限らず、そういう気遣いができる人でなければ、凄まじい人たちの頂点に立ち、大所帯をまとめることはできないんですよ。それだけのしっかりした性根を持ち、執念を持った人たちでなきゃ統制できないと思う。

暴力団対策法や暴力団排除条例ができてからは、ヤクザ者はみんな十把一からげに悪党扱いされ、昨今は人権すら認められなくなってきたけれど、国定忠治のように、子分たちの生活を守りつつ、民百姓に迷惑がかからないように努め、民衆が困っているときには一揆をやってでも助けた親分たちがかつてはいたんです。

警察から拳銃を借りていた

小林旭は神戸芸能社で歌うかたわら、六二年から日活ヤクザ映画で着流しの侠客を演じた。

――一九六二年、日活は『花と竜』（舛田利雄監督）から「任侠アクション映画」をつくりはじめます。六三年の『関東遊侠伝』から小林さんも着物姿になりますが、違和感はなかったのでしょうか？

旭　まったくない。小さい頃から柔道、剣道、弓道と和武道をやっていて、着物には馴染んでいたから。任侠映画のアクションも、小学校四年くらいから柔道、それから長刀、剣道、和・武道を身に付けていたからどうってことはなかった。

――（井田探監督の『東海遊侠伝』［六四年］のラスト。竹林の中で竹をスパッと切り倒しながら宍戸錠と対決する小林旭のシーンを見ながら）旭さんが持っておられる脇差しは本身（真剣）ですよね？

旭 そう。竹を切らなきゃならないから本身を使いました。俺は剣道が二段だし、若い頃に「抜刀術」を学んだ。大阪毎日放送の「チャレンジショー」（六八～六九年、七〇～七一年）という番組で竹と巻き藁と角材を真剣で一刀両断にしたこともある。だから、真剣を使うことには慣れている。でも、目と鼻の先で俺がびゅんびゅん振り回すから、錠さんはビビってたけどね（笑）。このあとも『青春の門』（七五年、浦山桐郎監督）で、断腸の思いを表現する場面で真剣で巻き藁を叩き斬りましたよ。

――六三年に鈴木清順監督の『関東無宿』に出演します。（小林旭が着流しで登場するシーンを見ながら）この独特の眉毛が釣り上がったメイクは旭さんの発案なんでしょうか？

旭 そう。このときのメイクは時代劇を彷彿とさせるものにしようと思ってね。ヒーローの形をメイキャップから形作っていったんです。でもね、これは日活の任侠映画の根本的な問題なんだけど、時代劇の伝統がある東映と違って、日活は現代劇しかやってこなかったから、時代がかった任侠映画のセットが作れないし、いままで「切った張った」じゃなく「殴る蹴る」の現代アクションばかり撮ってきたから、東映みたいに立ち回りの専門家がいないんだよ。だから自分で一所懸命考えてやるしかなかった。（殴り込みで障子が倒れる場面の旭の止めのポーズを指さし）この立ち回りの切れ（最終形）は、東映だったらもっとビシッと決める。でも、俺は決めなかった。

――『関東無宿』のラストの殴り込み場面、障子が倒れてバックが真っ赤に染まるシーンが「清順美学」と呼ばれて、いまでも映画ファンの語り種になっています。

旭 このワンカットを撮るだけで丸二日かかった。殴り込みの前の俺の表情を撮っているとき、鈴木さんがキャメラのレンズの前に赤いセロハンを下から出したり、斜めから入れたりしてるんだよね。

「何ですか、これ?」って訊くと、「これは旭ちゃんの心情だよ」って。「へー、赤いセロハンが俺の心情なんだ」と思ったら、次の心情描写、背景が倒れて、バックが真っ赤に染まる照明に二日もかかったよ。『関東無宿』の頃は、鈴木清順さんが自分ならではの演出方法を懸命に模索している時期だったんだろうね。さっき言ったように、日活は現代劇の会社だから「現代劇的な任侠映画」で勝負しなくちゃならないから。『関東無宿』を試写で観て、「凝っていることをやってるなァ」とは思ったけど、俺たち役者は見得を切って倒れるだけだから、清順美学にまったく貢献していない（笑）。これを観た堀久作社長が激怒して、そのあと（六八年）の鈴木さんの解雇に繋がるんですよ。

——旭さんは『遊侠三国志 鉄火の花道』（六八年、松尾昭典監督）から、抜け目がなく剽軽（ひょうきん）な三枚目のヤクザの「片目の一本松」を演じ、新境地を拓きます。

旭 新境地でも何でもないよ。おっちょこちょいでコミカルな部分が俺の本質にあるんですよ。それに、三枚目は二枚目と違って、言いたいことが言えるからやってて楽しい。

——六七年の『爆弾男といわれるあいつ』（長谷部安春監督）の撮影中、セットで銃弾が入った拳銃が暴発し、旭さんは右手を負傷したことが新聞で報じられました。なぜこのような事故が起きたのでしょうか?

旭 もう時効だからいいだろうけど……当時、日活は撮影中のエキストラの整理のために地元の組に頼んで、若い衆に来てもらっていた。その中には悪戯小僧もいるし、性根が悪い奴もいたわけ。あの現場に付いてたチンピラがたまたま二十二口径の拳銃を持ってた。そいつがいたずらで俺の後ろのポケットに拳銃を突っ込んで、俺が引き金に触った瞬間、それが暴発して、俺の右手の甲を貫通した。（右手の傷痕を見せ）ほら、ここにまだ弾の痕があるでしょ? 二十二口径じゃなければ（右手が）吹っ飛んでたよ（笑）。

これも時効だから話すけど、「渡り鳥」シリーズで俺と（宍戸）錠さんが撃ち合う拳銃はみんなロケ先の警察から借りていた。撮影所で撮るときには調布警察。だから日活映画は拳銃が格好良いんですよ。撮影の前の日に担当の人が茶封筒に入れた拳銃を持って来るの。そんなことをやってるうちに、「映画の中で本物の銃を使っただろう」と俺が警視庁で取り調べられ、家宅捜索をされたことがあった。でもね、拳銃が出てくるわけがないよ、警察から借りてんだから（笑）。

タランティーノはちゃらんぽらんな男

六〇年代末、騒然たる世相を反映し、日活はアウトローたちが集団で、より大きな暴力に立ち向かう「集団抗争劇」を製作し始める。小林旭は『広域暴力　流血の縄張』（六九年、長谷部安春監督）、『鮮血の記録』（七〇年、野村孝監督）などに主演するが、その中で画期をなす作品が『縄張はもらった』（六八年、長谷部安春監督）である。潰れかかった組の小林旭が謀略をめぐらせ、地方都市で対立するヤクザを同士討ちにさせて大きな縄張を手に入れるが、仲間は殺され、親分に裏切られるという脚本（石松愛弘、久保田圭司）を長谷部安春が全カット望遠レンズで撮ったスタイリッシュな「現代ヤクザ映画」だ。クエンティン・タランティーノに絶賛され、近年、ニューヨーク映画祭で上映された。

旭　タランティーノは日本に来て、勝っさん（勝新太郎）と夜な夜な遊んでいて、俺も六本木でご一緒したことがあるけど、何も分かっていない勝手気ままな男だった（笑）。たまたま見た日本の映画や風俗を、その背景や歴史を知らないで「それ面白い！」とすぐに飛びつく。ひとことで言えばチャランポランな男でしたね。「これでも映画監督なんだってさ」と勝っさんが紹介してくれた（笑）。

――タランティーノのことはさておき、長谷部安春監督のことをお聞かせ下さい。

旭　ベーヤン（長谷部の愛称）は俺と同世代で、「俺たちの映画を見せてやる」という情熱と意気込みで一緒に映画を作っていた。彼には一つひとつのショットにこだわり、カットごとにポリシーがありましたね。ベーヤンは鈴木清順さんの助監督だったんだけど、清順さんみたいに情景で主人公の心情を見せる監督じゃなくて、アクションシーンをいかに面白く見せるかで勝負した、アクションにファイトがある監督だったから、俺もやりがいがあった。

――『縄張はもらった』は『仁義なき戦い』（七三年）よりも五年早く、ドキュメンタリータッチのヤクザ映画というジャンルを切り拓いた先駆的な作品です。

旭　そう。ベーヤンの最初の狙いは、渋谷で元安藤組の若い衆なんかが右往左往しているような光景を生々しいドキュメンタリータッチで撮ることだった。そこで監督と元安藤組の人たちに会ったんだけど、結局、リアルな彼らの生態を撮ることはできないと分かった。けれど、いろいろな話を元安藤組の若い衆にしてもらったり、それなりに顔が売れていた人たちにも話を聞けた。

あるとき、本職の人たちと飲んでいて、その中のひとりが冗談で、「ここにはヤクザ者はいねえよ。ただし、ひとりだけホンモノがいる。小林旭だ！」って俺のことを指しやがった（笑）。取材しながら、俺はもうヤクザになり切っていたんだね。

――旭さんはハヤカワ・ミステリのマニアックなコレクターとしても知られています。「二つのヤクザの組を同士討ちさせてともに壊滅させる」という『縄張はもらった』のプロットは、ダシール・ハメットの『血の収穫』や、それをもとにして作った黒澤明監督の『用心棒』（六一年）を思わせます。この脚本に旭さんのアイデアは入っているのでしょうか？

旭　俺じゃなくてベーヤンの趣味ですよ。着流し任侠映画の『関東無宿』とは違って、『縄張はもらった』は現代が舞台のヤクザ映画で、監督は「モダーンな情念」というものを出したかったんだ。

――この映画では旭さんは衣裳にも深く関わり、主人公が着るダボシャツはわざわざオーダーメイドで仕立てたと聞きました。

旭　そう。監督が衣裳打ち合わせで「普通のダボシャツでいきたい」と言うから、俺は「普通のダボシャツなんかじゃダメだ。ヤクザはもっとお洒落だ。本物が着ているような奴を俺が作ってやる」って言ったんだよ。その頃、本職の服はけっこう研究していたからね。それで、俺が一から生地を選んで、衣裳部に出入りしている洋服屋に作らせた。（映画の冒頭、ダボシャツ姿で刑務所から出てくる旭のシーンを見ながら）ほら、開襟シャツでピシッとボタンダウンになってるでしょ？　腹巻が紫色なのは俺の趣味。これはこのあとの『広域暴力　流血の縄張』でも着るんですよ。

――『縄張はもらった』はセット撮影もすべて五百ミリの望遠レンズで撮られています。望遠は照明がたくさん必要ですし、撮影は八月。セットはものすごく暑かったんじゃないでしょうか？

旭　この頃の日活の映画館は閑古鳥が鳴いてたから、暑いとか寒いとか言ってる場合じゃなかった。だから記憶に残ってない。

新しいことをやるとクレームが

――ラスト、旭さんが殴り込みに行く道行きは東京の繁華街で撮られています。後ろからチンピラが旭さんに斬りつける。それを旭さんがかわして、チンピラを捻じ伏せ、ドスをポーンと路上に投げ捨ててまたすたすた歩いていく。ロケ場所はどこでしょう？

旭　（画面を見ながら）これは渋谷の栄通り（現在の文化村通り）。ここは全部隠し撮りですよ。歩いてゆく俺を、隣のビルの屋上からキャメラが大望遠の俯瞰で狙っている。離れた場所から助監督が手旗信号で俺に合図して、俺はタイミングを見計らって歩き出すの。後方のチンピラには「タイミングがいいところで遠慮なく刺してこい」と言っておいた。（旭とチンピラの格闘に慌てふためく通行人を見て）小林旭が襲われてみんなびっくりしてるよ（笑）。いまの時代だったらとてもできないよね。

――殴り込みは、モダンなセットで凄絶な殺戮が繰り広げられ、バスルームの真っ白いタイルに鮮血が飛び散る。最後、旭さんが腰だめにドスを握って戸上城太郎さんを刺殺する瞬間がフラッシュバックで三回繰り返され、旭さんの殺意の噴出が表現されます。

旭 これもベーヤンの狙いだよ。殺陣（たて）は、俺の相手方の動きは殺陣師（高瀬将敏）がつけて、自分の立ち回りは俺が「こうやって、そのあとこうやろう」と決めた。

――ラストシーン。復讐を遂げたあと、血まみれになって外に出てきた旭さんと錠さんが煙草を吸うシーンは映画に余韻を残します。旭さんが「こんなひでえヤクザって見たことねぇ」と言うと、錠さんが「ヤクザってひでえもんだよ、分かってなかったのか」。

旭 たしかこの場面の撮影準備中、俺と錠さんが血まみれの衣裳のままで待機しているとき、俺が煙草を吸いたくなったんだ。でも手が血だらけだから付き人に「お前、吸わしてくれ」って言った。それを見ていたベーヤンが「それいいね！」、それであのシーンができたわけ。最後のセリフは台本に書いてあったと思いますよ。

――「このシーンが不真面目だと会社に怒られた」と長谷部監督が語っています（長谷部安春インタビュー［聞き手＝ダーティ工藤］『CINEMATOGRAPH』第六号）。

旭 あの当時はちょっとでも新しいことをやるとクレームがついた。まァ、日活も客が入らなくなってきて、何をやっていいか分からなくなり、焦っていたんでしょうね。俺らは何を言われても、無視してどんどんやってたけど。

――六〇年代末、裕次郎さんは『黒部の太陽』（六八年、熊井啓監督）、『栄光への5000キロ』（六九年、蔵原惟繕監督）といった大作を製作し、錠さんはバラエティ番組『巨泉×前武ゲバゲバ90分！』（六九～七一年）に出演するなど、他のスターが次々日活を離れる中、旭さんだけは最後まで会社に留まり、日活を支えました。どういう思いだったんでしょうか？

旭　俺はぶきっちょだから、あっちへ行ってこっちへ行ってというような器用な生き方ができない。「会社に留まって」というと聞こえがいいけど、ただ黙々と日活の中で仕事をこなしてたという感じですよ。幸い、日活時代の後半、昭和四十年代に入った頃から歌の方がよう売れて、年に一カ月くらい商業劇場で座長公演をやるようになった。日活の最後の頃には、『ついて来るかい』（七〇年）とか『ごめんね』（七一年）なんてヒット曲も出始めたしね。

広島独自のヤクザ社会が分かってきた

七一年八月、日活はアクション映画の製作を中止し、同年十一月からロマンポルノ路線をスタートさせる。小林旭は七二年に東映に招かれ、第一回主演作品『ゾロ目の三兄弟』（山下耕作監督）に出演した。かつて日活で映画化された今東光原作「河内ぞろ」シリーズ（六四～六五年、宍戸錠主演）のリメイクである。

旭　『ゾロ目の三兄弟』が終わった頃かな、俊藤浩滋さんがウチを訪ねて来て、「今年のお盆映画は、鶴田（浩二）、高倉（健）、若山（富三郎）、旭の四大オールスター映画（『博奕打ち外伝』［山下耕作監督］として映画化）や。そのあとのあんたの正月映画も考えとる」って言ったんだ。だけどその頃、俺は『ついて来るかい』や『ごめんね』がヒットしていて、歌の仕事でスケジュールがいっぱいだった。それでも、「せっかく言ってきてくれたんだから、二日ぐらいなら空けてもいいかな」と思っていた矢先に、俊藤さんが俺の留守にまた訪ねて来て、「これ（俊藤の訪問）、旭ちゃんの東映への面通しやからな」と女房に言い残して帰っていったんだ。「何が面通しだ！　ヤクザの舎弟盃じゃあるまいし」と俺はその一言にカチンと来てね。「俺は長いことこの世界でやってきた。いまさら面通しはねえだろう。鶴田、若山はともかく、健さんとは友達だ。何言ってやがる。じゃ、俺は出ねえ！」って俺も強情だから臍を曲げて、俊藤さんのオールスター映画の話を蹴っちゃった。それでも俊藤さんはあきらめないで四日くらいウチに通ってきたのかな。最後の日に俺がウチに帰ってくると、俊藤さんがいて、「いろいろ話し合ったけど、あんたは映画俳優やないわい！」って吐き捨ててパッと椅子を立った。「ええわい。分かった。小林旭は映画より歌。歌えやッ！」って啖呵を切って帰っちゃった（笑）。

家を訪ねて来たとき、俊藤さんの頭の中にはすでに東映の中での小林旭の路線が考えてあって、オールスター映画の次に考えていた正月作品が『仁義なき戦い』だった。あのとき俊藤さんの仕事を受けてたら、東映の中で小林旭の作品はもっとあったと思うけれど、でもこれでよかったんじゃないですかね。

——七三年に日下部五朗プロデューサーから「仁義なき戦い」シリーズ第三作、『代理戦争』への出演依頼があります。

旭　東映が「『仁義なき戦い』を助けてくれ」って言ってきた。「これはもうお付き合いだからしようがないな」と思って出たんです。

——旭さんが『仁義なき戦い』で東映京都に行ったとき、川谷拓三さんや室田日出男さんの「ピラニア軍団」といざこざがあったと聞きました。当時、売り出し中だったピラニア軍団のことを旭さんは洟（はな）も引っかけず、それがピラニアの気に食わなくて、飲み会の席で岩尾正隆さんが「お前な、腕自慢らしいな」と絡んだ。旭さんも受けて立って、岩尾さんが幅三センチの出刃包丁をガッと掴んで、

「勝負しろ！」。室田日出男さんも「やれッ！」と煽って、大乱闘になり、高岩淡所長が止めたと……

（松方弘樹の証言。『無冠の男　松方弘樹伝』［松方弘樹・伊藤彰彦著］より）。

旭　そんなことがあったかな。まあ、よくあることですよ（笑）。

――旭さんが演じた「武田明」は主役ではないですが「儲け役」ですね。

旭　俺が出るということになって。脚本（笠原和夫）で武田明という人物をいろいろふくらませたみたい。

――役作りのために、モデルである服部武さん（共政会二代目）と月に三回くらいは銀座で飲んで取材したと語っています（『永遠のマイトガイ　小林旭』たちばな出版）。

旭　服部さんに会って一緒に飯を食ったり銀座で飲んだりしながら、ずいぶん話を聞きました。服部さんは倉庫やキャバレーを運営したりして、財政をしっかり築き上げながら若い衆を食べさせていた、ひとかどの親分だった。服部さんに話を聞いて、広島独自のヤクザ社会がどのようにできたのか、どうして広島に共政会（「仁義なき戦い」シリーズの「天政会」のモデル）が結成されたのかが分かった。服部さんの役は『仁義なき戦い』の中でも面白い存在だなあ、とがぜん興味が湧いてきたんですよ。それで服部さんにいろんなことをずけずけ聞いて、ついつい服部さんに、「そこが面白いから大きくしましょうか」と言ったら、隣にいた子分が立ち上がって、「オイ、コラッ、うちの親分に何勝手なこと言うとんじゃ！」（笑）。

その人の本質をいかに演じるか

――武田明はずっとサングラスをかけています。服部さんもかけておられたんでしょうか？

旭　いや。あれは深作（欣二）さんの好み。打ち合わせのときに作さんに「ちょっと旭さん、メガネしてみてよ」と言われて、それで色付きのメガネをかけた。

――目の芝居を見せられないつらさはありませんでしたか？

旭　それはあった。目以外の表情や体全身で感情を表わすしかないからね。（『頂上作戦』で武田明が梅宮辰夫を怒鳴りつける画面を指さし）ほら、武田明は顔をずっと突っ張らせているでしょ。

――武田明の背広の色や柄も旭さんが選ばれたんでしょうか？

旭　わりと一所懸命考えて、凝ってやりましたよ。神戸、大阪とは違う広島ヤクザならではの服装があるんだ。神戸芸能社で西日本に行ったときに、その感覚を摑んでてね。

――他の役者が熱演する中、武田明だけがすごく醒めた目で冷ややかに抗争の成り行きを達観している気がします。これは計算でしょうか？

旭　計算ってわけでもないけど、そもそも服部さんという人がそういう立ち位置の人だからね。広島戦争の中で冷酷に情勢を判断して、映画の中の金子信雄さん（山守義雄役）以下、丁々発止とやる奴を冷静に見ている。

――「普通の俳優は自分が演じるパートしか考えていないが、俺は監督の気持ちに立ち入ってまで演技をした。そんなところが、俺の役者馬鹿たるゆえんかな」と『永遠のマイトガイ　小林旭』で語っています。「いいショットになるような芝居をしていってあげようと思った。監督が撮りたくなるようなアングルにしてあげようってこと。そこまで考えて芝居するんだよ」とも言っていますが、「いいショット、いい画面になるような芝居」とはどんなふうにしたんでしょう？

小林　俺はキャメラをいじれるし、でき上がる画が想像できるんですよ。だから、セットの中で俺がこういうふうに歩いて、こう落ち着いて座って、こうしゃべったら、こういう画になるだろうな……ということが分かる。そして、監督が考えるこのシーンの狙いは、キャメラを通してみるとこういうことだろうな、ということが憶測できる。その通りにやってあげて、それでもまだ監督から演出のアイデアが出てこないときには、逆にこっちからアイデアを出してあげる。

――たとえば、『仁義なき戦い　頂上作戦』（七四年、深作欣二監督）のラスト。広島の裁判所の廊下で旭さんと菅原文太さんが「間尺（ましゃく）に合わん仕事したのう」「わしらの時代は終（しま）いで」と語り合うシーンでは、どんなアイデアを出されたんでしょう？

旭　（モニターの武田明のハダシを指さし）まず裸足で行こうと決めたんだ。次に、テストのときに、足がかじかみ、擦り合わせる芝居をやってみせて寒さを強調した。すると、作さんが「あぁッ」と声を出してね。美術部に「窓の外からもっと雪を降り込ませてくれ」と指示を出し、廊下をより冷え込んでいるように見せたんだ。ささやかなことだけど、こんなふうにひとつのアクションが監督のアイデアを誘発するんですよ。

――ジャズのセッションのようですね。芝居が新しい演出を引き出し、演出がそれを役者に投げ返す……。

旭　そう。現場はそのためにあるわけだから。俺はずっとそんなふうに演ってきた。たとえば、ひとつのシーンをテストで何回か演じるでしょ。そのとき、監督の顔がキラッと光るとき、上を向くとき、横を向くとき、俯（うつむ）くときがある。キラッと光るときと上を向くときを覚えておいて、その芝居をもう一度やってみせるんです。俺らの仕事は、椅子にくっついているお客さんの背中を離して、身を乗り出して観てもらうことだから、現場でまず監督が身を乗り出してくるような芝居をしなくちゃならない。

――「仁義なき戦い」シリーズではたくさんの俳優との絡みがありますが、やりやすかった人、やりにくかった人はいますか？

旭　ない。俺は誰でも、どんな芝居でも受けられる。「なんぼでも来いや。（芝居を）立て直してやるわい」という気持ちがいつでもあるんです。

――モデルの服部武さんは旭さんの武田明を観て、どうおっしゃいましたか？

旭　（きっぱりと）知らない。聞いてもいないし、観たかどうかも知りません。モデルの人がどう思うかは、俺には関係がない。取材でモデルの個性を引き出し、掬（すく）い上げて、自分のものにして表現するのが役者なんですよ。それも表面的な癖じゃなく、その人の持っている本質をいかにこっちが捉えて出していけるかだね。

差別によってヤクザになった人

――旭さんは「仁義なき戦い」シリーズで広島極道を演ずるかたわら、『青春の門』では筑豊の侠客、塙竜五郎を演じます。竜五郎は徴用されて炭鉱内で働かされている朝鮮人や被差別部落民の味方になり、ライバルの仲代達矢さんがダイナマイトで爆死したあと、その妻の吉永小百合さんと息子を見守る、まさに「義侠の人」です。

旭　塙竜五郎は好きな役だね。日本人の原型のような男。戦前戦後をしぶとく生き抜き、筑豊のヤマの中で活躍したこういう素晴らしい男がいた、と思ってもらえるように演じたんです。

――『暴力街』（七四年、五社英雄監督）では安藤昇さんと共演します。この映画では、元ヤクザで銀座のクラブの経営者が安藤さん、安藤さんの暗殺を命じられたヤクザが旭さん。安藤さんの思い出を聞かせてください。

旭　俺はガキの時分に、渋谷で安藤組を束ねて、肩で風切って歩いていた全盛期の安藤さんの姿を見てたから、役者になってからの安藤さんは、「ようここまで我慢してやってるなあ」という感じだったな。

――七四年には戦争映画『あゝ決戦航空隊』（山下耕作監督）に出演します。「特攻の父」といわれる大西瀧治郎を鶴田浩二さん、大西に依頼され海軍を経済的に援助する児玉誉士夫の役が旭さんでした。児玉誉士夫さんにはお会いになられましたか？

旭　児玉さんはこの（小林旭邸の）坂の上にご自宅があったの。お宅には何回かお邪魔しましたよ。児玉さんが岸元首相や田岡三代目と会ったときのことを写真付きで説明されたり、これからの日本はこうあるべきだという政治の話をされるんだけど、厳しい空気が張り詰めた児玉邸で、こっちはこっちになって、「そうですか、はいはい」と相槌を打つだけだった（笑）。『あゝ決戦航空隊』で児玉さんの役を演ることが決まってご挨拶に行ったら、児玉さんは、そのとき身に着けていたネクタイとワイシャツをくださったんです。ワイシャツはサイズが合わなくて着られなかったけど、児玉さんからもらったネクタイは映画の中で締めていますよ。この映画で僕がずっと着けているグレイのネクタイがそれ。児玉さんはそれから間もなく亡くなられたから、形見だと思ってくださったのかも知れない。

――『日本暴力列島　京阪神殺しの軍団』（七五年、山下耕作監督）では柳川次郎を演じます。柳川さんが在日コリアンということで、多くのスターが断った役を旭さんは引き受けた。どういう思いだったのでしょう？

旭　プロデューサーや監督が最終的に俺を選んでくれたわけだから、やってあげないといけないと思ってやっただけ。でもこの映画の影響で、小林旭は韓国籍だといまだに言われてるけれど（笑）。撮影の前に柳川次郎さんに会いに行った。小柄な人だったけれど、やることは豪気だったね。自分がしている何百万円もするようなド派手な時計を外して、「旭、お前にやるよ」と寄こすような人だった

（笑）。

――『京阪神殺しの軍団』は、ヤクザ映画の中でも民族差別を受けた者への労り（いたわ）と連帯を描いた画期的な作品だと思いますが、旭さんは民族差別をどう思われますか？

旭 柳川さんに会って話を聞くうちに、ヤクザになるのはこういう差別を受けた人なのか、ヤクザになってしまう世界があるんだと思いましたね。それを知って、「よし、俺が柳川さんを演じてやろう」と。あとになって、『春来る鬼』（八九年）という自分の監督作品で、ハンセン病がいかに流行って、差別を生んだかを描いた。日本人の源流を辿ると、必ず差別、被差別に突き当たるんだよね。

――旭さんが演じると、広島極道であれ在日コリアンであれ、「こういう人でありたい」とつい思ってしまいます。

旭 そうね。「こういう人でありたい」という思いは演っている俺にもあるね。俺のやっている映画の仕事というのは、民衆のための夢を作って売っていく仕事だから、どんな役だって「こうなりたい」と思われるようにやっていますよ。

――『唐獅子警察』（七四年、中島貞夫監督）のラストの旭さんには鳥肌が立ちます。渡瀬恒彦さんとの死闘の末、瀕死の状態で車に乗り、山道を走っていて、手が言うことを聞かなくなるや、ハンドルを口でくわえて操ります。鬼気迫るこの演技は旭さんが考えられたのでしょうか？

旭 そう。現場でロケーションしているときにアイデアが閃いてね。それで、ハンドルを口でくわえる芝居を中島監督に提案して、「本当にそれがやれるようだったらやってみようか」と監督が言ってくれたから、リハーサルなし、一発本番でやったんです。

十四億円の負債から、『昔の名前で出ています』へ

七〇年代半ば、小林旭は東映実録ヤクザ映画に出演する一方、私生活では最大の危機に瀕していた。ゴルフ好きの小林は七四年に「御前山カントリークラブ」の運営会社を設立するが、翌年には用地買収費などが嵩み、会社が破綻。十四億円もの負債を背負うことになる。銀行からは見放され、ついには債権者が依頼したヤクザが自宅に押し寄せた。

旭　女房と子供は弁護士に預けて、俺一人で家に籠もっていたら、ヤクザが玄関の扉を蹴破って入って来てね。自分の借金のせいだから警察を呼ぶわけにはいかない。仕方がなく車に乗せられ、川崎の倉庫街に連れて行かれました。何するつもりだろう。埃だらけの倉庫に畳が敷いてあって、事務机があった。「映画のセットみたいだなあ。何するつもりだろう」と思っていたら、六人くらいのチンピラに取り囲まれて、「どうするんだよ」って尻に蹴りを入れられ、「お前一人ぐらい消すのは簡単だ」と引きずられて、口答えするとロクなことがないと思ったから、やりたい放題にされていた。「最終的にどうするんだろう」と思っていると、チンピラが俺の目の前の畳にバン！　とドスを突き刺した。その瞬間、頭の中が真っ白になったんですよ。パッと電気が点いたように明るくなって、何も音が聞こえなくなった。「ああ、これで俺も終わりかな……」と思ったところへヤクザのトップが現われ、「どうすんだよ！五千万円もらわなければ、こっちも明日から生活が立ち行かねえ」。「いや、金はまったくない」。「ないで済む問題じゃねえだろ！」とまた怒鳴りつける。「そうです、その通りです」って言って血の気が引いた。そのとき、とっさに思いついたんだ。「組長。俺がいま歌うと、ワンステージで二百万円くらい取れるんですよ。十日もやりゃ二千万になるし、二十日も歌えばどうにかなるんじゃないですかね」って言ったんです。さらにずうずうしく、「仕事取ってきてくださいよ」と組長に言うと、「俺

らヤクザもんが仕事取れるわけがねえだろっ！」って言われたので、「いやいや、そう言わないで、プロダクションかなんか作ってくださいよ」（笑）。結局、最後は組長が「そうだなあ、お前の言う通りだな。その通りにする方がいいかも知れねえ」って。それで何だかんだあって、帰りは丁重にタクシーで家まで送ってもらいました（笑）。

――そういう旭さんのタフさ、土俵際での粘り強さはどうやって身に付けたんでしょう？

旭　映画の撮影で三回くらい死に損なったんです。二十メートルの高さからスタントなしで飛び降りたとき、落ちる瞬間に閃くものがあって、体をかわし、それで怪我だけで終わって、命がなくならないで済んだ。土壇場で自分の頭の中が真っ白になった瞬間、映画のワンシーンを見ているように思えて、そこで閃くものがあるんですよ。

――なるほど。先ほどの話の続きですが、ヤクザが「付き馬」になってキャバレー回りをなさったんですか？

旭　二年間やった。あの頃はキャバレーがいっぱいあったからね。東京では一日のうちに五、六軒回り、地方に行くと一日のうちに昼夜、二回ショーができた。最初はヤクザが何人もくっついて来るので、キャバレー側も尻ごみしていたけれど、俺の歌が売れて、客が入るもんだから「とにかく来てくれ」と。そのうちヤクザの方が離れたところで遠巻きに見るようになった。組長が指示したのかな。

――そんなとき、七五年に発売された『昔の名前で出ています』が累計二百万枚以上の超ロングセラー、旭さんのシングルで最大のヒットになります。

旭　そう。この曲が日本有線大賞（第十回　日本有線大賞特別賞）を獲ったあとは、キャバレーの客が倍以上になって、クロークのところまでテーブルを出して客を入れていた。最終的にはワンステージ五百万円までギャラが跳ね上がって、この曲のお蔭で俺は借金が完済できたんです。

台北で「熱烈歓迎!」

九〇年代に入り、小林旭はふたたび東映に招かれ、二本のヤクザ映画に主演する。『修羅の伝説』（九二年）と『民暴の帝王』（九三年、ともに和泉聖治監督）である。

――『修羅の伝説』は香港映画好きの和泉聖治監督らしい、アジア映画のテイストのある、一人の伝説的なヤクザを描いた映画です。

旭 ある日、岡田茂さんと俊藤さんに東映本社の社長室に呼ばれてね。「ヤクザ映画をやりたいんだけど、何かいいタイトルないか?」と俺に訊くんだね。「『修羅の伝説』なんてどうですか?」と言うと、「ああ、それいいねえ!」と岡田さん。俊藤さんも「ええなあ!」なんて言ってね。それでタイトルは決まったから、次にギャランティーを決めようということになった。（ラストで旭が室田日出男を叩き斬る場面を観ながら）室田はいい役者だったな……。

――翌年の『民暴の帝王』は、経済ヤクザの先駆け、稲川会二代目会長・石井隆匡（たかまさ）さんがモデルの「江田晋」を演じます。モデルの石井会長は映画の前年に亡くなりましたが、ご本人と面識はあったのでしょうか?

旭 生前にお会いしてね、踏み込めるところまでは踏み込んで聞きましたよ。石井会長のゆったりした立ち居振る舞いとか、スーツの着こなしだとか、吸収できるところは吸収したね。表情を変えないで数十億円の金を右から左に動かすような所作を心がけました。

六〇年代、香港の映画会社ショウ・ブラザースは日活アクション映画を約二百本まとめて購入し、香港に日本映画専門館ができた。そこで上映された小林旭の映画を観て、旭に憧れていたジョン・ウーは『男たちの挽歌』（八六年）を作るとき、若い頃の旭にルックスが酷似していたチョウ・ユンファに主演を委ね、ユンファは積極的に旭のアクションや所作を真似たという（『フィルムメーカーズ12 ジョン・ウー』責任編集・宇田川幸洋、キネマ旬報社）。

――旭さんの映画は香港、台湾などでどのように受け止められたんでしょうか？

旭　「渡り鳥」シリーズの頃、台北に行ったんです。飛行機が着いてタラップを降りたら、空港ビルに向かって真っ赤なカーペットが敷いてあった。ビルの壁には「熱烈歓迎！　小林旭先生」という垂れ幕。黒山の人だかりが押し合いへし合いしながら待っていて、俺が歩き始めるとウォーという地響きのような歓声が聞こえてくるんです。税関を通るとき、パスポートを羽田空港のカウンターに忘れてきたことに気付いたんだ（笑）。しまった！　と思っていると、通関の責任者が俺の方にツカツカと歩いて来て、俺の袖をめくって、渡航用の予防接種の痕を確かめ、「とにかく行け！」とパスポートなしで通してくれた（笑）。俺が乗ったリムジンを憲兵のバイクがサイレンを鳴らしながら先導してくれるんだけれど、台北でも東南アジアのどの国でも万単位の人たちが集まってきて、身動きが取れない。台湾では蔣介石総統と宋美齢夫人に招待されて、五曲歌いました。

日本人は義俠心を失くしてしまった

――九〇年代、ジョン・ウーは旭さんに映画出演をオファーします。

旭　ジョン・ウーが仕事（『ミッション・インポッシブル2』［〇〇年］のプロモーション）で東京に来ているとき、帝国ホテルで会いました。ジョン・ウーが部屋の入り口から俺の方へ、手を合わせて土下座して這いずって来るんだよ。俺はびっくりして、椅子から立ち上がった。香港で初めてジャッキー・チェンに会ったときには、「オー、マイ・アイドル！」ってあちらから飛んで来た。「マイ・アイドル」って言われるとちょっと困るけれどね（笑）。

――ジョン・ウーとの映画の企画はどこまで進んだんでしょうか。香港を舞台にして、旭さんが香港の俳優たちと共演する「義」というタイトルの映画だったと聞きます（『映画秘宝』〇五年九月号）。

旭　残念ながら企画は進まなかった。でも、ジョン・ウーが提案してきた映画のタイトルが「義」であったことは心に響いたね。最近の日本人は義侠心を失くしているでしょ。重箱の隅をつつくようなことばかり探して、いびって楽しむようなことばかりが目立つ。そんなことより、魂を揺さぶるようなほんとうの義侠心を育てて、できるだけお互いに労り合って、かばい合って、ゆっくりと落ち着いて、悪いものは悪い、良いものは良いというふうにすれば、何かできるんじゃないかなという気がするんだよね。

――魂を揺さぶる義侠心を持ったヤクザを旭さんがふたたび演じる日を待ち望んでいますが、『民暴の帝王』以降、主演作がありません……。

旭　オファーはいくつかあったんだ。たとえば文太がやった『わたしのグランパ』（〇三年、筒井康隆原作、東陽一監督）も最初に俺にどうかと話が来た。少女（石原さとみ）が主役で、元ヤクザのお祖父さんの役。プロデューサーに言ったんだ。俺がやると、孫娘がいるような好々爺のおじいちゃんにはならないよ。「元」じゃなくて、現役になっちゃうよって（笑）。

『花と竜』（六二年、舛田利雄監督）で玉井金五郎を演じた石原裕次郎が捜査第一係長（『太陽にほえろ』）になり、高倉健がドスを捨てて「幸福の黄色いハンカチ」に涙ぐみ、菅原文太がサングラスを外して

「トラック野郎」になろうとも、小林旭だけはどこまでも、ヤクザを演じ続ける。日本人の源流を太古の三陸の地に求めた『春来る鬼』を監督したことからも分かるように、小林旭はヤクザに日本人の原風景を見ていたのだ。それればかりではなく、敬意を抱ける人間にはヤクザであろうが何であろうが構わず付き合った。そうした旭は世間の批判にさらされもしたが、旭の孤高の精神を深く理解したのがジョン・ウーやジャッキー・チェンなど、かつて旭の映画に心を揺さぶられたアジアの人々だった。

「義は時代も国境も超える」。小林旭にインタビューし、そう思わずにはいられなかった。

第十六章

逸脱者たちの未来

関本郁夫監督『極道の妻たち　死んで貰います』©1999　TBSテレビ・東映ビデオ

「歴史の闇」は「新しい倫理」に生まれ変わるのか

一九八〇年代後半、バブル経済の隆盛とともにヤクザ社会は肥え太っていく。一方、東映ヤクザ映画は『極道の妻たち』以外に新機軸を見つけられず、低迷した。そしてバブル崩壊後の九二年に施行された「暴力団対策法」は、ヤクザ社会とヤクザ映画にともに決定的な打撃を与えた。

脚本家の笠原和夫は、ヤクザ映画を書かなくなった理由を、二〇〇二年に刊行された『昭和の劇映画脚本家　笠原和夫』でこう語っている。

現代劇として「経済ヤクザ」を描くなら、四大銀行が貸付先の倒産や不渡りの情報を入手したり、土地の買い占めをするためにいかに総会屋やヤクザを使ってきたかを描かなければならない。だが、銀行から金を借りている東映株式会社にはそれができなかった。銀行のみならず政治家をも巻き込んだ利権争い、立体的でダイナミックなジャパニーズ・マフィアの構造を描かなければ、ヤクザ映画なんて作る意味がない、と。笠原が言う「ヤクザと政財界の関わり」をテーマにした東映ヤクザ映画が、俊藤浩滋・高岩淡製作、溝口敦原作、高田宏治脚本の『民暴の帝王』（九三年、和泉聖治監督）である。「民暴」とは「民事介入暴力」の略称。暴力団またはフロント企業が、資金獲得の手段として、一般市民の社会生活や経済取引に介入、関与することを指す。

銀行のことを書くな

この映画の前年、「暴力団対策法」が施行されるタイミングで、ヤクザ相手に戦う「民暴」専門の弁護士（宮本信子）を主人公にした『ミンボーの女』（伊丹十三監督）が公開された。ヤクザへの社会的考察がないまま、ヤクザをひたすら戯画化したこの作品は、ヤクザによる監督への襲撃事件を招いたが、大ヒットする。俊藤浩滋はこの作品に対抗し、ヤクザ側から民事介入暴力の実態を描こうとした。主人公「江田晋」のモデルは、「山一抗争」の終結に尽力し、「東京佐川急便事件」のフィクサーとして知られる「経済ヤクザ」の先駆け、石井隆匡二代目稲川会会長。前章で触れたように、この江田を小林旭が颯爽と演じ、いまのところ小林にとって最後の映画主演作となった。映画では、石井隆匡が関与したとされる「住友銀行による平和相互銀行の吸収合併」、「平和相互銀行の岩間カントリークラブ開発」、「東京佐川急便からの巨額の融資」と思しき事件が描かれる。しかし、高田宏治は「俊藤さんから『銀行のことを書くな』と釘を刺され、経済事件は点描に留めた」と証言した。また、この映画を観た経済評論家の佐高信はこう語る。

佐高　『民暴の帝王』では、住友銀行や平和相互銀行やイトマンがなぜヤクザの力を借りなければならなかったかがちゃんと描かれていない。政界や経済界には主流と傍流があるんです。三井・三菱銀行は頭取が日銀総裁になれる主流。それに対し住友は大阪の銀行ということもあり、頭取が日銀総裁にはなれない傍流です。主流の三井・三菱は汚れ役を置いて汚れ仕事をさせ、裏社会の侵入を食い止める仕組みがきちんとできていますが、傍流の住友とか、住友の商社部門であるイトマンにはちゃんとした仕組みができていないから、裏社会に付け込まれるんです。

「住銀の天皇」の磯田一郎が、東京の平和相互銀行を吸収合併し、三井・三菱を超えようとし、そこで無理をした。イトマンを汚れ役に使い、裏社会の力を借りざるを得なくなる。『民暴の帝王』は、主流である財閥系の銀行がいかに裏社会の侵入を食い止めているかという仕組みと、傍流の住友銀行が裏社会と手を結ばざるを得なかった理由、さらには住友と平和相互銀行の合併にいかに竹下登のような傍流の政治家が力を貸したかが描かれていません。

『ゴッドファーザー』三部作（七二～九〇年、フランシス・フォード・コッポラ監督）は、マフィアと政財界およびバチカン法王庁との関係を各所からの圧力を押し退けて描いた。一方、東映（のみならず日本のメジャーな映画会社）にはそれが不可能だった。俊藤浩滋はヤクザと政財界の関わりは彩りに留め、物語の縦糸を武闘派ヤクザ（渡瀬恒彦）と経済ヤクザ（小林旭）の対立にして、ラストで双方のトップが手打ちをしたことに我慢がならない渡瀬恒彦を小林旭のもとに殴り込ませた。

このパターンは任侠映画以来の紋切り型で、いかにも古い。もし東映が蛮勇を振るって銀行を説得し、『民暴の帝王』が佐高信の指摘した住友と三井・三菱の関係と、関西ヤクザと関東ヤクザの対決を重ね合わせ、傍流＝大阪から主流＝東京への挑戦を描くことができたならば、この映画によって「政財界の闇を描くヤクザ映画」という新たな地平に斬り込めたのではなかろうか。

Vシネマが切り拓いた新・チンピラ映画

八〇年代後半以降の東映ヤクザ映画は、『民暴の帝王』のみならず、『継承盃』（九二年、大森一樹監督）も『修羅場の人間学』（九三年、梶間俊一監督）も『首領を殺った男』（九四年、中島貞夫監督）も、四十代以上の男性客しか動員できず、いずれも当たらなかった。

そうした中、東映は若い客層を獲得しようと、当時トレンディードラマの人気俳優だった陣内孝則と柳葉敏郎を主演に招き、『ちょうちん』（八七年、梶間俊一監督）、『極道渡世の素敵な面々』（八八年、和泉聖治監督）、『疵』（八八年、梶間俊一監督）、『さらば愛しのやくざ』（九〇年、和泉聖治監督）といった「ニューウェーブヤクザ映画」と呼ばれる作品を作り始める。この路線の先蹤となったのが、八三年に公開された金子正次の自主製作映画『竜二』（金子正次脚本・主演、川島透監督）である。主人公の竜二は、ヤクザ社会から足を洗って家庭を持ちながら、妻が商店街のバーゲンセールで服を買っている姿を見て、哀しみを覚えてふたたびヤクザ社会に舞い戻っていく。従来の東映ヤクザ映画と異なり、竜二のシノギはささやかで、竜二の中のヤクザとカタギの閾は低く、彼はヤクザとカタギの二つの世界で揺れ動いている。この映画は「ホームドラマヤクザ映画」としてマスコミに取り上げられ、「東映ヤクザ映画以降のヤクザ映画」と批評家の評価も高く、興行的にも成功したが、金子正次はこの映画の公開中、胃がんのために三十三歳で逝去する。金子の遺稿を脚本家の塙五郎が脚色し、陣内孝則主演で映画化された『ちょうちん』は、エヴァン・ルーリーのバイオリンに乗せて、ちょうちんのように揺れながら、愛する女性（石田えり）とその連れ子のために足を洗おうとしたとたん、がんで死んでゆくヤクザのやるせなさを描いた佳作だった。しかし、この路線の他の映画は、金子の脚本にある屈託も冷徹な自己凝視もなく、バブル経済期の日本のファッショナブルな装いをまとっただけの作品で、ビデオでは売れるものの、しだいに劇場での興行成績は落ちていった。

こうした映画の苦境を救ったのが、八九年から始まる東映Vシネマである。「Vシネマ」とは東映の登録商標であるが、本稿ではビデオ鑑賞用に製作された作品（劇場公開されたあとビデオで発売されたものも含む）の総称として使う。『クライムハンター　怒りの銃弾』（八九年、大川俊道監督）から始まる東映Vシネマは、チーフプロデューサーの吉田達によって、十五歳から三十歳の男性をターゲットにし、ヤクザが登場しない、スタイリッシュなハードアクションを目指し、Vシネマにプロデューサーの黒澤満が参入してから、そのコンセプトはより明確になった。

こうしたモダンでスタイリッシュなVシネマの先駆をなすヤクザ映画が、「山一抗争」の渦中の鉄砲玉を描いた『悲しきヒットマン』（八九年、山之内幸夫原作、一倉治雄監督）である。大野一雄のジャズが鳴り響き、フランスのフィルム・ノワールを思わせる筆致の、切れ味の良いアクション映画で、親の愛に恵まれずヤクザになった高木昇（三浦友和）が父親のいない子供と気持ちを通わせるところに情感が漂った。

　このように、Vシネマはモダンなアクション路線から始まったが、九〇年に東映Vシネマ『ネオチンピラ　鉄砲玉ぴゅ〜』（安倍譲二原作、高橋伴明監督）が売れたことにより、チンピラ映画が復活を果たす。しかし、『ネオチンピラ』の主人公、水田順公（哀川翔）には、『竜二』にあった「カタギは自分を駄目にする」という思い込みや、日常生活に埋没することへの恐れはなく、ヒットマンとして死地に赴かなければならないことに怯え、不安を紛らわせるために彼女（青山知可子）とひたすら抱き合う。そこに九〇年代のアクチュアリティがあった。東映Vシネマのチンピラものに続いて、九四年からは大映がヤクザものを作り始め、九五年に設立されたミュージアム（現・オールインエンタテインメント）が実録ヤクザ路線を量産するに至って、しだいに強面のヤクザものがビデオ店に並び、「エロと暴力とギャンブル」が柱のビデオ作品を各社が競って作り始めた。九〇年代は町の映画館が閉館する代わりに商店街にレンタルビデオ店が開店し、人々が映画を映画館ではなくビデオで観る時代になった。竹内力と哀川翔の主演作がひっぱりだこで、竹内の『難波金融伝　ミナミの帝王』（九二〜〇七年）、哀川の『修羅がゆく』（九五〜〇〇年）といった人気シリーズの新作の発売日にはレンタル店にVHSが何本も並び、すぐに貸出中の札がかかり、その隣には、中条きよし、渡辺裕之、清水宏二朗、白竜、中野英雄が睨みを利かせるジャケットが並んだ。

破天荒なヤクザを見せる

　哀川翔と竹内力のヤクザもので特筆したいのが、プロデューサー木村俊樹、監督三池崇史との仕事だ。九〇年代の日本映画は『月はどっちに出ている』（九三年、崔洋一監督）や『KAMIKAZE　TAXI』（九五年、原田眞人監督）などが、バブル経済隆盛期の在日外国人の急増により単一民族国家幻想が揺らいだ日本と、そこに生きる在日外国人を描いたが、木村と三池は、Vシネマの『新宿黒社会　チャイナ・マフィア戦争』（九五年）で哀川翔に中国残留孤児二世の刑事を演じさせ、『極道戦国志　不動』（九六年）では谷原章介と異母兄弟のアジア人の殺し屋を登場させ、『極道黒社会　RAINY DOG』（九七年）では哀川に日本から台湾に渡った行き場のないヤクザを演じさせるなど、ヤクザ映画をアジアに解き放った。

そして、Vシネマのリアルなヤクザものに原作を提供したのが、元山口組弁護士の山之内幸夫だった。山之内は自らの原作の映画化、『大阪極道戦争　しのいだれ』（九四年、細野辰興監督）のプレスシートで、「これから作るべき新たなヤクザ映画」についてこう書いている。

「私がここに送りたいのは、人間的なオスの本能をあらわにした生身のヤクザです。スペルマをまき散らして世間の迷惑は一切かえりみないという男の究極の夢を描きたいのです。社会的な制約も倫理も、全てはね飛ばして最後は無茶苦茶しておしまい、とは痛快です。／ヤクザ映画には、男がしたくてもできない夢があるからファンがあるものです」

大衆の欲望が憑依したような、知性をかなぐり捨てた文章には驚嘆するが、要するに山之内は『抗争』ではなく破天荒なヤクザを見せ、観客に溜飲を下げさせるのがこれからのVシネマの方向性だ」と言っているのだ。山之内が描くヤクザの愚かしさやどうしようもなさに、監督の細野辰興は心を惹かれ、二人はタッグを組んで「大阪極道三部作」――『大阪極道戦争　しのいだれ』、『シャブ極道』（九六年）、『売春暴力団』（九七年）を作った。

その中で『シャブ極道』は、「覚醒剤を礼賛している」として映倫（映倫管理委員会）から成人映画に指定され、ビデ倫（日本ビデオ倫理協会）からは「公序良俗に反する」として「シャブ」というタイトルを付けてのビデオの発売は許諾しないと規制された。しかし、この映画はシャブの称揚などではなく、高度消費資本主義の中で、人間が何かに依存しなくては生きられない姿を、酒も煙草も受け付けず、シャブだけが体質に合う一人の男を通して描いた悲喜劇だ。スキャンダラスな題名とは裏腹に、松竹新喜劇のような風合いの「極道版・夫婦善哉」である。

時代は、七三年のオイルショックから、バブル経済期、暴力団対策法を経て、九五年の阪神・淡路大震災に至る四半世紀にわたる大阪。「博多におった時は陽水も拓郎も財津も、みんなワシの舎弟やった」と嘯き、弱小の組を束ねる役所広司が、「ワシがシャブ売るんは、ゼニカネだけのためやない。人間はな、シャブで幸せになれるんや」と反社会的な信念を売り物にしている。惚れた女（早乙女愛）を、日本一のヤクザ組織の幹部（藤田傳）のものであろうと何であろうとお構いなしに略奪。覚醒剤をご法度にする藤田傳の組織と真っ向から対立する。

「社会を怯えさせなあかん」

覚醒剤の取引で腹心（渡辺正行）を殺され、子分たちに背かれ、孤立無援になっても最後まで突っ走る。上映時間二時間四十四分は長過ぎて、役所と早乙女の世話場はしだいに湿っぽくなる。しかし、『シャブ極道』はラテン的で、人間臭く、底抜けに阿呆なヤクザを描いた作品として、ヤクザ映画史に屹立している。主演の役所広司は九七年の日本アカデミー賞で『Shall we ダンス?』（九六年、周防正行監督）の成果もあって主演男優賞に輝いた。五十一歳で早世した早乙女愛にとってもこれは生涯の代表作となった。

『シャブ極道』と並ぶ山之内幸夫原案Ｖシネマの異色作が『鬼火』（九七年、望月六郎監督）である。前篇『新・悲しきヒットマン』（九五年、望月六郎監督、石橋凌主演）のクランクイン直前、望月は山之内から「映画の参考に、二人殺して出所したばかりのヒットマンに会ってみませんか」と誘われた。

望月は主演の石橋や脚本家の森岡利行とともに大阪のステーキ屋で、五十代のヒットマンと、彼が刑務所で知り合ったという三十代のヤクザに会う。ヒットマンは図書館の司書かと見紛うばかりの物静かな男だったが、若いヤクザに聞かせるように、「三人殺せば死刑になるが、俺はこいつのためにあと一人殺すんだ。いままでの殺しは意味がなかったけれど、次の殺しは意味があるんだ」と言い放つ。若いヤクザは、九四年に起きた住友銀行名古屋支店長射殺事件を「友達の仕事や」と打ち明け、「ヤクザは何をしでかすか分からん人間やと一般社会を怯えさせなあかん。時々ああいうピリッとした仕事（射殺事件のこと）が必要なんや。暴力団いうたら暴力やからなあ」と薄笑いする。

その言葉に望月の背筋は凍り付くが、人倫を踏み外した二人の関係に、監督として抗しがたい興味を抱き、もし続篇を撮る機会があれば、二人をモデルにしようと心に決める。果たして『新・悲しきヒットマン』のビデオは売れ、取材した五十代のヒットマン役が原田芳雄、若いヤクザの役が哀川翔で続篇の製作が決定する。オウム真理教による連続テロ事件の直後ということもあり、望月と森岡は「理由があれば人を殺してもいいのか」と自問しながら、脚本を完成させた。

脚本を読んだ原田芳雄は望月、森岡、プロデューサーの木村俊樹を自宅に呼ぶ。原田は文机いっぱいに地図のように脚本を広げ、一字一句、登場人物の気持ちだけでなく、些細な脚本の背景まで「これはどういうことだ？」と望月に訊く。一週間かけて、望月らとともに脚本の行間の意味まですべて飲み込んでから現場に入った。

炎天下の大阪ロケで、原田芳雄はひたすら全身に陽を浴び、その姿はまるで不動明王のようだったと望月六郎は思い返す。原田がピアニスト役の片岡礼子と出会う店は、映画公開の四ヵ月後に射殺されることになる宅見勝（山口組若頭）の夫人が経営する高級クラブでロケされ、宅見夫人は自らの薬指から五カラットのダイヤの指輪を抜き取り、ママ役の速水典子の指にそっと嵌めた。

『鬼火』の冒頭は稲穂が揺れる田園風景。映画は刑期を終えた原田芳雄が殺した男の墓に詣でる場面から始まる。しかし、原田に罪の意識はない。殺した光景をまるで職人が過去の仕事を思い返すように気負いもなく淡々と話す。原田は堅気になろうと大阪ドームの建設現場で働き、運転免許を取得する。同じく受刑者が社会復帰する物語でありながら、二一年の『すばらしき世界』（西川美和監督）とは異なり、九七年の『鬼火』の大阪の人々は受刑者に寛容で、殺人者を英雄視する者さえいる。

物語は原田が親子ほど年の違う片岡礼子に惹かれることで転調する。同時に、弟分の哀川翔は原田をふたたびヤクザ稼業に引き戻そうとする。原田は片岡との幸せな暮らしに心安らぐが、また不安でもある。こんなことでいいのかと、ときおり血のざわめきを感じる。不器用な男女の気持ちの揺曳を望月六郎はきめ細やかに描く。そんな折、原田と同居する北村康（現・一輝）が殺され、原田は死刑覚悟で復讐のため殺しに行く。

『鬼火』は人を殺すことでしか人と繋がれない男を、底冷えがするような寂寥とともに描いた。望月六郎は「人を殺すことに関わる人間はみな滅びる」と思って、主人公をいささかも英雄的に描かなかった。この作品はバンクーバー、ロッテルダムなど世界の国際映画祭に招待され、「マッチョな題材でありながら女性が繊細に描かれている」と評価され、パリでは三館の劇場で公開された。

俊藤浩滋、最後の夢

Vシネマのヤクザものは、九六年に始まったCSデジタル放送の影響を受け、二〇〇〇年代に入ると停滞期を迎える。それを打破したのが大下英治原作の『実録・広島やくざ戦争』（〇〇年、辻裕之監督、小沢仁志主演）のヒットで、この作品をきっかけに「実録ヤクザもの」がレンタルビデオ店の棚を占拠するようになる。ヤクザ社会が弾圧された「第一次頂上作戦」の時代に東映任俠映画が始まったように、ヤクザ社会の抗争が絶えた時代に、それを懐かしむかのようにかつての抗争がビデオ作品化されたのだ。

この路線の客層は三池崇史や望月六郎を観るシネフィル（映画マニア）ではなく、トラックの運転手やホステスやキャバクラ嬢だったと、ヤクザもののVシネマを二百本以上撮った辻裕之は語る。また、「仕事を一週間休んで甲子園の地区予選を全部見るようなオヤジたち」にVシネマは支えられていた、と谷岡雅樹は書く（『Vシネマ魂　二千本のどしゃぶりをいつくしみ……』四谷ラウンド）。製作会社ミュージアムは『実録・広島やくざ戦争』と同じ原作者の『修羅の群れ』のVシネマでのリメイクを企画、原作者の大下英治に打診する。しかし大下は、映画版のプロデューサーでその道に通じた俊藤浩滋経由で稲川会に話を通してくれと頼んだ。

俊藤は、『残侠　ZANKYO』（九九年、関本郁夫監督）の興行的失敗以降、引退同然の状態だったので、当初は稲川会への橋渡しだけを引き受けるつもりだったが、『修羅の群れ』（〇二年、辻裕之監督、DVDでは全三作）の企画が具体化するにつれ、映画への情熱をふたたび燃え上がらせた。俊藤は、松方弘樹、渡哲也、小林旭、菅原文太、丹波哲郎といった豪華絢爛たる俳優陣をたちどころにキャスティングし、「高倉（健）にも頼んでみようか」と真顔で辻に訊く。

八十四歳の俊藤浩滋は、四十℃を超える猛暑日に、大井川鐵道の暗幕で覆われた汽車の中でじっと撮影を見守った。「社長、冷房の効いた車の中でお待ちください」と辻が気遣っても、「このシーンは大切やからな」と俊藤はけっして現場を離れない。クランクアップ後、「次はこのチームで『伝説のやくざ　ボンノ　烈火の章／落日の章』（〇二年、辻裕之監督）をやるで」と言い置き、京都のバプテスト病院に検査入院する。『修羅の群れ』三部作のビデオが六万本売れたことを知らないまま、俊藤は治療中に痰が絡んで息ができなくなり、急逝した。俊藤はVシネマに人生最後の夢を賭けたのだ。

〇三年には、深作欣二が『バトル・ロワイアルII 鎮魂歌(レクイエム)』(〇三年、深作欣二・深作健太共同監督)の撮影中に七十二歳で逝去した。

一〇年代に唯一ヒットしたヤクザ映画が、北野武監督の『アウトレイジ』三部作(一〇〜一七年)だ。この映画は、関東の山王会と関西の花菱会の裏切りに次ぐ裏切り、血で血を洗う抗争を描くが、その中で唯一「義」に生きるのが第二作『アウトレイジ ビヨンド』(一二年)のビートたけしと中野英雄であり、第二作と第三作の『アウトレイジ 最終章』(一七年)に登場する金田時男とたけしである。この二人は「盟約」とでも呼びたい深い絆で結ばれている。金田時男が演ずる、戦後の上野の闇市を十代で仕切り、済州島(チェジュ)に渡り、韓国の政財界を牛耳るフィクサーにまで上りつめた在日韓国人ヤクザ、張(チャン)の造形が素晴らしい。一方、Vシネマのヤクザものは、〇〇年代半ばに開始された動画配信サービスの煽りを受け、レンタルビデオ店が次々に閉店し、製作費は全盛期の十分の一にまで激減した。

「〇〇年代後半には、普通のサラリーマンが観ることはなくなり、観る人は『本職』と『極道ウォッチャー』(ヤクザおたく)に限られてきました。本職は組員の『リクルート』のためと、新たに入った組員のための『研修用』に見せると聞きます。極道ウォッチャーは『映画=作り物』としてではなく、『ヤクザの抗争事件の再現ビデオ』として観たいんです。だから作品のクオリティなんてどうでもよく、事件を再現してさえいればいい」と辻裕之は語る。そして、一〇年から全国で施行された暴力団排除条例がヤクザ社会とVシネマに止めを刺した。

しかし、一九年に風向きが変わる。『日本統一』シリーズ(一三年〜 本宮泰風(もとみややすかぜ)、山口祥行主演。現在まで六十作以上)が大ブレイクしたのだ。本宮泰風が辻に監督を依頼し、エグゼクティブ・プロデューサーの鈴木祐介とともに、女性ファンを増やすために、エロスの要素とヤクザ用語を減らし、全国制覇を目指すヤクザの抗争劇を、男同士の友情を謳いあげる「任侠ファンタジー」にリニューアルしたのだ。その結果、『日本統一』はあらゆる動画配信サービスと契約することができ、二〇年から始まったコロナ禍も追い風となり、いままでレンタルビデオ店のヤクザ・コーナーを利用しなかった女性たちが配信で気軽に『日本統一』を観ることができるようになる。

女性ファンは『日本統一』の清新さにハマり、本宮と山口のBL（ボーイズラブ）ドラマとしても楽しみ、Netflixでは邦画ランキングの一位を獲得する。ファンミーティングには女性たちが殺到し、スピンオフ、テレビ版、劇場版も作られ、「任侠女子」という言葉さえ生まれた。『日本統一』はVシネマを「ジェントリフィケーション」（低所得者層の住む町が再開発されて浄化、高級化すること）したのだ。

二〇〇〇年代には、ヤクザが生まれたスラムも集落もしだいにジェントリフィケーションされていった、と『叫びの都市　寄せ場、釜ヶ崎、流動的下層労働者』の著者で社会地理学者の原口剛（神戸大学准教授）は語る。〇五年に『ALWAYS　三丁目の夕日』（山崎貴監督）が巻き起こした「昭和ノスタルジーブーム」に乗って、大阪の「新世界」に串カツ店が次々と新規開店し、しだいに「下町のテーマパーク化」して、朝まで飲み歩く若者と外国人バックパッカーの町になって、昔から住む労働者が追い立てられるはめになった。

また釜ヶ崎周辺では、『太陽の墓場』（六〇年、大島渚監督）、『シャブ極道』、『鬼火』がロケしたJR新今宮駅前の空き地を大阪市が売却し、現在は「OMO7大阪by星野リゾート」という巨大ホテルが建ち、ホテルの壁面に投影された映像が、先端観光都市のかつてない風景を現出している。また、部落問題に真摯に向き合ったドキュメンタリー『私のはなし　部落のはなし』（二二年、満若勇咲（みつわかゆうさく）監督）が描いたように、京都の崇仁地区の人々が住む住宅も取り壊されてしまった。「風景がなくなるとともに、その土地の歴史や記憶の痕跡も消えます。過去の記憶に手を伸ばすための入り口が閉ざされていくんです」と、原口剛はジェントリフィケーションによって行なわれる歴史の抹殺に警鐘を鳴らしている。

被差別部落とヤクザ社会

さて、「ヤクザ映画百年史」を締め括るにあたって、最後に、九九年に撮られた一本のVシネマ『極道の妻たち　死んで貰います』(関本郁夫監督)に触れておきたい。

『死んで貰います』は高島礼子主演『極道の妻たち』シリーズの第二作だが、岩下志麻主演の『極妻』に比べて予算は三分の一だった。撮影は十六ミリ、劇場公開は三週間限定で全国で二館のみ、おもにビデオレンタルやテレビ放映で収益を上げる「Vシネマ」と東映が考えていたからだ。こうした劣悪な条件が、高島、関本らキャスト・スタッフを奮い立たせた。

関本郁夫は、これまで十本作られた「極妻」をいかに超えるかを必死に考える。そんなとき、関本は前作の『残侠』で戦後まもなくの闇市を再現して撮影したロケ現場である「崇仁地区」を思い起こした。崇仁は九二〜九四年にはこの地区の再開発の利権をめぐって、会津小鉄組と山口組系中野会が熾烈な抗争を繰り広げ、殺傷事件が頻発したが、『残侠』の頃は手打ちによりそれが収まっていた。そうしたことから関本はいままでロケが不可能だったこの被差別部落を『残侠』で使ったが、『死んで貰います』ではさらに重要な役割を与えようと考え、地区の実情に詳しい会津小鉄会に頼みに行く。会津小鉄会の幹部は「親分の伝記映画を撮った関本監督ならば」と関係者に取り計らい、ロケが可能となった。それを聞いた脚本家の高田宏治は、『死んで貰います』に出てくる三人の女性(高島礼子、斉藤慶子、東ちづる)のうち、東をその地区の出身と設定する。

劇中で東は、自分は和歌山出身で、京都に流れて来たと出自をいつわる。そんな東は気持ちがくさくさするときこの崇仁の河原に足を向けて、素足を川に浸してサイダーを飲む。東は何かにつけ高島礼子と反目し合うが、最後に至っては共闘を決意する。そのとき東は、高島に自分が京都の崇仁地区の出身であることを打ち明ける。子供の頃に一緒に遊んだ友達はみんな極道か極道の妻になった。いわれのない差別を受け、まともな就職も結婚もできず、それしか道がなかったからだ。自分は極道の妻だけにはなるまいと、祇園のクラブの世界で伸し上がった。しかし、ママになるためには極道の愛人になるしかなかった……そう述懐して、京都を離れようとする東ちづるは高島礼子にこうつぶやく。「やっぱり京都は性(しょう)に合わなんだ。きっと生まれたときからや」。この捨て台詞が胸に刺さる。『死んで貰います』は男たちの跡目争いという縦糸への三人の女の横糸の絡ませ方が見事で、このような脚本は構成力に優れた高田宏治だからこそ書き上げることができたのだろう。

スタッフは京都の被差別部落にキャメラを持ち込む。鴨川の清流のなかで和服姿の高島礼子と東ちづるが乱闘する修羅場を、女性映画の名手、関本郁夫は粘りに粘って撮り上げる。高島はここが正念場と凄絶な殴り合いを演じる。本作の高島は『極妻』全十六作中、一、二を争うほどの「震えが来るほどいい女」として光彩陸離たるものがあった。東ちづるも被差別部落で生まれ、極道の妻にしかなれなかった女の哀しみを完璧に演じ切った。

かくして本作は、タブーだった被差別部落とヤクザ社会の関係に日本映画で初めて本格的に踏み込んだ。グスタフ・マーラーの交響曲第五番、第四楽章「アダージェット」を思わせる大島ミチルの音楽と、キャメラマン水巻祐介の重厚な画(え)が映画を彩る。『極道の妻たち』は第十二作において、Vシネマでありながら画期的な達成となったのみならず、日本のヤクザ映画史の最後の徒花(あだばな)として結実したのだ。

『死んで貰います』のロケから二十四年——現在の「崇仁地区」にはもはやこの映画に描かれた風景の面影はない。撮影後ほどなく、京都市の同和対策事業によってバラック小屋が撤去され、まもなく京都市立芸術大学の清潔なキャンパスが建設される。高島礼子と東ちづるが取っ組み合った、鴨川べりのバラックが建ち並ぶ光景はすでに消え失せてしまった。しかし、崇仁地区は『極道の妻たち　死んで貰います』の中にその姿を留め、差別された者たちをヤクザ社会が包摂し、それを映画人が抱き寄せるように撮った映像は、関本郁夫による東映ヤクザ映画最後の作品の中にだけ残った。

映画は、歴史の忘却や風化に抗って、消された場所の記憶や忘れ去られた人々の思いを現在によみがえらせる。原口剛は、昨年末の釜ヶ崎のセンター越年越冬闘争で深作欣二の映画が寄せ場で上映された際、古くからの労働者が「バーン！っていうのがええなァ」と目を輝かせたと語る。「バーン！」とは派手なアクションか、それとも発砲か。ともあれ観客が自ら実現できない破壊や愚行をヤクザは代行し、観客の日頃の鬱憤をヤクザ映画が晴らす。

現実にはヤクザは、日雇い労働者を直接搾取する側にいた歴史もあるのに、寄せ場にかかるヤクザ映画はワンカップの日本酒とともに労働者たちの欲望と繋がっている。釜ヶ崎でヤクザ映画が観られる場には、表現と現実が軋轢をはらんで対峙し合う映画の前衛がある。

一方、暴力団排除条例下のヤクザを描いた『すばらしき世界』は、コロナ禍で苦しむ多くの観客から共感を寄せられた。ここではヤクザは「弱き存在」であり、痛みを抱えた者と気持ちを通わせる。

果たしてヤクザ映画に未来はあるのだろうか。私が繰り返し想起するのは、『アウトレイジ　最終章』の金田時男とビートたけしの間に生まれた、日本的な家父長制を超えるアジア的な「盟約」だ。上下関係に規定される「仁義」ではなく、人を水平に繋げる「義」。アウトローが裸の人間として辿り着いた、ギリギリの共生の作法。ヤクザ映画が、令和の時代のやるせなさや見捨てられた者たちの心情と、あるいは国境を超えてアジアのはぐれ者たちと、「義」をもって出会うとき、現代史にはらまれた底深い闇は、人が共に暮らす新しい倫理として生まれ変わるのではないだろうか。

第十七章 弾き出された者たちの物語は終わらない

最後の長時間インタビューで、はぐれ者への愛惜を語る中島貞夫監督
（2023年1月10日）

ヤクザ映画最後の巨匠・中島貞夫監督インタビュー

一月十日、京都御所に行った。参観のためではない。御所を睥睨（へいげい）するマンションの最上階に、東映ヤクザ映画を撮った最後の大物監督、中島貞夫が住んでいるからだ。

中島はヤクザ映画のみならず、あらゆるジャンルの映画を六十三本撮った撮影所世代の監督だ。二〇二二年は、『日本暗殺秘録』（一九六九年）が安倍元首相銃撃事件とともにふたたび脚光を浴び、二三年に入ってからは毎日映画コンクールの特別賞を受賞し、彼のドキュメンタリー映画『遊撃／映画監督 中島貞夫』（松原龍弥監督）が公開された。本書をまとめるにあたり、中島にどうしても話を聞いておきたかったのは、その膨大なフィルモグラフィーの中で燦然と輝くのが、『893（ハチキューサン）愚連隊』（六六年）、『現代やくざ　血桜三兄弟』（七一年）、『鉄砲玉の美学』（七三年）、『脱獄・広島殺人囚』（七四年）、『実録外伝　大阪電撃作戦』（七六年）、『総長の首』（七九年）、『極道の妻たち　危険な賭け』（九六年）といった多種多様なヤクザ映画だからだ。

中島は「義理と人情を至上の価値とする任侠映画とは肌が合わない」と公言し、戦後派的アナーキーな感性を持ちながら、「アンチ・任侠映画」としての「チンピラ映画」を撮り続けた。さらに、八〇年代以降、東映ヤクザ映画がピークを過ぎるなかで、東映のエース監督としてヤクザ映画を最後まで支え続けた。このように東映ヤクザ映画を醒めた目で見ながら、このジャンルともっとも激しく格闘し、その終焉を見届けた男――中島貞夫に「ヤクザ映画とは何か」をたっぷり訊いた。

――ヤクザはあるときは権力末端の暴力装置として民衆を弾圧し、あるときは民衆のために闘うという両義的な存在でした。中島監督はヤクザという存在をどのようにお考えですか？

中島　社会からほっぽり出された奴がヤクザだと思っています。放逐され方にはいろいろあって、自分から暴れたのではなく、暴れるような状況に追い込まれて、怒髪天を衝く場合もあるわけです。僕が映画で描きたかったのは後者でした。助監督時代には、そういうはみ出してゆくヤクザを主人公に「こいつは何で外れてしもうたんや」と問いかけるようにシナリオを何本か書きました。

――六四年に『くノ一忍法』でデビューしたあとも、山の民をテーマに据えた『山窩』や釜ヶ崎を舞台にした『通天閣の兄やん』の脚本を書きます（「山窩」は八五年に『瀬降り物語』として実現）。また、七九年の『真田幸村の謀略』では幸村（松方弘樹）に「草の者（被差別民）になる」と宣言させます。サンカ、棄民、被差別民、在日朝鮮人など虐げられた者やマイノリティに対するシンパシーはいつごろ芽生え、どのように培われたものなのでしょうか。

中島　分からないなあ。この資本主義社会で生き、本を読み、物を考えるうちに、自然と社会から弾かれた者の方に関心がいくんですよ。

撮影所にヤクザがいた理由

――東大卒業後、東映京都撮影所に入ると元ヤクザのスタッフがたくさんいた、と書いておられます。京都の映画界とヤクザ社会の関わりについて教えてください。

中島　僕の師匠であるマキノ雅弘（「日本映画の父」といわれる牧野省三の息子）の後ろ盾が「千本組」でした。千本組はいわゆる「かたぎヤクザ」。博奕を一切禁じ、材木の手配と国鉄（現・JR）二条駅の人夫の請け負いを生業として、日活大将軍撮影所の大道具用の材木の手配、ロケ用のトラックの貸与、「露払い」（ロケ先の地回りを追い払う用心棒役）の手配を一手に引き受けていました。その三代目がアナキストからヤクザになった笹井末三郎でした。

――詩人の岡本潤が「革命と芸術をふところに入れて　賽ころをあつかふ」と書いた人ですね。『千本組始末記』（柏木隆法著、海燕書房）によれば、笹井末三郎は家業のヤクザが嫌いで、大杉栄に感化され、アナキストになります。賀川豊彦が指揮する川崎・三菱両造船所の労働争議（三〇年）に参加しますが、賀川と対立し、上京して深川富川町の日雇い労働者として働きながら、大杉や和田久太郎と交流します。大杉が殺され、その復讐のために和田が福田雅太郎（陸軍大将）を射殺しようとして失敗し、獄中で自殺。そのあと、笹井は京都に戻って、家業の出入りに加わり逮捕。出所後、日活に入社し庶務課の用心棒を束ね、「マキノトーキー製作所」や東映の前身の「東横映画」の設立に奔走するなど、京都映画史にとってなくてはならない人ですね。

中島　そう。戦前の日本映画は活動屋とヤクザとアナキストが作っていた。

　東映は一九四九年にできた一番新しい映画会社で、東急から派遣された経理のプロである大川博社長は、ヤクザとの付き合いを根絶しようと、徹底的に領収書のない経費を削減しました。結果、東映では領収書がもらえないロケ先でのヤクザ対策費を使えず、「露払い」もいなくなってしまう。そんなある日、片岡千恵蔵が和歌山のロケ地で地回りのヤクザに脅迫されて震え上がるという事件が起こります。これ以降、いかに冗費をなくし経営の近代化をめざす東映といえども、円滑なロケーションを行なうためには、ヤクザの力を借りねばならないと考え直したんですね。そこで戦前からの京都の博徒、中島源之助に露払い要員の紹介を頼んで、伊藤さんの「文藝春秋」連載にも出てきた松本元蔵さんや並河正夫さんが撮影所にやってくる。こんなふうに京都では、ヤクザが撮影所に入りこんだというより、撮影所の方がヤクザを引っ張り込み、「適材適所」で活用したと言った方が正確だと思いますね。

　六三年に東映任侠映画路線が始まり、俊藤浩滋さんが東映京都で大きな力を持ち始めると、ヤクザの儀礼や賭博を指導する本職が出入りするようになります。

　任侠映画の時代には、北島三郎や村田英雄のような歌手出身や浪花節語りも俳優として撮影所にやってきました。村田さんとはよく夕飯を一緒に食べながら打ち合わせをしましたが、スターだから金のかかった食べものが好きかと思いきや、いつも生ニンニクを三つ、四つコリコリと齧りながらうまそうに日本酒を飲むんですよ。それが晩飯。この人の生活感覚は労働者そのものだな、それを恥ずかしがるということがまったくないんだな、と感心したものです。

――いいお話ですね。ところで、山口組三代目・田岡一雄は、美空ひばりが東映京都で撮影するときにはときどき慰問に来て、自分が目をかけているスタッフに「ぎんつば」（大阪の和菓子）を配ったと聞きます。

中島　僕が監督になったとき、「お祝いや」と三代目からぎんつばをいただきましたよ（笑）。三代目はお酒が弱くて甘党。ぎんつばが大好物で、貧乏な頃、腹いっぱい食べるのが夢だったそうです。撮影所に来られるときには子分が何箱も抱えて、俳優会館やスタッフルームに菓子箱を差し入れるんですね。特定のスタッフに対しては「きばってや」とぎんつばを手渡していました。

長谷川伸は抒情的過ぎる

――『関の彌太ッペ』（六三年、山下耕作監督）の助監督、『股旅　三人やくざ』（六五年、沢島忠監督）の脚本を経て、『兄弟仁義　関東兄貴分』（六七年）、『木枯し紋次郎』二部作（七二年）でいわゆる「股旅映画」を撮りますが、中島監督にとっての長谷川伸戯曲および股旅映画の魅力とは何なのでしょう？

中島　股旅ものの主人公は、親分も係累も持たない一匹狼。そこが魅力でしたね。でも、股旅ものを代表する長谷川伸作品は独自の世界ではあるけれど、抒情的に過ぎると僕には思えました。現実の股旅は、もっと過酷で、非情で、長谷川伸戯曲のように甘くはないと。

――私は長谷川伸作品が、股旅を甘いだけではなく透徹した目で描いていると思いますが、中島監督には物語的な情感が過剰に感じられるんですね？

中島　そう。僕が股旅ものを監督するときには徹底的にロマンティシズムを排除し、主人公に厳しい境遇を背負わせようと思いました。

――『木枯し紋次郎』『木枯し紋次郎　関わりござんせん』（ともに七二年）では、人情の届かない残酷さを描いていますね。

中島　ハードにやり過ぎたせいか、当たらなかったけれど（笑）。

――「任侠映画と肌が合わなかった」と事あるごとに語っていますが、なぜでしょう？

中島　任侠映画が嘘っぱちに思えたからです。それに、親分から命じられて子分が美しい死を遂げる展開が好きじゃなかった。死はあくまで死だ。美しい死なんてあり得ねえと。そう思う背景には、僕の生い立ちが関わっていると思います。

　太平洋戦争で父が戦死したあと、僕は仇を討つために少年航空兵になりたいと心底望みました。その頃、僕にとって天皇は神であり、神国日本に必ず神風が吹くと信じ、アメリカ軍が上陸すると噂された千葉の九十九里浜で、連日、竹槍訓練に励んでいたんです。ところが、十一歳のときに戦争が終わり、すべてが虚妄だったと知らされた。父も英霊になったのではなく、犬死にさせられたのだと。

　戦後、僕は軍国少年から左翼青年になりますが、人間の生き方に対する絶対的な命題が持てなかったし、持ちたいとも思わなかった。絶対的な命題を掲げて生きる人間を信じられなくなったからです。ですから、義理と人情を絶対的な価値とし、親分・子分の関係が築かれる任侠映画に懐疑と反発を覚えました。股旅映画のような「上下関係への呪詛」を持たず、極めて肯定的に、この縦軸を捉えるあり方に、憎悪すら感じましたね。定型化されたドラマツルギーと固定化されたスターシステムもぶっ壊さなきゃならないと思いました。その思いが『８９３愚連隊』を書き、そして撮るという作業に、自分を駆り立てていきました。

組織に刃向かうチンピラ

――六六年の『893愚連隊』は、京都で白タクや盗みを生業とするチンピラ三人組（松方弘樹、荒木一郎、広瀬義宣）がヤクザ組織に闘いを挑み、ひと泡吹かせる。ラストの「当分粋がったらあかん。ネチョネチョ生きるこっちゃ」という松方弘樹のセリフは、閉塞した時代のリアルな気分を表わすものとして映画ファンの間で評判になり、映画は日本映画監督協会新人賞を獲得、中島監督の出世作になりました。「原案」を提供した菅沼照夫さんはどういう人だったんでしょう?

中島　菅沼さんは撮影所で「ロケ整理係」（ロケーションのときに、遠方に映る人に指示をする係）の仕事をやっていた、ヤクザでもなければ堅気でもない、「自称・愚連隊」でした。「人間シコシコと真面目に働いて金を稼ぐのは愚の骨頂や。ペテン(頭)を働かせて金を稼ぐ、金の成る木はそこら中にありまっせ」とか、「勝たへん喧嘩は絶対しまへんで。日本かてそうでっしゃろ。勝てへん戦争してえらい目に遭(お)うて」とか、彼のセリフは、戦争をくぐり抜けた戦後日本が生んだ「哲学」に聞こえました。

――東映が任侠映画を作り続ける中、中島監督はヤクザの金看板と暴力に刃向かうチンピラを描きます。菅原文太との『懲役太郎　まむしの兄弟』（七一年）、荒木一郎との『現代やくざ　血桜三兄弟』（七一年）についてお聞かせください。

中島　文ちゃん（菅原文太）は僕より一学年上ですけど、ほとんど同世代なので、戦後どういう歌が流行ったとか、こういう店があったとか、すごく感覚が近かったですね。荒木（一郎）の感性には天才的な閃きがありました。しかし、閉所恐怖症で旅館にもホテルにも泊まれず、飛行機にも乗れないので、京都で撮影があるときは東京から車でやってきて、ずっと僕の家に泊まっていました。

荒木は俳優だけじゃなく音楽監督もやってくれて、『現代やくざ　血桜三兄弟』では野坂昭如の「マリリン・モンロー・ノーリターン」を、『鉄砲玉の美学』では頭脳警察の「ふざけるんじゃねえよ」を選曲し、映画に時代の空気を吹き込んでくれました。

――『現代やくざ　血桜三兄弟』ではラストで文太と渡瀬恒彦と伊吹吾郎が火炎瓶を片手に殴り込みます。火炎瓶を投げるヤクザを初めて見ました。

中島　街頭では学生が火炎瓶を投げてたから、ヤクザにも投げさせようと。それにセットが火につつまれれば、画柄が華やかになるじゃないですか。

ヤクザの心の奥底にあるのは

――七一年の『懲役太郎　まむしの兄弟』では、川地民夫演じる弟分の出自を暗示する「満鉄小唄」、通称「雨ショポの唄」が流れます。脚本にはないこの歌を付け加えた意図は何だったのでしょう?

中島　川地民夫を神戸新開地の在日朝鮮人という設定にしたかったんですが、あからさまに描くと東映に叱られる。東映は朝鮮総聯などからクレームが付くのを恐れていましたから。だから、分かる人には分かればいいと、さりげなく朝鮮人慰安婦の歌を忍び込ませたんです。

――六九年の『日本暗殺秘録』の製作と併行して、「明友会事件」(山口組による大阪猪飼野の在日朝鮮人愚連隊組織の壊滅作戦)に取材した『殲滅』を自ら企画し脚本を書きます。

中島　『日本暗殺秘録』のように暴力の奥にある心理を描くのではなく、背景に思想や情念がない、血で血を洗うような容赦ない暴力映画を、即物的にニュースフィルムのように撮ってやろうと思ったんです。

――実録ヤクザ映画路線の先駆けといえますね。しかし、明友会事件を取り上げながら、登場人物を在日朝鮮人でなくしたのはなぜでしょうか？

中島　たしかに、大阪を舞台にしてリアリズムに立脚してやるのが一番良いけれど、『殲滅』は純粋なチンピラ映画にしたかったんです。舞台を関東に移し、物語の抽象度を上げて、大組織に踏みにじられながら一矢を報いるチンピラたちを描きたかった。

――『殲滅』は七年後に『実録外伝　大阪電撃作戦』（七六年）として実現します。『大阪電撃作戦』でも、主人公（松方弘樹）は在日朝鮮人のはずですが日本人名の「安田」に、映画はチンピラ映画になっていますね。この映画の白眉は松方がエレベーターの中で立ち往生し、成田三樹夫が殺されたことを知った小林旭の顔がゆがむ名ラスト、それに殲滅を覚悟した明友会がどんちゃん騒ぎし、成瀬正孝が泣きながら「チンピラ万歳！」と叫ぶシーンです。

中島　青臭いセリフだけどね（笑）。

七三年一月、深作欣二が『仁義なき戦い』でブレイクするかたわら、中島貞夫は二月に『鉄砲玉の美学』、三月に『ポルノの女王　にっぽんSEX旅行』という低予算の作品を発表する。ともにしがない若者の不発の青春と無惨な死を描く、七三年という時代の空無が漂う映画だった。

――七三年の『仁義なき戦い』の大ヒット以降、中島監督も実録ヤクザ路線を作り始めます。初めての実録ものは七四年の『安藤組外伝　人斬り舎弟』。この作品では、花形敬という伝説的なヤクザのマゾヒスティックな側面が強調されています。いつ頃、またどのようにヤクザ者のマゾヒズムに着目されたのでしょうか？

中島　いつ頃だったかな……ヤクザ映画を作りながら、様々なヤクザに取材するうち、ヤクザは暴力を振るうのでサディスティックな存在と思われがちだけど、心の奥底に自らを傷つけたい自損衝動があるんじゃないかと考え始めた。喫っている煙草の火を自分の腕や掌に押しつけて消したり、自分の頬を切ったりした花形敬がその典型だと思えました。一方、安藤昇さんはヤクザの中では珍しく陽性の人。彼は『人斬り舎弟』の撮影中に競馬放送を聴いていて、「おい。俺がこのレースを取ったら、今日は撮影をやめてパーッと新宿で飲むぞ」と言ってスタッフを笑わせ、実際に安藤さんが大穴を当てたときには、スタッフ全員で撮影を放り出して、新宿に飲みに行ったことがありました。

『総長の首』とアナキストの歌

——『神戸国際ギャング』（七五年、田中登監督）のモデルで、山口組幹部の菅谷政雄は中島監督のことを「先生」と呼び、一目置いていました。

中島　菅谷さんとは気が合いましたね。子分の川内組長を射殺した廉で菅谷さんが山口組から絶縁されたとき、たまたま映画（『日本の仁義』七七年）の取材をするため、脚本家の神波史男と松田寛夫とともに神戸の菅谷組事務所に日参していたんですよ。菅谷さんの絶縁を知り、「一緒に歩くとヤバい」と僕は身の危険を感じましてね。けれど、菅谷さんは昼飯時になると「センセ、メシ食いにいこか」と気楽に僕らを町に誘うんです。菅谷さんを組員三、四名が物々しくガードして、一行は三ノ宮商店街に向かうんですが、僕らが菅谷さんの一団から遅れがちになると、「何しとんや、センセ」と菅谷さんは人懐っこい笑顔で振り返るんです。

——七八年の『日本の首領　完結篇』の撮影中に火事が起き、三代目が撮影所を見舞い、その帰りに三条大橋の「ベラミ」で銃撃されます。事件の一報を聞いてどう思われましたか？

中島　三代目がお見舞いに来られたとき、撮影所には所長始め偉い人はいなかった。もしいたら、当然「ベラミ」にもお供し、流れ弾に当たっていたかも知れねえなと思いました。

――七九年の『総長の首』は、「三代目襲撃事件」を昭和初期の浅草に移して描いた傑作です。主演の菅原文太は、かつて強盗で闘争資金を稼ぎながら、要人の暗殺を企てて失敗し、中国革命支援のために大陸に渡るも、夢破れて故郷に帰って来た元アナキストです。なぜこのような設定にしたのでしょう？

中島　三代目襲撃事件を現代劇として映画化するのは、さすがの東映でも難しいということになり、舞台を昭和初期の東京に変えて襲撃事件を描けば、高見順の『いやな感じ』や石川淳の『白頭吟（はくとうぎん）』のようなアナキストも出せるぞ、と閃いたんです。脚本家の神波ちゃん（神波史男）も角川映画で『いやな感じ』（七六年、脚本名『いつかぎらぎらする日』、未映画化）を脚色したことがあって、アナキズムの空気が入っていました。文ちゃんもいままでの関西風ヤクザじゃなく、インテリジェンスを持った東京のアナキスト崩れの役にものすごくノってくれたんです。

――この映画で象徴的な役割を担うのが回転木馬。そのネオンが明滅する屋根裏部屋で、文太が棄てた恋人の妹（夏純子）が『シャボン玉』を口遊（くちずさ）み、文太に姉との過去を思い起こさせます。

中島　『シャボン玉』は野口雨情作詞、中山晋平作曲の童謡ですが、昭和初期のアナキストたちが、「志を見失った自分たちの歌だ」と思い入れたんです。

――頭（かしら）（小池朝雄）を殺された子分たち（清水健太郎、三浦洋一、ジョニー大倉ら）が復讐を誓い、小池の弟の文太に「二代目になってくれ」と頼みます。文太は「ヤクザは嫌いだ」と断り、「頭のいない『烏合の衆』でテロをやろう」と提案するところが、いかにも「中島貞夫的」ですね。

中島　そうか（笑）。

――ラストは文太がふたたびアナキスト時代の黒い二重廻しに身を包み、仲間の仇を討ちに行く。満身創痍となった文太が「東京音頭」で踊り狂う民衆の中に吸い込まれてゆくラストが秀逸です。

中島 「東京音頭」は一九三三（昭和八）年の盆踊り大会で披露されるや、たちまち全国津々浦々まで広がり、人々は熱病に憑かれたように、広場さえあればこの音頭で踊りました。あれは、閉塞した時代に対する大衆の反乱、「昭和版・ええじゃないか」だったと思います。

山一戦争を描く

傑作『総長の首』は当たらず、オールスターヤクザ映画『日本の首領』も三作（七七〜七八年）で終焉する。手詰まりになった東映は八二年に『鬼龍院花子の生涯』（五社英雄監督）で女性任侠路線を切り拓く。ここに新たなヤクザ映画の可能性を見出した中島貞夫は、「山一戦争」の勃発を女性映画の視点で描こうとする。

——八二年の『制覇』は、三代目（三船敏郎）襲撃事件からその死までが描かれるオールスターキャストによる山口組映画です。しかも三代目姐（岡田茉莉子）が主役で、『極道の妻たち』シリーズ（八六年〜）の先駆けとなりました。

中島 この映画は、実際の三代目の「山口組葬」からキャメラを回し始めたんですよ。当日、山口組を絶縁になった菅谷政雄さんが弔問に訪れるかどうかが世間の関心の的でした。不謹慎ですが、菅谷さんが来るか来ないかを僕はスタッフと賭けてたんです。菅谷さんはやってきて、僕は勝った。けれど、斎場の入り口まで来て、一礼をしただけですっといなくなっちゃった。彼はそういう男なんですよ。それから二カ月後、菅谷さんは三代目のあとを追うように亡くなりました。

——菅谷政雄役の若山富三郎、山本健一役の菅原文太の芝居が見事でした。

中島　七八年〜九三年の山口組は、三代目襲撃、四代目候補山本健一の獄死、三代目の死去、菅谷の死去、四代目竹中正久射殺、山一戦争……と次から次へと事件が起きて、前半部分を『制覇』、後半部分を『激動の１７５０日』（九〇年）で映画化しました。

――『制覇』のなかで、田岡一雄役の三船敏郎がこう言います。「この稼業に入って来る奴は、みんな淋しがり屋なんだ。ひとりじゃ生きていけん。お前さんのいう情けない奴ばかりだ。放っておけば自棄になって、虎や狼になる。俺だってそうだった……いい悪いじゃない。そんな連中が、せめて寄り合って、生きてく場所が欲しいんだよ」。これは実際に田岡三代目が中島監督に語った言葉なのでしょうか？

中島　田岡さんから直接聞いたわけではないけれど、田岡さんがいつも感じていたことだと思ってくださいい。あの人は、自分同様、貧困の中で育った子分たちはヤクザ以外になれない、だから山口組が包容して行かなきゃならないと思っていました。

役者に飢餓感がなくなった

――『制覇』は女性客を意識し、文芸映画の格調があります。『日本の首領』三部作同様、ヤクザの抗争劇と家庭劇という二つの側面が描かれますが、この二つが最後まで溶け合わないもどかしさを感じました。

中島　そうかな。このあたりから、上映時間が百四十分の一本立て興行になってきたんですね。

――映画が一本立て大作の時代になって、「いままでの東映作品にあった『映画の毒』が、急速に、駆け足ですっと萎んでいった」と『遊撃の美学』で語っています。「映画の毒」を「映画の濃密さ」と言い換えてもいいと思います。

中島　そうね……。二本立て興行の時代は、工場労働者や水商売の人たちといった東映ファンの顔が見え、その人たちに向けて映画を作っていればよかった。けれど、七七年からの一本立て大作の時代に入ると、従来の東映の観客だけでは製作費をペイできず、客層を広げる必要が出てきました。広い層に見せるためには、中庸の精神が働いて、映画の毒を薄めなければならなくなってくるんですよ。幅広い毒を削らなければならないのは、題材、キャラクター、それにエピソードの取捨選択ですね。とにかく画調も客層向けの大作だと、過剰に薄汚なかったり、毒があるエピソードは使えなくなり、とにかく画調も物語も口当たりがよく、きれいなものにしてくれとプロデューサーにオーダーされるんです。一本立て大作時代になって苦労したのはそんなことでした。

ドラマの一つの祖型

――『激動の1750日』や『極道戦争　武闘派』（九一年）では、中井貴一や松山千春など新しい世代の俳優を起用しますが、「いままで自分が仮託してきた、日常を破壊する飢えや上昇志向のエネルギーがやくざ社会自体になくなってきた」「役者に飢えが出せなくなった」と語っています（『遊撃の美学』）。私も、中井貴一を始めとする若手俳優がヤクザというより商社マンに見えました。

中島　若い俳優に飢餓感がなくなってきたのは間違いないです。文ちゃんは僕と同世代だから戦後まもない頃に飢えを経験した。恒さん（渡瀬恒彦）自身は飢えたことはないだろうけど、飢えとはこういうものだということを知っていた。しかし、貴一っちゃん（中井貴一）以下の世代に飢えは想像できないんですよ。そういう世代の役者が果たして社会の底辺で辛酸を嘗めたヤクザを演じられるのか、と疑問を持ったこともあります。

それに九〇年代になると、ヤクザを産み落とした貧困や差別の傷痕が残るスラムや集落の風景が完全に消え失せるんですね。九〇年代にヤクザ映画がなくなっていった理由は、観客の変質とともに、撮るべき被写体がなくなったからだと思います。

――そうした中、八六年から始まった『極道の妻たち』シリーズだけはヒットし、二〇一三年まで十六作も続きました。なぜでしょう?

中島 『極道の妻たち』はリアリズムではなくロマネスク（非現実の物語）なんですよ。実録ヤクザ映画より任俠映画に近く、勧善懲悪の物語だからこれだけ長続きしたんだと思います。日本映画のヒットシリーズは必ず勧善懲悪で定型（パターン）を持っているんです。

――『極道の妻たち』シリーズと並行して、俊藤浩滋は実在の親分の伝記映画『修羅の群れ』（八四年、山下耕作監督）、『最後の博徒』（八五年、山下耕作監督）などを作り続けます。その中でもっとも過激な企画が、北九州の工藤會とそこを離脱した草野一家の三十年にわたる抗争を勝新太郎・松方弘樹主演で描こうとした『戦争と平和』（八七年、鷹森立一監督、未完）でした。脚本は中島監督と村尾昭、鈴木英雄によるものです。

中島 ハッタリが利いた面白い企画でしたが、警視庁から「即座に中止にしろ」と横槍が入り、モデルのヤクザからクレームが付き、クランクイン直前で流れたんですよ。正直なところ、実現は難しいと思っていました。九州のヤクザはたとえ俊藤さんであっても伝手（つて）がないわけですよ。九州はいわば「治外法権」だった。

――九四年の『首領（ドン）を殺（と）った男』（松方弘樹主演）は「最後の東映ヤクザ映画」になってしまいましたが、監督自身に「これが最後のやくざ映画だ」という予感と覚悟はあったのでしょうか?

中島 「ヤクザ映画にはもう命脈がねえな」と思っていましたね。九二年の暴力団対策法の施行以降、まるで「国策」のように、ヤクザをすべて悪とし、取るに足りない、つまらない存在だと矮小化する警察やマスコミのキャンペーンが功を奏し、大衆がヤクザに一片の思い入れも持たず、ただ唾棄すべき存在と思い始めましたから。

ヤクザはドラマを作る

——観客が感情移入できるヤクザ映画は、これからはもうできないと思いますか？

中島　分からないね。ただ、社会から弾き出された奴のドラマはこれからも作られてゆくと思います。体制の中に、社会の仕組みの中に組み込まれている人間だけでドラマを作ろうとしても、作り切れない。社会から弾かれた人間がいて、そいつの目にまともな社会がどう映るのかというのは、ドラマの一つの祖型であり、そういう映画の作り方はなくならないと思う。ヤクザ映画がこれからの時代に普遍性を持つとすればそこではないか。

中島貞夫は任俠映画路線の全盛期にテロリストの映画（『日本暗殺秘録』）を、実録ヤクザ映画路線の掉尾にアナキストの映画（『総長の首』）を作った。中島の衣鉢を継ぎ、ヤクザと、社会から打ち棄てられた様々なマイノリティの間の葛藤に満ちた関係を凝視して、この社会の暗部を射抜く映画を撮る監督は必ず現われる——そう私は信じる。

あとがき

本書は『文藝春秋』二〇二二年三月号〜二三年四月号に連載された「仁義なきヤクザ映画史」に大幅加筆し、第八章「任俠映画を批判する虚無的ヤクザ映画」、第十四章「ヤクザが殺した二人の映画監督」、第十五章「義は時代も国境も超える　孤高のヒーロー・小林旭インタビュー」を新たに書きおろした、『仁義なきヤクザ映画史』の決定版だ。

この連載は『文藝春秋』前編集長の新谷学さんが、百周年を迎えた雑誌の幅を広げ、日本近現代の闇の領域にも触れる「国民雑誌」を目指すなかで、私に「ヤクザ映画史」の執筆を依頼したことから始まった。折しも『孤狼の血』(一八年、白石和彌監督)や『すばらしき世界』(二一年、西川美和監督)など、ヤクザが主人公の映画がふたたび脚光を浴びていたことから、「ヤクザ映画百年史」を書くことに決まった。

毎回、長文の感想をくださり、月刊誌初連載の私を叱咤激励した『文藝春秋』現編集長の鈴木康介さん、それを一冊の本にまとめてくださったノンフィクション出版部の目崎敬三さんに心から御礼を申し上げます。連載中、原稿に詰まると、友人で『最後の角川春樹』の担当編集者の向井徹さんを九段下のオフィスに訪ね、向井さんと深夜の東京をひたすら歩いた。ああでもないこうでもないと議論しながら、青山や目黒に着く頃には、時代の暗部を探る原稿の形が見えかけた。この本は、コロナが終わりかけた東京の明けてゆく薄闇のなかで形づくられた、といっていいだろう。

校了間際に、最終回でインタビューした中島貞夫監督が八十八歳で逝去され、言葉をなくした。私が映画を観始めた十六歳の頃、『現代やくざ　血桜三兄弟』（七一年）や『実録外伝　大阪電撃作戦』（七六年）に、『仁義なき戦い』（七三年、深作欣二監督）以上に心を震わせ、中島貞夫が描いた中途半端なチンピラ、組織が大嫌いなヤクザが心底好きだった。

資料収集は国立映画アーカイブ図書室の笹沼真理子さんにお願いし、年表づくりに寺岡裕治さんの手を煩わせた。また、様々な助言を佐久間聖司さん、櫻木徹郎さんから賜わった。次頁に掲げる取材に応じてくださった皆さん、映画史と芸能史と日本近代史を闇鍋のなかに入れて煮立たせたような本に最後まで付き合ってくださった読者のかたがたに、心から感謝を申し上げます。

二〇二三年六月三十日

伊藤彰彦

取材に応じてくださったかたがた（敬称略）

西川美和、武重邦夫、阿武野勝彦、土方宏史、安田好弘、柚月裕子、紀伊宗之、白石和彌、天野和人、大矢敦子、高橋敏、玉川奈々福、二代目京山幸枝若、宮岡博英、原一男、小林まこと、髙橋修、西方久司、保阪正康、菅孝行、吉田達、藤澤勇夫、関本郁夫、上野昂志、高橋英樹、加賀まりこ、藤澤房俊、日下部五朗、高田宏治、かわぐちかいじ、内藤誠、安田浩一、崔洋一、松園光雄、松平乗道、門間貴志、川内享、矢部博、平井玄、小林旭、佐高信、細野辰興、辻裕之、望月六郎、原口剛、中島貞夫

本文写真／文藝春秋写真部

本書で論じた東映作品の多くを、下記「東映オンデマンド」で視聴可能です。

東映オンデマンド
［URL］https://www.amazon.co.jp/channels/toeich
［料金］499円（税込）　＜初回14日間無料＞
Prime Videoチャンネル「東映オンデマンド」では、任侠・時代劇・特撮・アニメ等、幅広いジャンルの映画やテレビドラマを生み出してきた東映ならではの豊富なラインナップを提供中。
※本サービスはAmazonプライム会員向けの動画配信サービスです。

伊藤彰彦（いとう　あきひこ）

1960年愛知県生まれ。映画史家。映画人の修羅と栄光を描いて、ノンフィクションの新しい領域を切り開いた。著書に『映画の奈落　完結編　北陸代理戦争事件』（講談社+α文庫）、『無冠の男　松方弘樹伝』（講談社）、『最後の角川春樹』（毎日新聞出版）などがある。

仁義なきヤクザ映画史

2023年8月10日　第1刷発行

著　者　伊藤彰彦

発行者　大松芳男
発行所　株式会社 文藝春秋
〒102-8008
東京都千代田区紀尾井町3-23
電話　03-3265-1211（代表）

印刷所　精興社
製本所　加藤製本
DTP　ローヤル企画

ISBN 978-4-16-391735-1